HR技能提升系列

人力资源
法律风险防控
从入门到精通

—— 第 2 版 ——

任康磊◎著

人民邮电出版社

北 京

图书在版编目（CIP）数据

人力资源法律风险防控从入门到精通 / 任康磊著
. -- 2版. -- 北京：人民邮电出版社，2022.5（2023.6重印）
（HR技能提升系列）
ISBN 978-7-115-58892-0

Ⅰ. ①人… Ⅱ. ①任… Ⅲ. ①人力资源管理－劳动法
－基本知识－中国 Ⅳ. ①D922.504

中国版本图书馆CIP数据核字(2022)第044012号

内 容 提 要

本书内容涵盖人力资源法律风险防控的各个方面，分析了在人力资源管理实务中可能遇到的各种法律风险，并通过大量具体案例分析，将理论知识转变成可操作的方法。通过本书的学习，读者可以快速掌握处理人力资源相关法律问题的精髓，从而使得法律风险管控工作变得简单且容易操作。

本书分为10章，主要内容包括员工招聘环节的法律风险防控、员工入职环节的法律风险防控、员工培训环节的法律风险防控、员工在职管理的法律风险防控、员工离职环节的法律风险防控、企业规章制度相关的法律风险防控、员工保险福利管理的法律风险防控、特殊员工相关的法律风险防控、劳动争议处理过程的法律风险防控、本书法律法规等的适用版本等。

本书引用大量案例，兼具实用性、可读性和可操作性，特别适合企业各级人力资源管理从业人员、企业各级管理者、企业法务、高校人力资源管理专业或法律事务专业的学生、欲考取人力资源管理师及其他人力资源管理专业相关证书的学员、需要法律事务实务工具书的人员以及其他对企业人力资源法律风险防控工作感兴趣的人员。

◆ 著　　　　任康磊
　　责任编辑　马　霞
　　责任印制　周昇亮

◆ 人民邮电出版社出版发行　　北京市丰台区成寿寺路 11 号
　　邮编　100164　　电子邮件　315@ptpress.com.cn
　　网址　https://www.ptpress.com.cn
　　涿州市京南印刷厂印刷

◆ 开本：700×1000　1/16
　　印张：17.75　　　　　　　　2022 年 5 月第 2 版
　　字数：328 千字　　　　　　2023 年 6 月河北第 6 次印刷

定价：69.80 元

读者服务热线：(010)81055296　印装质量热线：(010)81055316
反盗版热线：(010)81055315
广告经营许可证：京东市监广登字 20170147 号

HR，用专业证明自己

有很多做人力资源管理工作的朋友问过笔者这样的问题："HR要如何证明自己？"

营销类的岗位可以通过业绩来证明自己；产品类的岗位可以开发出好的产品来证明自己；运营类的岗位可以通过达成项目预期来证明自己；就连财务类的岗位，也可以通过定期形成财务报表，做财务分析来证明自己。

可是，HR要用什么来证明自己呢？

实际上，HR可以证明自己的方法非常多，比如划分清楚岗位权责利，保证人才的招聘满足率，给关键岗位建立胜任力模型，帮团队培养出能力达标的人才，设计出有激励效果的薪酬体系，建立起有助于实现目标的绩效体系，帮助团队提升员工敬业度，实施有价值的人力资源数据分析，帮助团队提升劳效，帮助公司降低人力成本等。

不过，任何一项能够证明自己的工作，都需要HR专业能力的支持。HR是一个上限可以很高、下限也可以很低的职业。要想提升HR的职业上限，提升专业能力是大多数HR的唯一解。

如果不具备人力资源管理的实战专业能力，HR就只能做人力资源管理中价值比较低的事务型工作。只有具备系统实战专业能力的HR，才能在人力资源管理岗位上获得好的职业成长与发展。

十几年前，笔者刚接触人力资源管理工作的时候，特别想系统地学习人力资源管理实战技能，帮助自己更好地开展工作。但当时找遍了全网，我也没找到好的学习渠道和课程。

后来，靠着不断向世界顶级管理咨询公司学习方法论，靠着对大量人力资源管理咨询项目不断实施验证，靠着对实战中搭建的人力资源管理体系的不断应用复盘，靠着十几年的经验积累，笔者终于能相对全面地总结出实战人力资源管理体系的方法论，能够帮助HR更系统、更快速、更有效地提升人力资源管理技能。

任康磊的人力资源管理系列丛书自上市以来就好评如潮，销量与口碑都名列前茅，如今已有超过60万册的总印刷量。

许多读者在线上平台和笔者社群中晒出书架上摆着的一整套任康磊的人力资

源管理实战系列丛书，并开心地说这套系列丛书已经成为其案头必备的工具书，内容非常实用。笔者很高兴自己的经验知识能够帮助到广大 HR 学习成长。

为帮助读者朋友们更高效地学习实战人力资源管理技能，笔者现介绍一个"4F"学习成长工具。工具中的"4F"分别是：facts（现实/事实）、feeling（感受）、findings（引申为思考/观点）、future（引申为行动计划）。"4F"分别对应着 4 个学习步骤，按照这 4 个学习步骤进行实战学习，能让学习效率事半功倍。

第 1 步，总结事实。

学习时注意学习内容中都有什么，看可以总结出多少对自己当前工作有价值的要点。学习的过程固然重要，个人的总结同样重要。没有总结，知识都是别人的；有了总结，知识就变成了自己的。

第 2 步，表达感受。

通过总结出的要点内容，表达出自己的感受。这里的感受不限于总结出的内容，可以加以延展。横看成岭侧成峰，远近高低各不同，相同的内容，不同时间点的感受是不同的。

第 3 步，寻找观点。

通过学习的过程，获得了怎样的独立思考？形成了哪些自己的观点？得到了哪些具体收获？学而不思则罔，思而不学则殆，学习的过程必然伴随着深度的独立思考。

第 4 步，行动计划。

经过思考之后，形成具体的行动计划。这里的行动计划最好能够帮助实际工作，能够可实施、可落地。行动不仅是实践学习成果的方法，也是检验学习成果的有效方式。实施行动计划过程中如果发现问题，可以再回到第 1 步重新学习。

"4F"学习成长工具是个闭环。每一个学习过程，都可以用"4F"学习成长工具进行复盘。当你刻意运用这个工具学习的时候，即便学到自己已经知道的内容，也往往会有一些新的认知、新的理解和新的感悟。

如果读者朋友在系统学习任康磊的人力资源管理系列图书、线上课或线下课，建议不断运用这个工具开展学习，你将能够不断获得成长与提升。

系统有效地学习任康磊的人力资源管理系列学习产品（图书、线上课、线下课），将帮助 HR 全面提升个人能力，提升职场竞争力；帮助 HR 成为解决人力资源管理实际问题的专家，提高 HR 的岗位绩效；帮助 HR 迅速增加个人价值，增加职场话语权。

最后，感谢广大读者朋友的支持与厚爱，感谢人民邮电出版社恭竟平老师与马霞编辑的指导与帮助，感谢张增强老师的鼎力协助。

祝读者朋友们都能够成为卓越的人力资源管理者。

HR，让咱们用专业证明自己！

风险和利益，是企业家关注的两个基础性问题。企业家只有将风险和利益并重对待，才能够保证企业价值得到保持和持续增长。而一家企业的风险，则主要来源于商业风险和法律风险。法律风险一旦决堤，将会给企业带来不可挽回的损失。目前法律风险已经成为企业爆发率最高、杀伤力最大的风险之一。

英国哲学家洛克说："在一切能够接受法律支配的人类的状态中，哪里没有法律，哪里就没有自由。"作为社会主要主体的企业，如果不能依法行事、及时进行法律风险防控，那么必然会影响社会秩序。

德国刑法学家李斯特说："无论是对个人还是对社会，预防犯罪行为的发生要比处罚已经发生的犯罪行为更有价值，更为重要。"这句话投射在企业的管理中便是强调"防控"的重要性。

企业的管理者不仅要学会如何处理法律纠纷，更要明白如何预防法律纠纷的发生，从而将法律风险降到最低。作为一名管理者，要想合法且高效地进行人力资源管理，就必须知道如何对人力管理中的法律风险进行防控。防控得好，能促进企业稳步发展；防控得不好，则会给企业带来难以估量的损失。

人力资源的管理者，若能够在危机发生后及时止损，这叫聪明；但若能在事情发生之前便预防得当，没有给公司带来损失，这叫睿智。

正因为有了无数人力资源管理的失败案例，法律风险防控才显得尤为重要。如果企业的管理者有足够的法律风险防控能力，那么实务中因违反法律规定而造成的损失就会减少很多。

除了要进行得当的法律风险防控之外，在违反法律法规后正确地处理问题也要讲究方式方法。一些用人单位在遇到劳动争议时采取消极的应对方法，却不知这只会让损失扩大，而不会真正地解决问题。

亡羊补牢，犹未为晚。在损失出现后，如何将损失降到最小，这才是管理者首先应考虑的问题。而这一切，都需要企业管理者具备一定的法律风险防控和合法处理劳动争议的能力。因此，防控风险依法治企，落实责任合规经营，是企业最好的发展之路。

针对当前有些企业法律意识不充分、用工体系不完善、规范化办公不全面、对劳动者管理不合法等人力资源管理过程中的各类难题，本书总结了企业人力资源管理中各个阶段法律风险防控的关键技能、操作步骤和相关法律规定，并结合大量的实操案例予以阐述。希望通过本书，读者能够快速了解在企业中如何进行法律风险的防控和处理。

随着政策的更新变化，本书迎来了第1次改版。本次改版修正的内容主要是各类法律法规的更新。自本书出版后，书中的一些法律法规陆续发生变化，本次改版对此进行了更新。

在本书正文中法律法规名称后的括号内，有截至本次修正发生时的最新生效日期或相应文号。

除此之外，本书还修正了个别表述方式。

由于人力资源的法律、法规等政策文件具有较强的时效性，本书内容是基于书稿完成时的相关政策规定。若政策有所变化，可能会带来某些模块操作方式的变化。届时，请读者朋友们以最新的官方政策文件内容为准。

希望本书能够持续为各位读者朋友的人力资源管理实践提供帮助。如有更多实战人力资源管理学习需求，欢迎关注任康磊人力资源管理系列丛书的其他图书以及线上或线下课程。

祝读者朋友们能够学以致用，更好地学习和工作。

本书若有不足之处，欢迎各位批评指正。

本书特色

1. 通俗易懂、案例丰富

本书运用了大量案例，语言简洁明了。读者翻开本书后能够快速掌握人力资源管理过程中的种种法律风险防控的操作方法，并能够用来预防企业法律纠纷的产生，有效提高企业发展的稳定性。

2. 实用性强、内容齐全

本书把大量复杂的理念转变成能在工作中直接应用的简单工具和方法，并把这些工具和方法可视化、流程化、步骤化。

3. 知识点足、真实性强

本书共涉及法律事务中实操的多个知识点和相关工作的全部内容，知识点以实务操作为主，立足于解决工作中的实际问题，保证读者一书在手，操作无忧。

本书内容及体系结构

法律风险防控是推动企业战略目标实现、促进企业经营规划达成、保证人力资源规划实现以及促进企业健康发展的有效管理工具。

第1章　员工招聘环节的法律风险防控

本章主要通过用人单位相关义务的履行、招聘信息的发布、新员工的背景调查和录用条件的确定这四个方面内容的讲解，使读者从招聘环节开始就强化法律风险防控意识。

第2章　员工入职环节的法律风险防控

本章主要介绍签订劳动合同之前、签订之中的注意事项，如入职登记表的填写，实习期、见习期和试用期的不同之处，劳动关系、劳务关系、承包关系与委托代理关系，以及如何签订一份有效的劳动合同。劳动合同确立了劳动关系双方的用工关系，明确了双方的权利义务，其签订时间、内容设定等方面的风险防控，本章都有所涉及。

第3章　员工培训环节的法律风险防控

本章主要介绍员工入职后培训环节的法律风险防控问题。主要包括培训服务期应该如何约定，服务期内离职处理，以及培训服务期协议应该如何签订等。

第4章　员工在职管理的法律风险防控

本章主要介绍员工的工资管理、工作时间管理、加班管理、休假管理、调岗及调薪、违纪、绩效管理等方面的法律风险防控。包括员工在职管理中的方方面面，虽然细碎，却是企业与劳动者发生劳动纠纷最频繁的环节。

第5章　员工离职环节的法律风险防控

本章主要介绍员工与企业解除劳动合同的几种情况中存在的法律风险。对员工自由解除合同、用人单位单方面解除劳动合同、用人单位与劳动者协商一致解除劳动合同等方面，以及企业经济性裁员、劳动合同终止以及"三金"的处理等方面存在的法律风险均做了介绍。

第6章　企业规章制度相关的法律风险防控

本章主要介绍企业规章制度和集体合同方面的法律风险防控。主要包括如何制定规章制度、规章制度具有怎样的法律效力、如何制定集体合同、集体合同的内容都有哪些以及集体合同的法律效力问题。

第7章　员工保险福利管理的法律风险防控

本章主要介绍社会保险、养老保险、医疗保险、失业保险、生育保险、工伤保险和住房公积金的相关法律风险防控。主要包括各种保险的涵盖范围、用人单位和劳动者分别应该如何依法依规交缴的问题，以及住房公积金的交缴和领取问题。

第8章　特殊员工的相关法律风险防控

本章主要介绍管理特殊员工方面存在的法律风险及其防控。包括"三期"员工的劳动禁忌和依法应该享受哪些待遇、医疗期员工的医疗期限和补助费的计算、外籍员工如何在中国就业、未成年工应该如何处理和劳务派遣员工的日常管理。

第 9 章　劳动争议处理过程的法律风险防控

本章主要介绍劳动争议处理的三步曲，主要包括协商调解、劳动争议仲裁和诉讼，以及遇到集体合同争议时应该如何处理等。

第 10 章　本书法律法规等的适用版本

本章主要介绍本书适用的法律法规及其版本，包括《中华人民共和国劳动法》《中华人民共和国劳动合同法》《中华人民共和国社会保险法》和《中华人民共和国劳动合同法实施条例》。

本书读者对象

企业各级人力资源管理从业人员。

企业各级管理者。

企业法务。

企业大学从业人员。

高校人力资源管理专业或法律事务专业的学生。

欲考取人力资源管理师及其他人力资源管理专业相关证书的学员。

需要法律实务工具书的人员。

其他对企业人力资源法律风险防控工作感兴趣的人员。

第1章 员工招聘环节的法律风险防控

第2章 员工入职环节的法律风险防控

第3章 **员工培训环节的法律风险防控**

 第4章 **员工在职管理的法律风险防控**

第5章 员工离职环节的法律风险防控

第 6 章　企业规章制度相关的法律风险防控

 第 7 章　员工保险福利管理的法律风险防控

第8章　特殊员工的相关法律风险防控

第 9 章　劳动争议处理过程的法律风险防控

第 10 章　本书法律法规等的适用版本

第1章

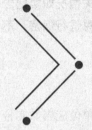

员工招聘环节的法律风险防控

在企业劳动关系管理中，最先遇到的环节就是用人单位的招聘环节，这也是用人风险可能出现的第一个环节。要注意从用人单位招聘信息的发布、义务的履行到对即将聘用的员工所做的背景调查和录用条件的确定这四个方面，将法律风险扼杀在摇篮中。

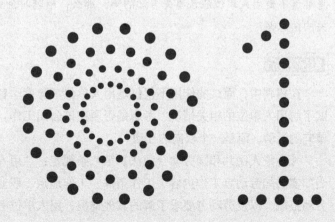

1.1 企业在招聘中有哪些义务

虽然企业在招聘中处于主动地位，但是作为用人单位，企业还必须履行两项义务：告知义务和保密义务。告知义务，即用人单位有义务将相关情况如实地告知劳动者；而保密义务，则是用人单位有义务对劳动者的相关信息进行保密，不向外泄露，以免侵犯劳动者的权利。

1.1.1 告知义务

在用人单位和劳动者建立劳动关系、订立劳动合同时，用人单位应当如实告知劳动者与订立和履行劳动合同直接相关的情况。一是有利于双方进行高效的信息沟通，二是确保劳动合同签订的有效性。

案例

张某是 2017 年的应届毕业生，所学专业在当下很难找工作，好不容易才在一家公司获得了面试的机会。在面试的时候，面试官问了他很多问题，张某都回答得比较流利。等到面试官问完所有的问题后，张某也想了解一下该公司的业务情况、办公条件以及自己的薪酬等。

但是面试官摆出一副不耐烦的样子说："录不录取你还不一定呢，连面试都还没过就问薪酬。不愿意干你就走，我不怕找不到人才。"张某心里疑惑了，这些信息难道不是用人单位应该事先告知的吗？那么，招聘时企业是否应该告知劳动者相关的信息呢？

案例分析

在招聘中，面试的作用不仅仅是用人单位考验劳动者，还包括劳动者通过面试了解用人单位的相关情况、考虑是否要在该公司工作。所以，面试并不是一个单向的活动，而是一个双向的互动。

《中华人民共和国劳动合同法》第八条规定："用人单位招用劳动者时，应当如实告知劳动者工作内容、工作条件、工作地点、职业危害、安全生产状况、劳动报酬，以及劳动者要求了解的其他情况；用人单位有权了解劳动者与劳动合同直接相关的基本情况，劳动者应当如实说明。"

这条规定明确地规定了用人单位在招聘时有告知劳动者相关情况的义务。无论劳动者是否提出悉知要求，用人单位都应该如实告知。

本案例中面试官故意隐瞒公司的信息，导致张某不能全面地了解到公司的相关情况，不仅不利于劳动者就业，也对公司的名誉造成了一定的损害。

用人单位除了在招聘时应该如实告知应聘者相关信息之外，在订立合同时更应该履行告知义务，否则有可能导致合同无效或部分无效。

连线法条

《中华人民共和国劳动合同法》

第八条 用人单位招用劳动者时，应当如实告知劳动者工作内容、工作条件、工作地点、职业危害、安全生产状况、劳动报酬，以及劳动者要求了解的其他情况；用人单位有权了解劳动者与劳动合同直接相关的基本情况，劳动者应当如实说明。

第二十六条 下列劳动合同无效或者部分无效：

（一）以欺诈、胁迫的手段或者乘人之危，使对方在违背其真实意思的情况下订立或者变更劳动合同的；……

第三十八条 用人单位有下列情形之一的，劳动者可以解除劳动合同：

……用人单位以暴力、威胁或者非法限制人身自由的手段强迫劳动者劳动的，或者用人单位违章指挥、强令冒险作业危及劳动者人身安全的，劳动者可以立即解除劳动合同，不需事先告知用人单位。

第八十六条 劳动合同依照本法第二十六条规定被确认无效，给对方造成损害的，有过错的一方应当承担赔偿责任。

从上述法律规定来看，如果用人单位未如实履行告知义务，被招聘的员工在劳动过程中可以以用人单位未履行如实告知义务构成欺诈而要求解除劳动合同，用人单位就有可能面临支付经济补偿金或者赔偿金的法律后果。

1.1.2 保密义务

在招聘时，用人单位对劳动者除了具有告知义务，还有保密义务。《就业服务与就业管理规定》第十三条规定："用人单位应当对劳动者的个人资料予以保密。公开劳动者的个人资料信息和使用劳动者的技术、智力成果，须经劳动者本人书面同意。"

1.2　发布招聘信息需要注意什么

在实务中为了吸引人才，用人单位往往将薪酬和公司福利说得过于含糊或过高。招聘信息还可能带有就业歧视的倾向，比如随处可见的只招收男员工、只招收本省员工等。那么，这种做法是否符合法律规定？招聘信息到底应该如何发布？

1.2.1　虚假招聘的风险

虚假招聘，是指一部分用人单位谎报招聘信息、虚设岗位、只收简历不面试、面试只走过场、招而不聘的行为。这种现象在招聘高峰期、大学生毕业期最容易发生。

案例

2017年8月，刚毕业于上海市某高校的王某急于寻求一份高薪工作。此时，他在各个网络招聘网站上看到许多薪水高、福利好、专业契合的岗位。于是他从中选了条件最好的一家。而该公司在应聘条件中，要求应聘者不得同时再向其他公司投递简历，王某只得照做。一周后面试通过。

在签订合同时，王某发现合同中自己的职务和工资与先前投递简历以及面试时的不一致，通过询问发现该公司并未设有自己所应聘的职位，于是王某拒绝签订合同，并认为该公司属于虚假招聘，严重损害了自己的利益，要求该公司对其进行赔偿。而该公司则以公司临时调整为由，认为并不属于虚假招聘，拒绝对王某进行赔付。

案例分析

随着信息技术的飞速发展，互联网已经成为单位招聘、个人求职的主要平台。与此同时，网上不良、不实招聘信息的存在，不断侵害个人权益，严重影响社会和谐。本案中，该公司在没有设置相应职位的情况下，提供虚假的职位和工资，造成王某失去了应聘其他公司的机会，属于严重的虚假招聘，应该对王某承担赔偿责任。

《就业服务与就业管理规定》明确规定，用人单位不得提供虚假招聘信息、发布虚假招聘广告，违者由劳动保障行政部门责令改正，并可处以1 000元以下的罚款；对当事人造成损害的，应该承担赔偿责任。《人力资源市场暂行条例》规定，发布不真实、不合法招聘信息且拒不改正的，可处罚款。

连线法条

1.《就业服务与就业管理规定》

第十四条 用人单位招用人员不得有下列行为：

（一）提供虚假招聘信息，发布虚假招聘广告；……

第六十七条 ……用人单位违反第十四条第（一）、（五）、（六）项规定的，由劳动保障行政部门责令改正，并可处以一千元以下的罚款；对当事人造成损害的，应当承担赔偿责任。

2.《人力资源市场暂行条例》

第二十四条 用人单位发布或者向人力资源服务机构提供的单位基本情况、招聘人数、招聘条件、工作内容、工作地点、基本劳动报酬等招聘信息，应当真实、合法，不得含有民族、种族、性别、宗教信仰等方面的歧视性内容。……

第四十三条 违反本条例第二十四条、第二十七条、第二十八条、第二十九条、第三十条、第三十一条规定，发布的招聘信息不真实、不合法，未依法开展人力资源服务业务的，由人力资源社会保障行政部门责令改正；有违法所得的，没收违法所得；拒不改正的，处1万元以上5万元以下的罚款；……

1.2.2 就业歧视的风险

就业歧视是指没有法律上的合法目的和原因而基于种族、肤色、宗教、政治见解、民族、出身、性别、户籍、健康状况、年龄、身高、语言等原因，采取区别对待、排斥或者给予优惠等任何违反平等权的措施侵害劳动者劳动权利的行为。虽然就业歧视在原则上是违反法律规定的，但是在现实中却屡见不鲜。

案例

李婷是一所大学工商管理专业的女大学生，2017年6月从大学毕业走上社会。从6月份开始，李婷就一直在各种各样的招聘会上投递简历，希望能找到一份比较满意的工作。其间也有一些公司让她去面试，但是面试时要缴纳30元的面试费。还有几家公司虽然没有收取面试费，但是均以性别为由委婉地拒绝了李婷。

一次次的失败，让李婷对就业应聘产生了畏惧心理。

案例分析

根据《宪法》规定，中华人民共和国妇女在政治的、经济的、文化的、社会的和家庭的生活等各方面享有同男性平等的权利。法律赋予劳动者平等的就业权就是我国宪法确定的公民的平等权的具体体现。

在录用职工时,除国家规定的不适合女性的工种或者岗位外,用人单位不得以性别为由拒绝录用女性或者提高对妇女的录用标准。上述案例中,几家用人单位以性别为由拒绝录用李婷,已经违反了我国宪法及相关法律的规定,属于就业歧视。

连线法条

1.《就业服务与就业管理规定》

第二十条 用人单位发布的招用人员简章或招聘广告,不得包含歧视性内容。这些歧视内容具体为:劳动者的民族、种族、性别、宗教信仰、户籍,以及其他歧视性内容。

2.《中华人民共和国劳动法》

第十二条 劳动者就业,不因民族、种族、宗教信仰不同而受歧视。

3.《人力资源市场暂行条例》

第二十四条 用人单位发布或者向人力资源服务机构提供的单位基本情况、招聘人数、招聘条件、工作内容、工作地点、基本劳动报酬等招聘信息,应当真实、合法,不得含有民族、种族、性别、宗教信仰等方面的歧视性内容。……

1.3 背景调查需要注意什么

用人单位在发布了招聘信息、履行了相关义务之后,在审核是否应该录用员工的时候,应该对员工的背景信息进行调查。包括其是否具有劳动主体资格,是否属于限制期员工、有其他的劳动义务在身,以及其简历是否真实。只有知己知彼,才能更安全、高效地合作。

1.3.1 如何调查候选人劳动主体资格

劳动者的主体资格是劳动法规定的公民成为劳动者应当具备的条件。它包括公民的劳动权利能力和劳动行为能力两个方面:劳动权利能力是指公民能够享有劳动权利并承担劳动义务的法律资格;而劳动行为能力是指公民能够以自己的行为行使劳动权利并承担劳动义务的法律资格。

劳动者应具有相应的劳动能力。

1. 年龄标准

须年满16周岁,文艺、体育等特殊行业单位要招用未满16周岁的运动员、文艺工作者等必须报县级以上劳动行政部门批准。

2. 体力标准

第一，建立劳动关系前身体健康，包括三个方面的限制。

（1）疾病的限制。各种岗位的职工都不得患有本岗位所禁忌或不宜的特定疾病；

（2）残疾人只能从事与其残疾状况相适应的职业；

（3）女职工、未成年工禁忌劳动范围的规定。

第二，建立劳动关系后要确定是否丧失健康条件。劳动关系存续期间劳动者可能会因工或因病完全或部分丧失劳动能力，导致劳动法律关系的变更或解除。是否丧失劳动能力由劳动能力鉴定委员会鉴定。

3. 智力标准

（1）文化条件。国有企业招用工人必须"具备初中以上文化程度"，私营企业"不得招用在校学生"；

（2）职业资格。职业资格证书是国家对申请人专业（工种）学识、技术能力的认可，是求职、任职、独立开业和单位录用的重要依据。

4. 行为自由标准

所谓行为自由是指公民是否具有人身自由。

案例

2017年6月，安徽省某房地产公司收到赵明的简历，经面试，该公司觉得赵明各方面能力比较强。因为害怕失去人才，于是在没有对赵明的信息进行审核、调查的情况下，该公司便和赵明签订了劳动合同。

半年后，人力资源部门在整理审核用工资料时发现赵明并没有年满16周岁，因为长得比较成熟，所以并没有引起面试官的注意。那么，这种情况是否符合法律规定？

案例分析

《中华人民共和国劳动法》明确规定，禁止用人单位招用未满16周岁的未成年人。该公司由于在签订劳动合同之前没有对所招之人进行资料的审核和背景的调查，只注重速度而不注重质量，违法招用未成年人，已构成违法。

连线法条

《中华人民共和国劳动法》

第十五条　禁止用人单位招用未满16周岁的未成年人。……

第五十五条　从事特种作业的劳动者必须经过专门培训并取得特种作业资格。

第五十九条　禁止安排女职工从事矿山井下、国家规定的第四级体力劳动强度的劳动和其他禁忌从事的劳动。

第六十条　不得安排女职工在经期从事高处、低温、冷水作业和国家规定的第三级体力劳动强度的劳动。

第六十一条　不得安排女职工在怀孕期间从事国家规定的第三级体力劳动强度的劳动和孕期禁忌从事的活动。对怀孕七个月以上的女职工，不得安排其延长工作时间和夜班劳动。

第九十四条　用人单位非法招用未满16周岁的未成年人的，由劳动行政部门责令改正，处以罚款；情节严重的，由工商行政管理部门吊销营业执照。

第九十五条　用人单位违反本法对女职工和未成年工的保护规定，侵害其合法权益的，由劳动行政部门责令改正，处以罚款；对女职工或者未成年工造成损害的，应当承担赔偿责任。

1.3.2　如何调查候选人是否属限制期员工

限制期员工，即指该员工仍然受上一用人单位竞业限制的约束。竞业限制，是《中华人民共和国劳动合同法》的重要内容，它是用人单位对负有保守用人单位商业秘密的劳动者，在劳动合同、知识产权权利归属协议或技术保密协议中约定的竞业限制条款。

竞业限制是指用人单位和知悉本单位商业秘密或者其他对本单位经营有重大影响的劳动者，在终止或解除劳动合同后的一定期限内不得在生产同类产品、经营同类业务或有其他竞争关系的用人单位任职，也不得自己生产与原单位有竞争关系的同类产品或经营同类业务。

一旦招聘到限制期员工，将会给公司带来潜在的法律风险。

案例

某金融公司A通过猎头公司"猎"到了一位公司急需的金融管理人才刘利，由于公司A给出了比较优厚的待遇条件，因此双方就建立聘用关系达成了意向，商定刘利立即向原单位金融公司B提出辞职并办妥解除合同的手续。

1个月后，在准备签订劳动合同时，刘利并没有提供与公司B解除劳动合同的证明，声称公司B非常不满自己的辞职行为，于是就没给解除劳动合同的证明。随即双方签订了劳动合同。

3个月后，公司A突然收到了公司B的律师函。原来，刘利与公司B签有2年的竞业限制协议，但刘利辞职后不满1个月就在与公司B有竞争关系的用人单位工作，违反了竞业限制协议的规定。公司 B 以连带责任为由，将公司 A 也告上了法庭。

案例分析

随着企业间人才竞争的加剧，能给企业带来核心竞争力的高级人才被企业当成了手中宝。尤其是成为猎头公司"猎物"的员工，在之前的公司中更是重要的人才。对于重要员工，企业出于商业秘密保护和竞争力的维护，会与劳动者签订服务期协议或者竞业限制协议。

因此，在招聘能力强、有前任公司的员工时，应该仔细地核实员工信息，查看其是否属于限制期员工，避免不必要的麻烦和损失。

本案例中，公司 A 在招聘员工刘利前，并没有对刘利的身份以及资料进行核实。在明知刘利才在公司 B 离职后，没有打电话到公司 B 核实刘利的相关情况，也没有严格地要求刘利提供相应的信息证明，招聘了属于限制期的员工，需要对公司 B 承担赔偿责任。

所以，对于企业而言，在招用高级人才或特定技能的劳动者时，务必重视对其所负的相关义务或约定义务进行了解调查。

连线法条

《中华人民共和国劳动合同法》

第八十九条 用人单位违反本法规定未向劳动者出具解除或者终止劳动合同的书面证明，由劳动行政部门责令改正；给劳动者造成损害的，应当承担赔偿责任。

第九十条 劳动者违反本法规定解除劳动合同，或者违反劳动合同中约定的保密义务或者竞业限制，给用人单位造成损失的，应当承担赔偿责任。

第九十一条 用人单位招用与其他用人单位尚未解除或者终止劳动合同的劳动者，给其他用人单位造成损失的，应当承担连带赔偿责任。

1.3.3 如何调查候选人简历真实性

根据《中华人民共和国劳动合同法》的相关规定，劳动者在订立劳动合同时应遵循诚实守信原则。在招聘和应聘中，用人单位和劳动者都应该秉承公平和诚实守信的基本原则来签订和履行合同。但是防人之心不可无，用人单位在签订合同前应该充分地对简历中的信息、资料和证书等进行核查，调查其简历的真实性，将法律风险控制在劳动合同签订之前。

案例

2017 年 7 月，广州某跨国公司通过招聘网站招聘精通国际法的人员，要求研究生及以上学历，能熟练地运用国际法的相关知识，并且具有国家颁发的法律职业资格证。刚到广州的钱华是一名本科毕业生，他经过专业法律培训机构的培训，拥有近5年在跨国公司从事国际法相关工作的经验。

为了尽快找到一个不错的工作，虽然看到招聘广告上写的是研究生及以上学历，他还是报名参加了该公司的招聘。顺利地通过笔试和面试后，在办理入职手续时，钱华谎称自己是法学研究生学历，并且已经取得了硕士学位。公司见钱华的能力较强便信以为真，并要求其提供硕士学位证书和法律职业资格证书。

在工作中，钱华表现得非常出色，为了留住人才，公司决定为钱华办理居住证。但是在办理居住证的过程中，有关机关发现公司提供的钱华的硕士学位证书和法律职业资格证书是伪造的，并将相关手续退回。后来，公司以钱华欺骗公司使公司名誉受到损失为由解除了与钱华的劳动合同。钱华不服，申请仲裁，要求撤销公司解除劳动合同的决定，继续履行劳动合同。

案例分析

在劳动合同订立的过程中，用人单位和劳动者应该遵循诚实信用原则。这既是《中华人民共和国民法典》中的基本原则，也是《中华人民共和国劳动合同法》中强调的法律观念。

诚实信用原则重要的体现是双方当事人在订立劳动合同时，互相享有知情权。对于企业而言，知情权主要是指企业有权了解劳动者的相关信息和基本情况。

根据《中华人民共和国劳动合同法》的规定，如果用人单位要求劳动者提供学位证书和职业资格证书，劳动者应当如实提供。如果劳动者提供虚假信息或隐瞒真实情况导致用人单位违背真实意思而与之签订劳动合同，那么此种劳动合同应当被认定为无效。

本案例中，钱华隐瞒自己的真实情况，提供虚假的硕士学位证书和法律职业资格证书，导致该公司违背真实意思而与之签订劳动合同，该劳动合同应该被视为无效。钱华的要求不应该被支持，公司的做法是正确的。

连线法条

1.《中华人民共和国劳动合同法》

第三条　订立劳动合同，应当遵循合法、公平、平等自愿、协商一致、诚实信用的原则。……

第八条 ……用人单位有权了解劳动者与劳动合同直接相关的基本情况，劳动者应当如实说明。

第二十六条 下列劳动合同无效或者部分无效：

（一）以欺诈、胁迫的手段或者乘人之危，使对方在违背真实意思的情况下订立或者变更劳动合同的；……

无效的劳动合同，从订立的时候起，就没有法律约束力。确认劳动合同部分无效的，如果不影响其余部分的效力，其余部分仍然有效。

1.4 员工录用环节需要注意什么

录用，即表示员工初步符合用人单位的要求。本节将以如何明确录用条件、如何最大效能地使用录用条件为中心，以录用通知书为主线，详细地讲解有关录用的法律风险防控。

1.4.1 如何明确录用条件

录用条件，是指用人单位根据本单位生产（工作）经营特点，对招收录用的职工所提出的一般要求。它是用人单位招收录用职工的最低标准，也是在试用期内用以考察劳动者的依据。

《中华人民共和国劳动合同法》对用人单位在试用期内解除劳动合同，从内容和程序上进行了严格的限制。用人单位在试用期内，如果想解除与劳动者之间的劳动合同，最常用的理由就是"劳动者在试用期内被证明不符合录用条件"。但是在人力资源管理的实践中，用人单位又常常不太重视录用条件的确立，这样就会导致其面临法律风险和承担不必要的赔付成本。

例如，在录用员工的时候，如果用人单位对于录用的员工不是很满意，而又没有一个明确的、清晰的录用条件，那么在试用期内解除劳动合同就会变得困难。

企业应该如何确立录用条件呢？

1. 明确界定录用条件。录用条件的界定要仔细、明确和具体，应包括通用部分和特殊部分。通用的部分即大部分企业和岗位的员工都应该具有的基本条件，比如身体健康、诚实守信以及相关的工作经历或受教育经历等；而特殊部分即各个公司、各个岗位的不同之处，比如特殊的学历要求、证书要求、技术要求、能力要求，等等。

2. 对录用条件进行公示。公示，即让劳动者能够事先看到。没有公示或员工事前不知晓的录用条件是不具备法律效力的。那么如何证明劳动者看到了呢？办法有以下几种。

（1）通过招聘广告告知，这样在劳动者来应聘时即可看到；

（2）在试用前将录用条件进行明示，并且要求劳动者签字；

（3）在建立劳动关系之前，通过发送聘用函的方式明示，并且要求劳动者签字；

（4）在劳动合同中明确约定如何界定录用条件的符合与否；

（5）在公司规定（规章制度）中明确规定录用条件，并在签订合同前进行明示。

综上，用人单位一定要明确界定录用条件，并且做到有效公示，这样才能够起到相应的作用，减少不必要的麻烦。

1.4.2　如何使用录用条件

录用条件的作用不仅体现在约束试用期员工，更体现在用人单位单方面解除合同上。就用人单位而言，对于在试用期内不能胜任该工作的员工，最好的解除试用期的办法就是以不符合录用条件为由，这样能够避免不必要的劳动纠纷。

【案例】

杭州市某公司招聘田经理为华东区的销售总监，并与之签订了3年的劳动合同，约定试用期为3个月。2个月后，公司单方面提出解除合同。田经理不服，找公司理论，公司告知其在试用期内，用人单位可以随时提出解除劳动合同。田经理对此感到不满，便向当地劳动争议仲裁部门申请仲裁。

而公司的辞退理由则是田经理的业绩没有达到公司的标准，不符合录用条件，因此公司可以在试用期内以不能胜任该工作为由，解除与田经理的劳动合同。田经理则认为，即使是不能胜任工作也不能随意解除合同，应当提前30天通知并支付经济补偿金。何况，在他与公司签订劳动合同之前，并没有看到过录用条件。所以解除理由根本不成立。

【案例分析】

试用期对于公司来说，往往是一把"双刃剑"。如果用人单位或劳动者非法在试用期解除劳动合同，就要各自承担不利后果。

《中华人民共和国劳动合同法》对过失性解除合同和非过失性解除合同两种情形外做了规定。在试用期合法解除劳动合同有以下4个法律要件。

1.用人单位有明确的录用条件。

2. 用人单位有证据证明该员工不符合录用条件。

3. 用人单位解除劳动合同的通知书应该在试用期结束前做出。

4. 要在解除通知书中明确地说明解除理由，并交由员工签收。

以上四个条件，缺少一个，都不能在试用期内合法有效地解除劳动合同。

本案中，虽然用人单位在试用期内提出了解除劳动合同，但是没有明确的录用条件，不符合四个法律要件中的第一点。另外，该公司并没有进行工作绩效考核，无法用数据说明田经理是否无法胜任该项工作，不符合四个法律要件的第二点。

由此可以看出，一旦录用条件不明确、不详细，就会导致无法在实务中得到有效的运用，就会造成试用期以不符合录用条件为由解除合同无效。

【连线法条】

《中华人民共和国劳动合同法》

第二十一条 在试用期中，除劳动者有本法第三十九条和第四十条第一项、第二项规定的情形外，用人单位不得解除劳动合同。用人单位在试用期解除劳动合同的，应当向劳动者说明理由。

第三十九条 劳动者有下列情形之一的，用人单位可以解除劳动合同：

（一）在试用期间被证明不符合录用条件的；……

1.4.3 录用通知书的法律效力

用人单位向员工发放录用通知书，本质上是一种要约（是指希望和他人订立合同的意思表示）的法律行为。但是录用通知书并不等同于劳动合同，其法律效力和劳动合同也是完全不同的。在一般情况下，除了录用通知书，用人单位和劳动者会单独签订劳动合同。

【案例】

王华是山东一家外企的销售经理，销售业绩非常突出，在行业内已有一定的知名度。但是他一直希望能够找到一份在国企的工作，便不断向同行业招聘相关人才的一些国企投递简历。

2017年6月的一天，他接到了同行业国企的一份录用通知书，该家国企表示愿意录用他为销售经理，并且在录用通知书上明确了他的工资待遇，约定在一个月后正式到公司上班。

王华很满意这份工作，于是辞去了在外企的工作。不料想，在临近约定的上班日期时，这家国企却突然通知他，由于公司的人力资源调整，他的职位由他人代替。

王华一下子蒙了，旧的工作已经辞掉了，新的工作也没了。于是他又打电话到这家国企，告知他们自己已经辞掉了工资待遇很好的工作，机会成本巨大，希望他们能够如约提供岗位。

而这家国企则说，录用通知书只是一个通知，并不是劳动合同，不具有法律效力，他的希望难以满足。

案例分析

用人单位发出录用通知书又撤销反悔的情况在实务中并不少见。一些用人单位认为，录用通知书不具有法律效力，因此，随意撤回也不会承担法律责任。这种想法其实是错误的。

虽然录用通知书和劳动合同不能画等号，但是，毕竟录用通知书是一种要约行为，对用人单位和员工同时进行约束。用人单位单方面撤销录用，解除该要约的行为一旦给劳动者造成损失，那么用人单位就应该对劳动者的损失承担赔偿责任。

该家国企的说法是否正确，关键在于企业解除的是一份要约还是一段劳动关系。因为录用通知书的作用一般是用人单位和劳动者就入职达成一定的协议，所以在录用通知书中会约定劳动者的入职时间。

这样一来，就算录用通知书生效了，在入职时间之前用人单位和劳动者的劳动关系也并没有形成。除非有一种情况，那就是在入职之前，劳动者已经行使了某种权利或履行了某种义务，表明双方的权利义务关系已经形成，那么此时双方实际就已经形成了劳动关系。

本案就是这种情况。该国企给王华发放录用通知书后，王华履行了辞去自己现有的工作的义务，从而直接导致王华失去了原单位收入可观的工作，造成了巨大的损失。因此，如果该国企无法聘用王华，那么就应该对王华的损失承担赔偿责任。

连线法条

1.《中华人民共和国劳动合同法》

第七条　用人单位自用工之日起即与劳动者建立劳动关系。用人单位应当建立职工名册备查。

2.《中华人民共和国劳动法》

第十六条　劳动合同是劳动者与用人单位确立劳动关系、明确双方权利和义务的协议。

建立劳动关系应当订立劳动合同。

第 2 章

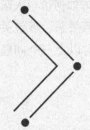

员工入职环节的法律
风险防控

　　新员工入职是企业人力资源管理最初的环节。从入职登记、入职培训到劳动合同的签订，各个环节紧紧相扣，牵一发而动全身。用人单位在此时需要注意的不仅仅是如何签订一份有商业利益的劳动合同，更需要注意的是如何将员工入职的法律风险降到最低，以及当权益受到侵害时如何维护公司的利益。读完本章，你将会拥有与之前不一样的法律视角。

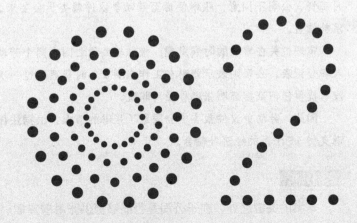

2.1 签订劳动合同前需要注意什么

许多人认为谈到员工入职，首先应该是劳动合同的签订，其实不然。在签订劳动合同之前还有许多值得用人单位和劳动者注意的地方，比如如何填写入职登记表，实习期、见习期和试用期有什么不同，劳动关系、劳务关系、承包关系与委托代理关系有何区别等。因此，本小节的内容将主要针对以上三个问题展开。

2.1.1 入职登记表的注意事项

入职登记表是新进员工填写的一项基本的文件资料，其目的在于了解员工的基本情况，主要包括员工的基本信息、教育背景情况、工作经历信息和入职信息等。那么入职登记表究竟具有何种法律效力呢？

案例

张琳入职一家外企工作，签订了劳动合同并填写了入职登记表。2年零5个月后离职，到新公司工作7个月后又回到原公司工作。但是，在第二次入职时未填写入职登记表，仅签署了劳动合同。

1个月后，张琳与领导发生争执，公司以此为由将其辞退，并表示愿意支付1个月的工资作为经济补偿金。但是张琳向公司要求解除劳动关系补偿金应为3.5个月工资，公司不同意，张琳便诉至劳动争议仲裁委员会要求公司赔偿3.5个月的经济补偿金。

审理机关在审理的时候发现，张琳与公司之间有两个劳动合同，但是只有一个入职登记表。公司则表示张琳在工作未满3年时曾离职过一次，后又入职，但是却没有提供任何证据证明张琳曾经离职过。

因此，劳动争议仲裁委员会同意了张琳的请求。根据法律规定，公司应该给张琳支付3.5个月的经济补偿金。

案例分析

本案的关键之处，在于公司是否能够提供张琳曾离职、后又入职的证据。这也是公司最后败诉的问题之所在。张琳第一次离职和第二次入职均未办理相应的离职、入职手续，没有辞职单、离职交接单，更无入职登记表。而入职登记表的最大作用，就是证明员工的入职情况。

若公司留心入职登记表的登记和存留，那么就能够证明张琳曾在工作未满 3 年时离职过。那么公司就只需付给张琳半个月的补偿金。因此，在实务中，用人单位一定要合法、有效地使用各种法律赋予的权利，这样才能做到法律风险防控。

连线法条

《中华人民共和国劳动合同法》

第四十七条 经济补偿按劳动者在本单位工作的年限，每满一年支付一个月工资的标准向劳动者支付。六个月以上不满一年的，按一年计算；不满六个月的，向劳动者支付半个月工资的经济补偿。……

2.1.2 实习期、见习期和试用期

实习期，是指在校学生通过参加实际工作，提高其自身素质的过程或时间，属于学校教育的范畴。在实习期间，在校学生与实习单位不构成劳动关系，因此不受劳动法规的保护。

学生在实习期间发生伤害事故，不属于工伤，不能享受工伤保险待遇，但可以以雇佣关系向用人单位主张权利，或由学校基于与单位之间的实习合同的相关约定主张权利。实习期只适用于在校学生。

一些用人单位为了逃避保险或最低工资的限制，故意与符合劳动者资格的非在校学生签订实习协议，这是违法的也是无效的。实际上即便签订实习协议，用人单位和非在校学生也存在事实劳动关系。

作为用人单位，应该与实习生签订实习协议，或与实习生、实习生所在的学校签订三方协议，明确实习生的实习时间、工作时间、实习费、实习内容等细节。同时用人单位可以为实习生购买商业保险，避免实习过程中发生因工受伤后产生经济赔偿纠纷。

见习期是我国针对离校后未就业毕业生进行业务适应及考核的一种制度，适用于用人单位招收高等学历本、专科毕业生。根据相关规定，用人单位在招收上述毕业生后原则上都要安排见习，期限为 1 年。

而试用期是用人单位和劳动者建立劳动关系后为了相互了解、选择而约定的不超过 6 个月的考察期，适用于初次就业或再次就业时改变劳动岗位或

工种的劳动者。在试用期内，劳动者可以随时通知用人单位解除劳动合同，而劳动者在试用期内被证明不符合录用条件的，用人单位也可以解除劳动合同。

三者的区别有以下两点。

1. 身份不同。处于试用期、见习期的自然人只能是劳动者，而处于实习期的是在校学生。

2. 目的不同。试用期：主要体现用人单位目的，即得到满足需要的人力资源。实习期：对于实习学生所在的单位来讲，学生的实习活动和劳动者的生产经营活动有相同或相似之处，但在目的上有本质的不同，学生实习活动主要体现的是学校与学生的共同目的，即完成教学计划、提高实习学生的自身素质。见习期：主要是为了提高毕业生的业务能力，及时地融入用人单位。

2.1.3 劳动关系、劳务关系、承包关系与委托代理关系

劳动关系，是指劳动者与用人单位依法签订劳动合同而在劳动者与用人单位之间产生的法律关系。劳动者接受用人单位的管理，从事用人单位安排的工作，成为用人单位的成员，从用人单位领取劳动报酬并受劳动法保护。

劳务关系，是劳动者与用工者根据口头或书面约定，由劳动者向用工者提供一次性的或者是特定的劳动服务，用工者依约向劳动者支付劳务报酬的一种有偿服务的法律关系。劳务关系是由两个或两个以上的平等主体，通过劳务合同建立的一种民事权利义务关系。该合同可以是书面形式，也可以是口头形式和其他形式。

从属于劳动关系的承包关系是指由劳动合同规定工资报酬、集体福利、工作时间以及劳动纪律等内容，承包合同则只对劳动合同未予规定的定额指标、奖金分配等内容进行规定，这种承包关系应由劳动关系调整；从属于民事关系的承包关系，是指劳动者被赋予经营者的资格，劳动关系已经转化为劳务关系。所以两者的关键区别在于劳动者是作为经营者还是劳动力的提供者。

委托代理关系是指市场交易中，由于信息不对称，处于信息劣势的委托方与处于信息优势的代理方，相互博弈达成的合同法律关系。也就是指一种鲜明或隐含的契约，根据这个契约，一个或多个行为主体指定雇用另一些行为主体为其提供服务，并根据其提供的数量和质量支付相应的报酬。

2.2 劳动合同签订需要注意什么

劳动合同的签订是劳动关系的确立中最重要的一步，也是法律风险最难以防控的一步。一份合法有效的劳动合同的签署，将为日后的工作减少很多麻烦。《中华人民共和国劳动合同法》第三条规定，订立劳动合同，应当遵循合法、公平、平等自愿、协商一致、诚实信用的原则。

2.2.1 劳动合同有什么法律效力

合同，是平等主体的自然人、法人、其他组织之间设立、变更、终止民事关系的协议。合同法是规范市场经济条件下财产流转的基本依据。狭义的合同法规范的是债权合同，而广义的合同法规范各种协议。因此，签订合同是市场经济中广泛存在的法律行为。

而劳动合同，则是指劳动者同企业、国家机关、事业单位、民办非企业单位、个体经济组织等用人单位之间订立的明确劳动关系、明确双方权利和义务的协议。

《中华人民共和国劳动合同法》中规定的劳动合同的条款有如下内容。

（1）用人单位的名称、住所和法定代表人或者主要负责人；

（2）劳动者的姓名、住址和居民身份证或者其他有效身份证件号码；

（3）劳动合同期限；

（4）工作内容和工作地点；

（5）工作时间和休息休假；

（6）劳动报酬；

（7）社会保险；

（8）劳动保护、劳动条件和职业危害防护；

（9）法律、法规规定应当纳入劳动合同的其他事项。

劳动合同具有以下3种特征。

1. 劳动合同中劳动者的从属性。在劳动合同的形成、变更和终结中，劳动者从属于用人单位，服从用人单位的组织和管理。

2. 劳动合同具有任意性。劳动合同条款的制定是根据劳动者和用人单位之间的合意制成的，不是法律强制形成的。

3. 劳动合同还具有强制性。具体体现在国家法律的干预上。虽然劳动合同的制定是用人单位和劳动者之间的合意，但是法律仍然在其内容和形式上做出了强制性约束。

2.2.2　订立劳动合同时要注意什么

　　劳动合同的签订一直是用人单位和员工都十分关注的问题，它对于规范劳动关系双方的权利义务、稳定市场经济条件下的劳动关系，进而促进社会的和谐发展发挥了重要作用。但是在实践中，有些用人单位并不懂得如何安全有效地运用劳动合同，有的用人单位甚至认为它是对其权利的限制，在起草和签订中留下许多漏洞，因而出现了违背法律和合同的行为，造成了对劳动关系双方利益的侵害。

　　在订立劳动合同时，其时点、种类与效力是尤为重要的。

　　劳动合同订立的时点涉及用人单位选择何时与劳动者订立劳动合同的判断。不同时点订立的劳动合同具有不同的法律效力。劳动合同分为固定期限劳动合同、无固定期限劳动合同和以完成一定任务为期限的劳动合同。

　　用人单位根据员工岗位的不同，与员工订立不同种类的劳动合同。而劳动合同中非基于真实意愿而订立的条款，则被视为违反法律规定，属于无效条款。

　　因此我们可以看出，订立劳动合同并不是签个字那么简单，它是一种被法律明确化和约束的行为。

案例

　　某市的一家韩企以生产廉价服装为主要经营业务，需要大量的纺织工人。由于该企业对员工的管理十分苛刻，甚至还有打骂员工的行为，因此很多工人在工作一段时间后，都不愿意在该企业继续工作。

　　后来，人力资源部要求，所有新录用的员工，在签订劳动合同的时候要在合同中约定，所有员工一律上缴居民身份证，并向公司缴纳 1 000 元的押金。身份证只有在年底放假或合同到期时才返还给职工。时间一长，工人们忍无可忍，一纸诉状，联名将该企业告上了法庭。该企业的这种行为是否构成违法？

案例分析

　　居民身份证是公民个人身份的证明，不经法定程序，任何组织和个人都不得扣押公民的身份证。因此该企业以加强员工管理为借口扣押身份证的行为是违法的。

　　其次，劳动合同的订立应该是自愿的、平等的。为了保障劳动者的自主择业权，劳动者在合同期内甚至可以依据法定程序解除劳动合同。所以，用人单位不得以收取押金的形式限制和剥夺劳动者的自由择业权，该企业的此种行为也是违法的。

　　综上所述，对于该企业的两种违法行为给员工造成的经济损失，员工有权通过劳动争议仲裁或起诉要求该企业给予赔偿。

连线法条

《中华人民共和国劳动合同法》

第三条 订立劳动合同，应当遵循合法、公平、平等自愿、协商一致、诚实信用的原则。

依法订立的劳动合同具有约束力，用人单位与劳动者应当履行劳动合同约定的义务。

第九条 用人单位招用劳动者，不得扣押劳动者的居民身份证和其他证件，不得要求劳动者提供担保或者以其他名义向劳动者收取财物。

第八十四条 用人单位违反本法规定，扣押劳动者居民身份证等证件的，由劳动行政部门责令限期退还劳动者本人，并依照有关法律规定给予处罚。

用人单位违反本法规定，以担保或者其他名义向劳动者收取财物的，由劳动行政部门责令限期退还劳动者本人，并以每人五百元以上二千元以下的标准处以罚款；给劳动者造成损害的，应当承担赔偿责任。

劳动者依法解除或者终止劳动合同，用人单位扣押劳动者档案或者其他物品的，依照前款规定处罚。

2.2.3 何时劳动者与用人单位之间确立劳动关系

谈到劳动者与用人单位之间劳动关系的确立，首先要明确什么是劳动关系。

劳动关系，是指用人单位与劳动者之间依法确立的劳动过程中的权利义务关系，是劳动者与用人单位在实现劳动过程中发生的社会关系。其基本内容是劳动者在劳动时间范围内提供劳动，用人单位在劳动时间范围内使用该劳动并支付工资。

《中华人民共和国劳动合同法》第七条规定："用人单位自用工之日起即与劳动者建立劳动关系。用人单位应当建立职工名册备查。"

《中华人民共和国劳动合同法》第十条规定："建立劳动关系，应当订立书面劳动合同。"

由此可见，用人单位自实际用工之日起即与劳动者建立劳动关系，并且该劳动合同的形式应为"书面"。

2.2.4 不按时签订劳动合同会导致什么后果

在人力资源管理的实务中，不按时签订劳动合同的情况比比皆是。许多用人单位和员工在签订劳动合同前，便已经开始享有相应的权利，履行相应的义务。此时，若不及时签订劳动合同，会导致什么后果？

案例

孙某于 2017 年 11 月 1 日起在福建某外企上班，但是该企业一直以各种借口迟迟不与孙某签订书面劳动合同。在多次要求签订书面劳动合同未果的情况下，2018年 3 月 10 日，孙某向当地劳动争议仲裁委员会申请仲裁，要求该企业立即与其签订书面劳动合同。

案例分析

劳动法中所说的劳动关系是指用人单位与劳动者之间因雇佣劳动而产生的权利义务关系，而劳动合同只是这种劳动关系的书面约定。没有书面约定并不意味着二者之间不存在劳动关系。没有书面劳动合同同样可以形成劳动关系，即事实劳动关系。

在本案例中，虽然孙某与用人单位并没有签订书面劳动合同，但是孙某已在该企业工作四个多月，存在事实劳动关系。因此该企业应该立即与孙某签订劳动合同。

除此之外，根据《中华人民共和国劳动合同法》的规定，企业不与员工签订书面劳动合同的，一个月以内法律予以宽容，但超过一个月仍然不与员工签订书面劳动合同的，从第二个月开始起就应当承担向员工按月支付两倍工资的赔偿责任。

除了上述后果之外，企业不按时与劳动者签订书面合同还可能导致劳动者违约后企业难以得到合法赔偿、用人单位无法保护自己的商业秘密、劳动者随时离职的风险给企业带来管理困难、用人单位辞退劳动者面临赔偿风险、用人单位不能免除为劳动者缴纳社会保险的义务、用人单位面临处罚的法律风险，并且在劳动争议发生后往往处于被动地位。

连线法条

1.《中华人民共和国劳动合同法》

第八十二条　用人单位自用工之日起超过一个月不满一年未与劳动者订立书面劳动合同的，应当向劳动者每月支付二倍的工资。

用人单位违反本法规定不与劳动者订立无固定期限劳动合同的，自应当订立无固定期限劳动合同之日起向劳动者每月支付二倍的工资。

2.《中华人民共和国劳动合同法实施条例》

第六条　用人单位自用工之日起超过一个月不满一年未与劳动者订立书面劳动合同的，应当依照劳动合同法第八十二条的规定向劳动者每月支付两倍的工资，并与劳动者补订书面劳动合同；劳动者不与用人单位订立书面劳动合同的，用人单位应当书面通知劳动者终止劳动关系，并依照劳动合同法第四十七条的规定支付经济补偿。

前款规定的用人单位向劳动者每月支付两倍工资的起算时间为用工之日起满一个月的次日，截止时间为补订书面劳动合同的前一日。

第七条　用人单位自用工之日起满一年未与劳动者订立书面劳动合同的，自用工之日起满一个月的次日至满一年的前一日应当依照劳动合同法第八十二条的规定向劳动者每月支付两倍的工资，并视为自用工之日起满一年的当日已经与劳动者订立无固定期限劳动合同，应当立即与劳动者补订书面劳动合同。

2.2.5　劳动合同的法定必备条款有哪些

劳动合同中的法定必备条款包括哪些呢？

案例

2018年4月，江西某高科技公司设立研发部，招聘了一位研发部经理李某。在这之前，该公司并没有这个岗位，该公司的薪酬制度中也并没有关于研发经理薪酬的规定。人事经理在代表该公司与李某签订劳动合同时，没有特别约定劳动报酬一项，只是口头说根据绩效而定。双方最终签订了这份为期3年的劳动合同。

之后，李某的薪酬按照研发部每月的绩效给付。1年后，该公司对李某的工作能力不满意，想要解除与李某的劳动合同。在征求李某的意见时，李某表示不愿意与该公司协商解决。于是，该公司总经理向人事部征询意见。

人事部查阅资料后发现，在该公司与李某的劳动合同中，并没有法律所规定的必备条款——劳动报酬，因此认为这份合同是无效的，双方只存在事实劳动关系。公司想要终止劳动关系，只需要提前30天通知李某即可，无须找出其他理由。那么，法律究竟是不是这么规定的呢？

案例分析

《中华人民共和国劳动合同法》明确规定了劳动合同应当具备的条款，尤其是工作岗位和薪酬，不仅是必备条款，而且是极为重要的条款。那么缺乏必备条款的劳动合同是否就是无效的呢？

其实不然，法律并没有明确规定没有必备条款的劳动合同就是无效的。劳动合同有效的基础是双方意思表示一致，且没有违反法律法规。必备条款的缺乏并不能直接引起劳动合同的无效。

本案例中，虽然劳动合同的双方当事人没有就劳动报酬在劳动合同里进行明确，但是劳动合同本身确实是出于意思表示一致而订立，并没有违反法律法规的条款。因此，双方的劳动合同是有效的，公司并不能随意解除劳动合同。

连线法条

《中华人民共和国劳动合同法》

第十七条　劳动合同应当具备以下条款：

（一）用人单位的名称、住所和法定代表人或者主要负责人；

（二）劳动者的姓名、住址和居民身份证或者其他有效身份证件号码；

（三）劳动合同期限；

（四）工作内容和工作地点；

（五）工作时间和休息休假；

（六）劳动报酬；

（七）社会保险；

（八）劳动保护、劳动条件和职业危害防护；

（九）法律、法规规定应当纳入劳动合同的其他事项。

劳动合同除前款规定的必备条款外，用人单位与劳动者可以约定试用期、培训、保守秘密、补充保险和福利待遇等其他事项。

第十八条　劳动合同对劳动报酬和劳动条件等标准约定不明确，引发争议的，用人单位与劳动者可以重新协商；协商不成的，适用集体合同规定；没有集体合同或者集体合同未规定劳动报酬的，实行同工同酬；没有集体合同或者集体合同未规定劳动条件等标准的，适用国家有关规定。

2.2.6　如何判定劳动合同的有效性

一般来说，只要签订劳动合同的双方当事人意思表示一致，劳动合同即可成立。

劳动合同的成立需要同时具备法律上的形式要件和实质要件。形式要件，即双方需要签订书面的、具有法定条款的劳动合同。实质要件，则是指劳动合同的内容不存在违反法律、法规的情形，不存在欺诈、胁迫或乘人之危违背对方真实意思表示的情形。

案例

浙江省某国企想要招聘一名资深人力资源管理人员，要求应聘者具有本科及以上学历，并且具有3年以上的管理经验。招聘消息发出去之后，3天内收到大量应聘简历。该公司从中挑选出最合适的10位应聘者进行面试。

面试之后，公司觉得刘铭的条件非常符合公司的招聘要求：简历上写的是国内某高校研究生毕业，在上海市一家外企做过5年的人力资源管理。于是，公司决定最终聘用刘铭作为本公司的管理人员，并签订了为期3年的劳动合同。合同中约定，如果一方单方面解除劳动合同，必须赔付给对方5万元的违约金。

上任后，刘铭的工作效率和业绩一月不如一月，据多名下属反映，刘铭对于很多管理技能一窍不通。公司经调查发现，刘铭的简历中所写的研究生学历和5年的工作经验都是假的。刘铭只具有专科的学历，并且从未有过任何管理经历。

于是，公司决定解雇刘铭。刘铭收到通知后，表示反对。在与公司协商不成后，刘铭随即向劳动争议仲裁委员会申请仲裁，要求公司支付违约金5万元。劳动争议仲裁委员会在了解调查了相关事项后，认为刘铭在应聘时存在欺诈行为，裁决刘铭与公司签订的劳动合同无效，该公司无须承担5万元的赔偿金。

案例分析

从《中华人民共和国民法典》的相关规定可以看出，一方采取欺诈、胁迫的手段，使对方在违背真实意思的情况下所做出的行为，是无效的民事行为，从行为开始就没有法律约束力。

劳动合同有效的基础是签订劳动合同的双方意思表示一致。用人单位和劳动者必须在合法、平等、自愿的基础上签订劳动合同。本案例中，刘铭的欺诈行为，使得该公司误以为刘铭符合公司招聘的条件，从而录取聘用了刘铭并签订了劳动合同。此时双方签订的劳动合同不具有法律效力，属于无效合同。因此，公司可以不履行劳动合同中所约定的条款。

连线法条

1.《中华人民共和国劳动合同法》

第二十六条 下列劳动合同无效或者部分无效：

（一）以欺诈、胁迫的手段或者乘人之危，使对方在违背真实意思的情况下订立或者变更劳动合同的；

（二）用人单位免除自己的法定责任、排除劳动者权利的；

（三）违反法律、行政法规强制性规定的。

对劳动合同的无效或者部分无效有争议的，由劳动争议仲裁机构或者人民法院确认。

第二十七条 劳动合同部分无效，不影响其他部分效力的，其他部分仍然有效。

第二十八条 劳动合同被确认无效，劳动者已付出劳动的，用人单位应当向劳动者支付劳动报酬。劳动报酬的数额，参照本单位相同或者相近岗位劳动者的劳动报酬确定。

2.《中华人民共和国劳动法》

第十八条 下列劳动合同无效：

（一）违反法律、行政法规的劳动合同。

（二）采取欺诈、威胁等手段订立的劳动合同。

无效的劳动合同，从订立的时候起，就没有法律约束力。确认劳动合同部分无效的，如果不影响其余部分的效力，其余部分仍然有效。

劳动合同的无效，由劳动争议仲裁委员会或者人民法院确认。

2.2.7 就业协议是否具有法律效力

就业协议，是《全国普通高等学校毕业生就业协议书》的简称，是普通高等学校毕业生和用人单位在正式确立劳动人事关系前，经双向选择，在规定期限内确立就业关系、明确双方权利和义务而达成的书面协议，是用人单位确认毕业生相关信息真实可靠以及接收毕业生的重要凭据，也是高校进行毕业生就业管理、编制就业方案以及毕业生办理就业落户手续等有关事项的重要依据。协议在毕业生到单位报到、用人单位正式接收后自行终止。

【案例】

2017年5月，湖南某应届毕业生王某和当地某外企在学校的毕业生双选会上签订了一份就业协议，约定毕业后，该外企将接收王某为该企业工程部的计算机开发人员。就业协议约定王某于8月20日到企业报到上班。

但是，2017年7月30日，王某收到该企业的一封信。信函称："由于公司遇到了资金周转困难，进行人力的调整，原定于2017年8月20日的报到日期将推迟于2017年11月20日。"接到这封信函时，王某已经错过了应届毕业生找工作的最佳时期。为挽回损失，他不得不向法院提起诉讼，要求该公司赔偿自己的损失。

【案例分析】

由于大多数的就业协议并不具有劳动合同法定的必备条款，因此，通常将就业协议视为民事合同。《中华人民共和国民法典》对民事法律行为的定义为：民事法律行为是公民或法人设立、变更、终止民事权利和民事义务的合法行为。其成立需要具备的要件有如下内容。

1. 行为人具有相应的民事行为能力。

2. 双方意思表示真实。

3. 不违反法律或者社会公共利益。

在签订就业协议的过程中，毕业生和用人单位均要有真实的意思表示。因此，只有当双方意思表示一致时，就业协议才能生效。鉴于此我们认为毕业生与用人单位签订的关于明确双方权利义务关系的就业协议是完全符合民事行为成立的要件的，是民事法律行为，是一个签署民事合同的行为。所以，用人单位和应届毕业生之间签署的就业协议是有法律约束力的，依法受到法律的保护。

在本案例中，该公司由于自身的原因导致与王某签订的就业协议履行不能，造成了王某的损失，应该对王某做出相应赔偿。

在签订就业协议时，应该注意以下事项。

1. 毕业生和用人单位达成协议并在就业协议书上签名盖章，用人单位应在协议书上注明可以接收毕业生档案的单位的名称和地址。

2. 用人单位上级主管部门批准盖章。

3. 用人单位必须在与毕业生签订协议书起的十个工作日内将协议书送学校毕业生就业工作部门。

4. 由毕业生就业工作部门填写协议书"乙方基本信息"中的"学校有关信息及意见"一栏（或制作长条章加盖），补盖学校就业部门公章，并及时将协议书反馈用人单位。

2.2.8 员工拒签劳动合同怎么办

签订劳动合同最本质的目的是保护劳动者和用人单位在用工和工作中的权利不受到侵害。但是仍然有很多劳动者拒绝签订劳动合同。他们的理由是：签订了劳动合同之后，就等同于签了卖身契，无法在之后自由地寻找更好的工作机会。然而事实上并不是这样的。那么一旦员工拒绝签订劳动合同，用人单位应该怎么办，是否应该承担一定的赔偿责任呢？

案例

2017年10月，上海一家纺织公司招收了一批外地员工。在入职后的一周内，公司人事部安排这些员工与公司签订了劳动合同。大部分员工都签了，但仍有一些员工拒绝与公司签订劳动合同。他们认为劳动合同是卖身契，一旦签了劳动合同就再也走不了了，因此，拒绝与公司签订合同。

而公司人事部经理则告诉他们，签订合同之后，仍然可以提前30天行使单方解除权，但是如果不签订劳动合同，公司就要承担双倍工资的惩罚。这些员工并不听人事经理的劝告，坚持不与该公司签订劳动合同。

【案例分析】

我们可以看出，一旦公司不与劳动者签订劳动合同，那么公司将面临着赔偿双倍工资的惩罚。《中华人民共和国劳动合同法》明确规定：用人单位自用工起，超过一个月不满一年不与劳动者签订劳动合同的，应当向劳动者支付双倍工资；超过一年不与员工签订书面劳动合同的，则视为自动与员工签订无固定期限的劳动合同。这里并没有说不签订劳动合同的原因是来源于用人单位还是劳动者。所以，即使是员工明确表示不签订劳动合同，用人单位也很难避免赔偿双倍工资的责任。因此，针对这种情况，用人单位一定要采取各种措施积极应对，务必防患于未然。

【连线法条】

《中华人民共和国劳动合同法》

第八十二条　用人单位自用工之日起超过一个月不满一年未与劳动者订立书面劳动合同的，应当向劳动者每月支付二倍的工资。

用人单位违反本法规定不与劳动者订立无固定期限劳动合同的，自应当订立无固定期限劳动合同之日起向劳动者每月支付二倍的工资。

2.2.9　无固定期限劳动合同和固定期限劳动合同的区别

无固定期限劳动合同，是指用人单位与劳动者约定无确定终止时间的劳动合同。这里所说的无确定终止时间，是指劳动合同没有一个确切的终止时间，劳动合同期限的长短不能确定，但并不是没有终止时间。

由于缺乏对无固定期限劳动合同制度的正确认识，不少人认为无固定期限劳动合同一经签订就不能解除。因此，很多劳动者把无固定期限劳动合同视为"护身符"，千方百计要与用人单位签订无固定期限劳动合同。另外，用人单位则将无固定期限劳动合同看成"终身包袱"，想方设法逃避签订无固定期限劳动合同的法律义务。

其实，只要没有出现法律规定的条件或者双方约定的条件，双方当事人就要继续履行劳动合同规定的义务。一旦出现了法律规定的情形，无固定期限劳动合同也同样能够解除。

而固定期限劳动合同，是指用人单位与劳动者约定合同终止时间的劳动合同。具体是指劳动合同双方当事人在劳动合同中明确规定了合同效力的起始和终止的时间。劳动合同期限届满，劳动关系即告终止。

如果双方协商一致，还可以续订劳动合同，延长期限。固定期限的劳动合同可以是较短时间的，如半年、1 年、2 年，也可以是较长时间的，如 5 年、10 年，甚至更长时间。不管时间长短，劳动合同的起始和终止日期都是固定的。具体期限由当事人双方根据工作需要和实际情况确定。

根据上述二者的对比我们可以看出，无固定期限劳动合同与固定期限劳动合同的区别主要在于以下三点。

1. 劳动合同不约定存续期限。这是无固定期限劳动合同区别于固定期限劳动合同的显著特征。

2. 除非存在法定或约定合同解除的情形，否则无固定期限合同直至劳动者退休才终止。因此相比于固定期限劳动合同，无固定期限劳动合同具有更强的稳定性。该劳动合同可以在劳动者的法定劳动年龄范围内和企业的存在期限内存在，只有符合法律、法规所规定的特殊情况，劳动合同才解除。

3. 适用范围不同。无固定期限劳动合同主要适用于专业性或者技术性较强的职务、工种，或者工龄达到一定年限的劳动者。而固定期限的劳动合同则主要适用于一般性、季节性、临时性、用工灵活、职业危害较大的工作岗位，适用范围更广，应变能力更强，既能保持劳动关系的相对稳定，又能促进劳动力的合理流动，使资源配置合理化、效益化，是实践中运用较多的一种劳动合同。

除此之外需要提及的是，无固定期限的劳动合同出现约定解除的情况时，用人单位需要向劳动者支付相应的经济补偿金，所以在订立劳动合同时，用人单位不得将法定的解除条件作为约定的解除事由在劳动合同中加以约定。

既然无固定期限劳动合同对用人单位有这么多限制，那么它的优势究竟在哪里呢？

它的优势就在于订立无固定期限的劳动合同，劳动者可以长期在一个单位或部门工作。这种合同适用于工作保密性强、技术复杂、工作又需要保持人员稳定的岗位。这种合同对于用人单位来说，有利于维护其经济利益，减少频繁更换关键岗位的关键人员而带来的损失，对于劳动者来说，也有利于实现长期职业稳定，钻研业务技术。

无固定期限合同一经签订，双方就建立了一种相对稳固和长远的劳动关系，只要不出现法律规定的条件或者双方约定的条件，劳动合同就不能解除。当出现了法律规定的以下 3 种情形时，在劳动者主动提出续订劳动合同或者用人单位提出续订劳动合同劳动者同意的情况下，就应当订立无固定期限劳动合同。

1. 劳动者已在该用人单位连续工作满 10 年的。签订无固定期限劳动合同的劳动者必须在同一单位连续工作 10 年以上，是这个情形的最基本的内容。具体是指劳动者与同一用人单位签订的劳动合同的期限不间断达到 10 年。

如有的劳动者在用人单位工作 5 年后，离职到别的单位去工作了 3 年，然后又回到了这个用人单位工作 5 年。虽然累计时间达到了 10 年，但是劳动合同期限有所间断，不符合在该用人单位连续工作满 10 年的条件。

劳动者工作时间不足 10 年的，即使提出订立无固定期限劳动合同，用人单位也有权不接受。法律做出订立无固定期限劳动合同的规定，主要是为了维持劳动关系的稳定。如果一个劳动者在该用人单位工作了 10 年，就说明他已经能够胜任这份工作，而用人单位的这个工作岗位也确实需要保持人员的相对稳定。在这种情况下，如果劳动者愿意，用人单位应当与劳动者订立无固定期限劳动合同，维持较长的劳动关系。

2.用人单位初次实行劳动合同制度或者国有企业改制重新订立劳动合同时，劳动者在该用人单位工作满 10 年且距法定退休年龄不足 10 年的。在推行劳动合同制度前，或是在国有企业进行改制前，用人单位的有些职工已经在本单位工作了很长时间。推行新的制度以后，很多老职工难以适应这种新型的劳动关系，一旦让其进入市场，确实存在着竞争力弱、难以适应的问题，年龄的局限又使其没有充足的条件来提高改进。

他们担心的不仅是能否与原单位签订劳动合同的问题，还存在着虽然签了劳动合同但期限很短，在其尚未退休前合同到期却没有用人单位再与其签订劳动合同的问题。因此，对于已在该用人单位连续工作满 10 年并且距法定退休年龄不足 10 年的劳动者，在订立劳动合同时，允许劳动者提出签订无固定期限劳动合同。

3.用人单位自用工之日起满 1 年不与劳动者订立书面劳动合同的，视为用人单位与劳动者已订立无固定期限劳动合同。

连线法条

1.《中华人民共和国劳动合同法实施条例》

第十一条　除劳动者与用人单位协商一致的情形外，劳动者依照劳动合同法第十四条第二款的规定，提出订立无固定期限劳动合同的，用人单位应当与其订立无固定期限劳动合同。对劳动合同的内容，双方应当按照合法、公平、平等自愿、协商一致、诚实信用的原则协商确定；对协商不一致的内容，依照劳动合同法第十八条的规定执行。

2.《中华人民共和国劳动合同法》

第十二条　劳动合同分为固定期限劳动合同、无固定期限劳动合同和以完成一定工作任务为期限的劳动合同。

第十三条 固定期限劳动合同，是指用人单位与劳动者约定合同终止时间的劳动合同。

用人单位与劳动者协商一致，可以订立固定期限劳动合同。

第十四条 无固定期限劳动合同，是指用人单位与劳动者约定无确定终止时间的劳动合同。

用人单位与劳动者协商一致，可以订立无固定期限劳动合同。有下列情形之一，劳动者提出或者同意续订、订立劳动合同的，除劳动者提出订立固定期限劳动合同外，应当订立无固定期限劳动合同：

（一）劳动者在该用人单位连续工作满十年的；

（二）用人单位初次实行劳动合同制度或者国有企业改制重新订立劳动合同时，劳动者在该用人单位连续工作满十年且距法定退休年龄不足十年的；

（三）连续订立二次固定期限劳动合同，且劳动者没有本法第三十九条和第四十条第一项、第二项规定的情形，续订劳动合同的。

用人单位自用工之日起满一年不与劳动者订立书面劳动合同的，视为用人单位与劳动者已订立无固定期限劳动合同。

第十五条 以完成一定工作任务为期限的劳动合同，是指用人单位与劳动者约定以某项工作的完成为合同期限的劳动合同。

用人单位与劳动者协商一致，可以订立以完成一定工作任务为期限的劳动合同。

第八十二条 用人单位自用工之日起超过一个月不满一年未与劳动者订立书面劳动合同的，应当向劳动者每月支付二倍的工资。

用人单位违反本法规定不与劳动者订立无固定期限劳动合同的，自应当订立无固定期限劳动合同之日起向劳动者每月支付二倍的工资。

2.2.10 劳动合同不合法条款但员工认可是否有效

在实务中经常会遇到这种情况：签订的劳动合同条款合意，但是不合法，比如在工作之后的几年内不得结婚、不得生子，用人单位可以随时自主调整工作地点等。那么存在这种"不合法条款"的劳动合同是否有效呢？

案例

刚毕业于北京市某高校的刘某，在北京一家外企找到了一份工作。在签合同的过程中，双方约定，考虑到刘某工作的性质，刘某在3年的合同期内不得结婚，否则以自动离职处理，并且要向公司支付违约金5 000元。

1年后，刘某与已经谈了5年的男朋友将结婚提上了日程。于是刘某便向公司表示了自己的想法。可是公司根本不同意："当时是签了合同的，你我约定，在工作的3年内不得结婚。如果你想结婚，那就得向公司赔偿违约金5 000元，并且自动离职。"

案例分析

婚姻自由既是宪法赋予公民的一项基本权利，又是婚姻法的一项重要原则。任何组织和个人都不得干涉婚姻自由。但越来越多的公司，出于管理的需要，在劳动合同中约定一些"限制性条件"，而劳动者为了获得这个工作机会，大部分情况下都会选择答应。

这些条款，不仅不具有法律效力，还会使用人单位承担巨大的法律风险。根据《中华人民共和国劳动合同法》的规定，劳动合同排除劳动者权利或违反法律、法规强制性约定的条款无效或者部分无效。劳动合同的无效，由劳动争议仲裁机构或人民法院确认。

本案例中，虽然该公司和刘某在合同中约定刘某不得在3年内结婚，否则就要付给公司赔偿金5 000元，但是"不得在3年内结婚"这个条款，严重地侵害了刘某的婚姻自由，属于无效条款。因此，公司不能以此为借口开除刘某，也不能要求刘某支付赔偿金。

连线法条

《中华人民共和国劳动合同法》

第二十六条　下列劳动合同无效或者部分无效：

（一）以欺诈、胁迫的手段或者乘人之危，使对方在违背真实意思的情况下订立或者变更劳动合同的；

（二）用人单位免除自己的法定责任、排除劳动者权利的；

（三）违反法律、行政法规强制性规定的。

对劳动合同的无效或者部分无效有争议的，由劳动争议仲裁机构或者人民法院确认。

第二十七条　劳动合同部分无效，不影响其他部分效力的，其他部分仍然有效。

第二十八条　劳动合同被确认无效，劳动者已付出劳动的，用人单位应当向劳动者支付劳动报酬。劳动报酬的数额，参照本单位相同或者相近岗位劳动者的劳动报酬确定。

第八十六条　劳动合同依照本法第二十六条规定被确认无效，给对方造成损害的，有过错的一方应当承担赔偿责任。

2.3　劳动合同变更需要注意什么

劳动合同的订立并不是一劳永逸的。当用人单位和劳动者双方同意就劳动合同中的某些条款进行变更时，变更后的劳动合同就成了原劳动合同的派生物。那么什么是劳动合同的变更呢？什么情况下可以对劳动合同进行变更？劳动合同的变更是否需要双方的合意？

2.3.1　什么是劳动合同的变更

劳动合同的变更是指劳动合同依法订立后，在合同尚未履行或者尚未履行完毕之前，经用人单位和劳动者双方当事人协商同意，对劳动合同内容做部分修改、补充或者删减的法律行为。劳动合同的变更是原劳动合同的派生物，是双方已存在的劳动权利义务关系的发展。

根据《中华人民共和国劳动合同法》第十六条的规定，劳动合同由用人单位与劳动者协调一致，并经用人单位与劳动者在劳动合同文本上签字或者盖章生效。因此，劳动合同一经依法订立，即具有法律约束力，受到法律保护，双方当事人应当严格履行，任何一方不得随意变更劳动合同约定的内容。

但在，当事人在订立合同时，有时不可能对涉及合同的所有问题都做出明确的规定。合同订立后，在履行劳动合同的过程中，由于社会生活和周围环境的不断变化，订立劳动合同所依据的客观情况发生变化，使得劳动合同难于履行或者难以全面履行。这就需要用人单位和劳动者双方对劳动合同的部分内容进行适当调整。

劳动合同的变更是在原合同的基础上对原劳动合同内容做部分修改、补充或者删减，而不是签订新的劳动合同。原劳动合同未变更的部分仍然有效，变更后的内容就取代了原合同的相关内容，新达成的变更协议条款与原合同中其他条款具有同等法律效力，对双方当事人都有约束力。

2.3.2　什么情况下可以变更劳动合同

根据《中华人民共和国劳动合同法》第三十五条的规定，在一般情况下，只要用人单位与劳动者协商一致，即可变更劳动合同约定的内容。

1.劳动合同是劳动关系双方协商达成的协议，当然也可以协商变更；对于劳动合同约定的内容，只要是经双方当事人协商一致而达成的，都可以经协商一致予以变更。

2. 对变更劳动合同，用人单位和劳动者之间应当采取自愿协商的方式，若双方当事人中有一方不同意，那么合同的变更就不成立，变更后的劳动合同也是无效的。

3. 劳动合同的变更只是对原劳动合同的部分内容做修改、补充或者删减，而不是对合同内容的全部变更。

对劳动合同所要变更的部分内容，当事人双方通过协商后，必须达成一致的意见。如果在协商过程中，有任何一方当事人不同意所要变更的内容，则就该部分内容的合同变更就不能成立，原有的合同就依然具有法律效力。

4. 在变更过程中必须遵循与订立劳动合同时同样的原则，即遵循合法、公平、平等自愿、协商一致、诚实信用的原则。

根据《中华人民共和国劳动合同法》第四十条第三项的规定，劳动合同订立时所依据的客观情况发生重大变化，致使劳动合同无法履行，经用人单位与劳动者协商，未能就变更劳动合同内容达成协议的，用人单位在提前三十日以书面形式通知劳动者本人或者额外支付劳动者一个月工资后，可以解除劳动合同。由此可以确定，劳动合同签订时所依据的客观情况发生重大变化，是劳动合同变更的一个重要事由。

所谓"劳动合同订立时所依据的客观情况发生重大变化"，主要是指以下内容。

（1）法律、法规方面的原因。订立劳动合同所依据的法律、法规已经修改或者废止。

（2）用人单位方面的原因。用人单位的发展对于劳动者来说是不可控的。如果劳动合同订立时劳动者正是看中了该公司的发展前景，而时过境迁，用人单位的发展已走下坡路，并且决定转产、调整生产任务或者调整生产经营项目等，那么劳动者就可以以此为理由，与用人单位商榷变更劳动合同。

（3）劳动者方面的原因。如劳动者的身体健康状况发生变化、劳动能力部分丧失、所在岗位与其职业技能不相适应、职业技能提高了一定等级等，造成原劳动合同不能履行或者如果继续履行原合同规定的义务对劳动者明显不公平。

（4）客观方面的原因。客观方面变化的原因是多种多样的。①由于不可抗力的发生，原来合同的履行成为不可能或者失去意义。不可抗力是指当事人所不能预见、不能避免并不能克服的客观情况，如自然灾害、意外事故、战争等。②由于物价大幅度上升等客观经济情况变化致使劳动合同的履行会花费太大代价而失去经济上的价值等。

2.3.3　变更劳动合同时需要注意什么

变更劳动合同应该注意些什么呢?

1. 劳动合同的变更必须在劳动合同依法订立之后,在合同没有履行或者尚未履行完毕之前的有效时间内进行。即劳动合同双方当事人已经存在劳动合同关系,如果劳动合同尚未订立或者是已经履行完毕则不存在劳动合同的变更问题。

2. 劳动合同的变更必须坚持平等自愿、协商一致的原则,即劳动合同的变更必须经用人单位和劳动者双方当事人的同意。平等自愿、协商一致是劳动合同订立的原则,也是其变更应遵循的原则,任何单方面变更劳动合同的行为都是无效的。

3. 劳动合同的变更必须合法,不得违反法律、法规的强制性规定。劳动合同变更也并非任意的,用人单位和劳动者约定的变更内容必须符合国家法律、法规的相关规定。

最重要的是,劳动合同的变更必须采用书面形式。劳动合同双方当事人经协商后对劳动合同中的约定内容的变更达成一致意见时,必须达成变更劳动合同的书面协议,任何口头形式达成的变更协议都是无效的。

劳动合同变更的书面协议应当指明对劳动合同的哪些条款做出变更,并应明确劳动合同变更协议的生效日期,书面协议经用人单位和劳动者双方当事人签字盖章后生效。这一规定,是为避免劳动合同双方当事人因劳动合同的变更问题而产生劳动争议。

4. 劳动合同变更后的劳动合同文本应交付劳动者一份。

连线法条

《中华人民共和国劳动合同法》

第十六条　劳动合同由用人单位与劳动者协商一致,并经用人单位与劳动者在劳动合同文本上签字或者盖章生效。

劳动合同文本由用人单位和劳动者各执一份。

第三十五条　用人单位与劳动者协商一致,可以变更劳动合同约定的内容。变更劳动合同,应当采用书面形式。

变更后的劳动合同文本由用人单位和劳动者各执一份。

2.3.4　单方面变更劳动合同是否具有法律效力

由于变更劳动合同必须经双方协商一致,这就说明了单方面变更合同是无效的,并不具有法律效力。

案例

田力为某上市公司的行政人员，每月工资 6 000 元。2017 年 12 月，由于公司经济效益不好，公司决定将田力的工资调至 3 500 元。田力不同意公司的该项调整，但公司说这是公司的调整，作为员工必须得服从。

第二个月，田力只拿到了 3 500 元的工资。一气之下，田力向当地劳动监察部门投诉。劳动监察部门经过调查后，责令该公司补发田力工资 2 500 元。

案例分析

下调工资，这属于劳动合同变更的一种情况。用人单位与劳动者进行此种劳动合同变更时，必须取得劳动者的合意。《中华人民共和国劳动合同法》明确规定，用人单位变更劳动合同，必须与劳动者协商一致。因此，该公司这种随意下调劳动者工资的行为是不合法的。公司以"公司的决定"为由下调劳动者工资，违反了《中华人民共和国劳动合同法》协商一致的要求。

案例

李明担任某国企 A 的销售经理，每月工资为 9 000 元。后来，由于公司的经济效益不是很好，加上李明在平时的工作中经常偷懒、不上进，于是公司与李明商量，希望将李明的工资调至 5 000 元，如果不同意的话，公司只能与他解除劳动合同了。

李明虽然不愿意，但是考虑到自己无法在短时间内找到更加合适的工作，便同意了。后李明的工资就由 9 000 元变成了 5 000 元。同时，李明也开始寻找新的工作。两个月后，李明找到了一份月薪 12 000 元的工作。

于是，李明以未足额支付劳动报酬为由，将 A 公司告上了法院。A 公司认为，他们已经和李明取得了变更劳动合同的意思一致，并不属于未足额支付劳动报酬。而当法院让该公司举证时，A 公司又拿不出具体的证据证明。于是，法院最终判决 A 公司解除与李明的劳动合同，并支付李明少发的工资和经济补偿金。

案例分析

《中华人民共和国劳动合同法》第三十五条明确规定，劳动合同的变更应当采取书面形式。在上述案例中，由于 A 公司粗心大意，没有就变更劳动合同的合意签订书面协议。如果公司与李明签订了劳动合同的变更协议，就不至于在法庭上败诉，也不会对李明进行赔偿，从而使公司遭受损失。

因此，用人公司和劳动者都应该注意，劳动合同的变更必须以书面合同的形式加以确定。法庭上，书面的证据才是最确凿的。

2.4 试用期需要注意什么

用人单位和劳动者签订了劳动合同，并不代表公司就会最终录用该员工。从签订劳动合同到成为正式员工，中间的连接环节就是试用期。试用期是指包括在劳动合同期限内，用人单位对劳动者是否合格进行考核，劳动者对用人单位是否符合自己要求也进行考核的期限。试用期是公司对于员工工作能力的考核期，是包含工资的。

2.4.1 试用期应该如何约定

根据 1995 年发布的《劳动部关于贯彻执行〈中华人民共和国劳动法〉若干问题的意见》的规定，试用期指用人单位和劳动者相互了解、选择而约定的不超过6 个月的考察期。

【案例】

张肃是某高校法学专业的学生，平时学习刻苦，成绩优异。2018 年张肃就要毕业了，为了丰富自己的简历、拥有更多的工作经验，于是他春节返校后，就在学校周边的一家外企里实习。张肃平时有空才去上班，工作时间和工作内容不定。公司则每月支付给张肃 1 500 元的生活费。

经过 3 个月的实习，张肃觉得该家公司的发展前景和实力都不错，就想留在这家公司继续工作。公司也看到了张肃的能力，有意要留下张肃。于是，经过沟通和协商，公司决定和张肃签订为期 3 年的劳动合同，工作岗位是法务，月薪 4 500 元，并约定张肃的试用期为 2 个月，试用期工资为 3 800 元。张肃不明白，为什么自己在公司已经实习了 3 个月了，还要约定试用期呢？

【案例分析】

所谓试用期，又叫适应期，是指用人单位和劳动者互相了解、选择，而在劳动合同中约定不超过 6 个月的考察期。一般来说，试用期是用人单位和劳动者互相考核的阶段，并且在此期间，公司需要对职工进行诸多的培训。

本案中，由于张肃在实习期内的工作内容和聘用后的工作内容是不同的，因此，用人单位有权、有理由约定试用期。此外，试用期的工资大多低于正式工的工资，但不得低于正式工的80%。所以，该公司的上述做法是完全正当且合法的。

连线法条

1.《中华人民共和国劳动合同法》

第十九条　劳动合同期限三个月以上不满一年的，试用期不得超过一个月；劳动合同期限一年以上不满三年的，试用期不得超过二个月；三年以上固定期限和无固定期限的劳动合同，试用期不得超过六个月。

同一用人单位与同一劳动者只能约定一次试用期。

以完成一定工作任务为期限的劳动合同或者劳动合同期限不满三个月的，不得约定试用期。

试用期包含在劳动合同期限内。劳动合同仅约定试用期的，试用期不成立，该期限为劳动合同期限。

第二十条　劳动者在试用期的工资不得低于本单位相同岗位最低档工资或者劳动合同约定工资的百分之八十，并不得低于用人单位所在地的最低工资标准。

2.《中华人民共和国劳动法》

第二十一条　劳动合同可以约定试用期。试用期最长不得超过六个月。

第四十八条　国家实行最低工资保障制度。最低工资的具体标准由省、自治区、直辖市人民政府规定，报国务院备案。

用人单位支付劳动者的工资不得低于当地最低工资标准。

2.4.2　单独签订试用期合同是否有效

一些用人单位在签合同时会分别与劳动者签订试用期合同和劳动合同，目的就是将试用期从劳动合同中剥离出来，以试用期的结束作为劳动合同的生效条件。更有甚者，在试用期即将结束的时候，找出种种理由将试用期员工辞退，同时又以劳动合同还没有生效为由，侵害劳动者利益。那么这份单独签订的试用期合同是否具有法律效力呢？

案例

2017年3月，经过初试和面试，K公司决定录用王甜作为该公司的行政主管。王甜要求与K公司签订为期3年的劳动合同，而K公司却说要先签订一份3个月的试用期合同，并且试用期的工资只有正式工作后工资的一半。只有王甜通过试用期、考核合格，才能和K公司签订劳动合同，成为本公司的正式员工。

王甜为了获得这份自己很满意的工作，于是与K公司签订了这份试用期合同。但是工作了一个月之后，王甜发现公司并没有为自己缴纳社会保险，于是向公司进行了反映。而公司则答复说，试用期内公司无须承担缴纳员工的社会保险的责任。王甜不服，于是到劳动争议仲裁委员会申请仲裁。

【案例分析】

在招聘新员工时，有些用人单位为了占据主动地位，往往不与试用期员工签订正式的劳动合同，只签订试用期合同，并且声明不承担任何缴纳社会保险的责任。其实这种做法是违反法律规定的。只要用人单位与劳动者建立了劳动关系，就应该签订劳动合同。试用期过后再签订劳动合同，不仅是违法的，还有可能导致用人单位承担一定的法律风险。

我国现行法律规定，用人单位没有与劳动者签订劳动合同但具有事实劳动关系的，其劳动关系依法受到法律的保护。法律还规定，只签订试用期合同而不签订劳动合同的，试用期不成立。该试用期即为劳动合同的期限。由此看来，用人单位如果不与劳动者签订劳动合同，不仅避免不了责任，反而会增加用人单位的法律风险。

在本案中，K公司不仅与劳动者只签订试用期合同，而且给予王甜的试用期工资只有正式工的一半，违反了《中华人民共和国劳动合同法》第二十条的规定，属于违法行为。K公司除了应该依法承担缴纳王甜各项社会保险的责任外，还需要补齐少发给王甜的试用期工资。

【连线法条】

《中华人民共和国劳动合同法》

第二十条 劳动者在试用期的工资不得低于本单位相同岗位最低档工资或者劳动合同约定工资的百分之八十，并不得低于用人单位所在地的最低工资标准。

2.4.3 离职员工再入职是否需要试用期

我国法律规定，用人单位只有在初次招聘劳动者时才能约定试用期。如果是与劳动者续签合同，则不能再次约定试用期。但是在实务中，个别用人单位为谋取不法利益，在与劳动者续订劳动合同时，故意与劳动者再次约定试用期。这种做法其实是不合乎法律规定的。

案例

小方于 2014 年 3 月 20 日与一家公司签订了劳动合同，约定合同期限为 2 年，同时约定试用期为 2 个月。2 年过后，由于小方在这家公司工作得不错，人也踏实，于是 2016 年 3 月，公司提出与小方续订劳动合同。小方同意了。

在签订劳动合同时小方发现合同中有一个条款是约定了 1 个月的试用期，小方生气地问公司人事部的员工。不料想人事部的员工却说，每签一次劳动合同，就要约定一次试用期，这是公司的规定。小方不服，于是向当地的劳动争议仲裁委员会提出申请，要求对公司二次约定试用期的事项进行仲裁。

案例分析

试用期是用人单位用来考核员工能力的重要依据。虽然试用期并不是劳动合同的法定必备条款，但是大多数用人单位都会与劳动者约定试用期。但是，随着试用期的广泛适用，也出现了一些疑问。比如说，离职的员工再次入职是否需要试用期？与劳动者续订劳动合同是否需要试用期等。

通常认为，劳动者在同一岗位只能约定一次试用期。至于劳动者在同一公司调动岗位后是否需要再次约定试用期，则没有明确的规定。《中华人民共和国劳动合同法》明确规定，同一用人单位只能和同一劳动者约定一次试用期。上述案例中，由于劳动者是与用人单位续订劳动合同，所以，用人单位不应该再次与劳动者约定试用期。

连线法条

《中华人民共和国劳动合同法》

第十九条 ……。同一用人单位与同一劳动者只能约定一次试用期。……

2.4.4 单方面延长试用期是否合法

一些用人单位为了推迟劳动者正式入职的时间，试图通过延长试用期来达到自己的目的。但是，试用期作为劳动合同的条款之一，一经约定，非经双方协商一致，是不准任何人随意延长或缩短的。

案例

2016 年 7 月，刚毕业于上海市某高校的周某，在上海市一家外企找到了一份销售员的工作。双方签订的劳动合同中约定，劳动合同的期限为 3 年，试用期 3 个月。在工作了1个月之后，周某由于肺炎，请了1个月的假期。

3个月的试用期结束后，当周某提出要转为正式员工时，公司却说周某的身体状况不良，已经不符合公司对于员工健康要求的指标，并且周某请了一个月的病假，导致公司人事部无法对周某的业绩和工作情况做出全面的考察，要求延长试用期3个月，若再不符合公司规定，则与周某解除劳动合同。在与公司协商不成后，周某随即向当地的劳动争议仲裁委员会发出申请，要求对此事件进行仲裁。

案例分析

同一用人单位只能和同一劳动者约定一次试用期，且不存在延长试用期一说。在本案例中，虽说周某请了一个月的病假，但是只要劳动合同中没有试用期中患病等相应情况的后延处理约定，员工就可以主张按时转正。

除此之外，用人单位也无法以试用期考核信息未完善为理由延长试用期。

2.4.5　试用期内考核不合格是否能解除劳动合同

在实务中，不少用人单位自以为在试用期中拥有绝对的主动权去决定员工的去留，于是就在试用期上做文章，希望借此获得更大的利益。确实，在试用期内，如果劳动者不符合用人单位的录用条件或者是合同中所约定的业绩，用人单位可以按照法定的程序来解除劳动合同。那么，是否是只要是员工在试用期内考核不合格，用人单位就可以随意解除劳动合同呢？

案例

小孙是一名软件工程的设计人员，2017年2月应聘进入一家外企从事软件设计工作。小孙与该公司的劳动合同中约定的劳动合同期限是3年，试用期为2个月。

小孙上班第一天，该公司的人事专员就对其进行了入职培训，包括员工手册的讲解、公司规章制度等，并鼓励他好好工作。

在试用期届满前的一周，公司通知小孙，说他试用期考核不合格，公司决定不再聘用他。小孙则认为自己在工作期间，做好了分内的工作，不存在不符合录用条件的情况，公司的做法有问题，严重损害了自己的利益。

在与公司协商不成的情况下，小孙向劳动争议仲裁委员会申请仲裁，要求恢复与该公司的劳动关系。

案例分析

用人单位在和劳动者约定了试用期条款后，往往要对试用期的员工进行考核，以决定是否继续录用。但是很多用人单位误以为只要在试用期内证明员工的业绩不合格，就能随意解除与劳动者的劳动合同，其实这种想法是不对的。按照法律规定，用人单位在试用期内解除劳动合同必须证明劳动者不符合录用条件，而不是不需要理由就可以随意解除。

根据《中华人民共和国劳动合同法》的规定，用人单位在试用期内解除劳动合同有以下三种情形。

1.劳动者不符合录用条件。

2.过失性解除。

3.非过失性解除。

在本案例中，公司并没有将录用条件明确地告知劳动者，并且没有将录用条件和考核绩效相关联，因此公司所说的小孙不符合录用条件是不成立的。故公司不能以此为借口与小孙解除劳动合同。劳动争议仲裁委员会经审理做出裁决，责令该公司恢复与小孙的劳动关系。

连线法条

《中华人民共和国劳动合同法》

第二十一条 在试用期中，除劳动者有本法第三十九条和第四十条第一项、第二项规定的情形外，用人单位不得解除劳动合同。用人单位在试用期解除劳动合同的，应当向劳动者说明理由。

第三十九条 劳动者有下列情形之一的，用人单位可以解除劳动合同：

（一）在试用期间被证明不符合录用条件的；……

第四十条 有下列情形之一的，用人单位提前三十日以书面形式通知劳动者本人或者额外支付劳动者一个月工资后，可以解除劳动合同：

（一）劳动者患病或者非因工负伤，在规定的医疗期满后不能从事原工作，也不能从事由用人单位另行安排的工作的；

（二）劳动者不能胜任工作，经过培训或者调整工作岗位，仍不能胜任工作的；……

2.4.6 试用期满考核不合格是否能解除劳动合同

根据《劳动部办公厅对〈关于如何确定试用期内不符合录用条件可以解除劳动合同的请示〉的复函》的规定：对试用期内不符合录用条件的劳动者，企业可以解除劳动合同；若超过试用期，则企业不能以试用期内不符合录用条件为由解除劳动合同。

一般来说，当试用期届满后，劳动者根据劳动合同自动转为该企业的正式员工。因此，企业在试用期内应该尽快对劳动者进行全面的考核。一旦发现劳动者不符合录用条件，则应该在试用期结束前解除与劳动者的劳动合同，不要拖到试用期结束之后。

连线法条

《劳动部办公厅对〈关于如何确定试用期内不符合录用条件可以解除劳动合同的请示〉的复函》

四川省劳动厅：

你厅《关于如何确定试用期内不符合录用条件可以解除劳动合同的请示》（川劳仲〔1994〕45号）收悉，现答复如下：

同意你厅第一种意见，即：对试用期内不符合录用条件的劳动者，企业可以解除劳动合同；若超过试用期，则企业不能以试用期内不符合录用条件为由解除劳动合同。

2.5 非全日制用工需要注意什么

非全日制用工，是我国经济就业形势发生了巨大的变化之后产生的一种用工制度。其意义在于促进下岗职工的再就业、促进劳动力的高效利用、促进人才结构的优化。那么，究竟什么是非全日制用工？非全日制劳动合同应该如何签订？它与全日制用工又有哪些区别呢？

2.5.1 什么是非全日制用工

非全日制用工，是指以小时计酬为主，劳动者在同一用人单位一般平均每日工作时间不超过四小时，每周工作时间累计不超过二十四小时的用工形式。

在非全日制用工的情况下，小时工资标准是用人单位按双方约定的工资标准支付给非全日制劳动者的工资，但不得低于当地政府颁布的小时最低工资标准。当地政府颁布的小时最低工资标准，含用人单位为其交纳的基本养老保险费和基本医疗保险费。支付工资周期最长不得超过十五日。

和全日制用工不同的是，非全日制用工双方当事人可以订立口头协议。从事非全日制用工的劳动者也可以与一个或者一个以上用人单位订立劳动合同，但是后订立的劳动合同不得影响先订立的劳动合同的履行。在劳动合同中，非全日制用工双方当事人不得约定试用期。双方当事人任何一方都可以随时通知对方终止用工。终止用工后，用人单位不向劳动者支付经济补偿。

在缴纳社会保险方面，从事非全日制工作的劳动者应当参加基本养老保险，原则上参照个体工商户的参保办法执行。对于已参加过基本养老保险和建立个人账户的人员，前后缴费年限合并计算，跨统筹地区转移的，应办理基本养老保险关系和个人账户的转移、接续手续。符合退休条件时，按国家规定计发基本养老金。

从事非全日制工作的劳动者也可以以个人身份参加基本医疗保险，并按照待遇水平与缴费水平相挂钩的原则，享受相应的基本医疗保险待遇。参加基本医疗保险的具体办法由各地劳动保障部门研究制定。

在此基础上，用人单位应当按照国家有关规定为建立劳动关系的非全日制劳动者缴纳工伤保险费。从事非全日制工作的劳动者发生工伤，依法享受工伤保险待遇；被鉴定为伤残5～10级的，经劳动者与用人单位协商一致，可以一次性结算伤残待遇及有关费用。

非全日制用工工资的计算公式：非全日制用工工资 = 小时工资标准 × 实际工作小时数。

例：某钟点工小张在某企业从事保洁工作，约定的小时工资标准为8元，8月份累计工作60小时，计算其当月实得工资。（非全日制用工劳动报酬结算支付周期最长不得超过15日，每天最多工作4小时，支付周期内工作小时最多为60小时）

根据公式，则为：当月实得工资 = 8 × 60 = 480（元）。

2.5.2 非全日制相比全日制用工有哪些优势

非全日制劳动是灵活就业的一种重要形式。近年来，我国非全日制劳动用工形式呈现迅速发展的趋势，特别是在餐饮、超市、社区服务等领域，用人单位使用的非全日制用工形式越来越多。它的优势主要体现在以下几个方面。

1. 它有利于企业降低人工成本，推动企业用工灵活化。在市场经济条件下，企业用工需求取决于生产经营的现实需要。而作为一个营利机构，企业的目的就是追求利润的最大化。因此企业也要尽可能降低人工成本。实际上，非全日制用工的人工成本明显低于全日制用工。因此，越来越多的企业根据生产经营的需要，采用包括非全日制用工在内的一些灵活用工形式。

2. 促进下岗职工和失业人员再就业。随着科技经济的发展，人工劳动力需求量大幅度减少，这就造成了劳动力市场供过于求的矛盾。在下岗职工和失业人员的就业竞争力较差的情况下，非全日制劳动在促进下岗职工和失业人员再就业方面发挥着越来越重要的作用。

3.有利于缓解劳动力市场供求失衡的矛盾,减少失业现象。和全日制用工不同,非全日制用工可以使企业在对人力资源的客观需求总量不变的条件下,给广大劳动者提供更多的就业机会。

近年来,以小时工为主要形式的非全日制用工发展较快。

《中华人民共和国劳动合同法》从法律层面上对非全日制用工做出了与全日制用工不同的特别规范。

1.对非全日制用工做了定义。规定非全日制用工,是指以小时计酬为主,劳动者在同一用人单位一般平均每日工作时间不超过四小时,每周工作时间累计不超过二十四小时的用工形式。

2.规定从事非全日制用工的劳动者可以与一个或者一个以上用人单位订立劳动合同,但是后订立的劳动合同不得影响先订立劳动合同的履行。而全日制用工劳动者只能与一个用人单位订立劳动合同。

3.规定非全日制用工双方当事人可以订立口头协议。而全日制用工的,应当订立书面劳动合同。

4.规定非全日制用工双方当事人不得约定试用期。而全日制用工的,除以完成一定工作任务为期限的劳动合同和三个月以下固定期限劳动合同外,其他劳动合同可以依法约定试用期。

2.5.3　如何签订非全日制用工劳动合同

我国现行法律明确规定,非全日制用工的劳动者可以与一个或者一个以上用人单位订立口头协议或者订立劳动合同。但是,后订立的劳动合同不得影响先订立的劳动合同的履行。在劳动合同中,非全日制用工双方当事人不得约定试用期。

双方当事人任何一方都可以随时通知对方终止用工。终止用工后,用人单位不向劳动者支付经济补偿。在非全日制用工的情况下,小时计酬标准是用人单位与非全日制劳动者双方商定的工资标准,但不得低于当地政府颁布的小时最低工资标准。

案例

2017年4月,年近50岁的刘姐经朋友介绍,找到了一份在西餐厅A打扫卫生的工作。双方约定刘姐的工作时间是中午工作2小时,晚上工作2小时,每小时的工资为8元。刘姐觉得西餐厅A环境良好,工作不累,老板也不拖欠工资,就坚持做了下去。

半年后，刘姐又在另外一家西餐厅B找到一份保洁的工作。西餐厅B的老板与她约定每天工作4小时，每小时的工资为14元。她暗想，为什么两家工资差距这么大？于是刘姐就去找餐厅A的老板，要求涨工资。

不料餐厅A的老板却说："涨工资是不可能的，既然我们劳动合同中约定的小时工资为8元，就应该一直延续下去，怎么可以变更呢？"刘姐心里不服，后经询问，发现本市的最低小时工资标准为12元每小时。于是向劳动争议仲裁委员会提出申请，要求餐厅A补发之前少发的工资，并且将日后的工资升为12元每小时。

案例分析

为了保证非全日制员工的权益，《中华人民共和国劳动合同法》对非全日制用工的薪酬进行了约束，并且设定了最低工资、最高工作时间和最长报酬结算周期。最低工资包括最低月工资和最低小时工资。

在本案例中，餐厅A与刘姐约定的小时工资明显低于本市的最低小时工资，这是不符合法律规定的，属于违法行为。因此若双方有意续约，那么A餐厅必须提高刘姐的小时工资，并且补发之前少发的部分。

连线法条

《中华人民共和国劳动合同法》

第六十八条 非全日制用工，是指以小时计酬为主，劳动者在同一用人单位一般平均每日工作时间不超过四小时，每周工作时间累计不超过二十四小时的用工形式。

第六十九条 非全日制用工双方当事人可以订立口头协议。

从事非全日制用工的劳动者可以与一个或者一个以上用人单位订立劳动合同；但是，后订立的劳动合同不得影响先订立的劳动合同的履行。

第七十条 非全日制用工双方当事人不得约定试用期。

第七十一条 非全日制用工双方当事人任何一方都可以随时通知对方终止用工。终止用工，用人单位不向劳动者支付经济补偿。

第七十二条 非全日制用工小时计酬标准不得低于用人单位所在地人民政府规定的最低小时工资标准。

非全日制用工劳动报酬结算支付周期最长不得超过十五日。

2.5.4 非全日制用工是否可以随意兼职

既然法律规定非全日制员工可以与一个或一个以上用人单位签订劳动合同，

那么是否代表着劳动者可以随意兼职呢？事实上并非如此。法律这项规定的前提是各个兼职之间不能相互干扰，不能影响到其他用人单位的利益。

案例

吴某原先在一家民营企业 A 做会计，与用人单位签订的是非全日制用工合同。后来吴某嫌自己的收入低，就又找到了一家服装企业 B，担任审计工作，并且与该企业签订了非全日制用工合同。

几年下来，吴某觉得这种工作模式还不错，两个公司的工作不多，任务刚好能够错开。一天，职业介绍所的一位朋友找到吴某，说要给他介绍一份工作。吴某本来打算不接的，但是丰厚的收入吸引了他。

于是吴某与这第三家用人单位 C 签订了非全日制用工合同。但是公司 C 的收入高，活儿也多。一天要工作七八个小时，而且一干就是好多天。公司 A、B 要求他去工作，但是由于他脱不开身，就不得不把两家的工作一直往后拖，导致公司 B 的财务审计出现了问题。

公司 B 知道实情后，明确告诉吴某：本公司并不反对你另外接活，但是不能耽误本公司工作，如果你影响了本公司的工作，是需要承担法律责任的。吴某左右为难，不知道如何解决。

案例分析

就本案例中涉及的问题而言，法律上允许劳动者与一个或多个用人单位签订非全日制用工合同。这是非全日制用工方式本身具有的弹性和非全时性所决定的。但从事非全日制用工的劳动者可以与一个或者一个以上用人单位订立劳动合同并不代表着劳动者可以随意兼职。

一般来说，后订立的劳动合同不得影响先订立的劳动合同的履行，这是公平原则、诚实信用原则在非全日制劳动合同履行过程中的具体体现。

本案中，吴某订立多个非全日制用工合同的行为本身并没有违法。但是，一旦多个用人单位之间的平衡被打破，就会影响到某个用人单位的利益。那么此时，吴某一定会违反某一份劳动合同，从而要承担法律责任，做出赔偿。就本案例而言，吴某应该对公司 B 的损失做出赔偿。

连线法条

《中华人民共和国劳动合同法》

第六十八条 非全日制用工，是指以小时计酬为主，劳动者在同一用人单位一般平均每日工作时间不超过四小时，每周工作时间累计不超过二十四小时的用工形式。

第六十九条　非全日制用工双方当事人可以订立口头协议。

从事非全日制用工的劳动者可以与一个或者一个以上用人单位订立劳动合同；但是，后订立的劳动合同不得影响先订立的劳动合同的履行。

2.5.5　非全日制用工是否存在试用期

《中华人民共和国劳动合同法》第七十条规定，非全日制用工双方当事人不得约定试用期。因此，作为一个非全日制用工的劳动者，即使与多个用人单位签订非全日制用工合同、建立非全日制用工的劳动关系，各用人单位也不得与该劳动者约定试用期。

而全日制用工的，除以完成一定任务为期限的劳动合同和3个月以下固定期限劳动合同外，其他合同可以根据合同期限的长短依法约定不超过6个月的试用期。

2.6　保密协议和竞业限制协议需要注意什么

企业商业秘密保护的手段有很多，但是最为常见和首要的做法是与劳动者签订保密协议和竞业限制协议。这两种协议既可以放在同一个协议文本中约定，也可以分开约定。企业可以根据自身情况，灵活选择保密或竞业限制事项的约定。

2.6.1　什么是保密协议

保密协议，是指协议当事人之间就一方告知另一方的书面或口头信息，约定不得向任何第三方披露该信息的协议。负有保密义务的当事人违反协议约定，将保密信息披露给第三方，将承担民事责任甚至刑事责任。

保密协议一般包括保密内容、责任主体、保密期限、保密义务及违约责任等条款。保密协议可以分为单方保密协议和双方保密协议。单方保密协议是指一方对另一方单方面负有保密义务的协议。

在签订保密协议时，双方既可在劳动合同中约定保密条款，也可以订立专门的保密协议。但不管采用哪种方式，都应当采取法定的书面形式，并做到条款清晰明白、语言没有歧义。

在保密协议中，双方必须明确以下内容。

1. 明确保密信息范围。用人单位在约定保密内容时，务必把需要保密的对象、范围、内容和期限等明确下来，最好通过列举的方式列明所有需要保密内容，否则很容易因约定不明引发诉讼纠纷。不同的企业和同一企业的不同时期，保密范围、内容也有所变化，用人单位应及时修改保密协议内容。

2. 明确保密主体。商业秘密的保密主体一般仅限于涉密岗位的劳动者，对于保密岗位和技术岗位，要求其不得披露、赠予、转让、销毁或者协助第三人侵犯公司的商业秘密。除上述涉密岗位以外，不必然承担保密义务的劳动者在工作中有意或无意获悉公司秘密时，也应该列入保密主体的范围，承担保密责任。此外，那些掌握了商业秘密的劳动者家属、朋友，对保守商业秘密也应该负有同等义务。

3. 约定保密期限。保密协议中应明确约定保密期限，虽然法律规定劳动者保守秘密的义务不因劳动合同的解除、终止而免除，但由于商业秘密存在过期、被公开或被淘汰的情况，因此最好还是约定保密义务的起止时间，以免引起不必要的纠纷。

4. 明确双方的权利、义务。在保密协议中应明确约定如何使用商业秘密、涉及商业秘密的职务成果的归属、涉密文件的保存与销毁方式等内容，有特殊条款的还应以列举方式进行约定。

除此之外，根据《中华人民共和国劳动合同法》的规定，保密协议中不得直接设定违约金，若约定违约金存在，则被认定为无效的协议。但这并不意味着保密协议中不可约定违约责任，保密协议中可约定违反保密义务的赔偿内容以及计算赔偿数额的方式。

5. 谨慎约定竞业限制条款。虽然竞业限制条款可约可不约，但不可否认竞业限制条款是商业秘密有力的保护伞。需要注意的是，必须明确约定竞业限制的期限和义务、经济补偿标准、经济补偿的支付时间以及条款解除的条件，否则稍有不慎，企业就有可能陷入支付高额经济补偿金的危险。

6. 确定纠纷管辖机构。《最高人民法院知识产权案件年度报告（2009）》第40条规定"当事人以违约为由主张权利，则属于劳动争议，依法应通过劳动争议处理程序解决；如果当事人以侵犯商业秘密为由主张权利，则属于不正当竞争纠纷，人民法院可以依法直接予以受理"，据此建议企业在保密协议中约定救济条款，并结合企业情况，选择合适的救济途径。

每个企业需要保密的情形不尽相同，如何签订保密协议以更好地保护用人单位的权益还需具体情况具体分析。

用人单位可以与劳动者签订保密协议，约定在劳动合同解除或终止后，劳动者承担保守相关商业秘密、知识产权以及竞业限制的义务，用人单位按月支付经济补偿。劳动者违反约定的，应当按约定支付违约金。

2.6.2 什么情况下签订保密协议

保密协议是针对商业秘密的。根据《中华人民共和国反不正当竞争法》的规定，"商业秘密"是指不为公众所知悉、能为权利人带来经济利益、具有实用性并经权利人采取保密措施的技术信息和经营信息。商业秘密是一个企业的核心内容，它关乎企业的竞争力，对企业的发展至关重要，有的甚至直接影响到企业的生存。所以，与会接触到企业商业秘密的员工签订保密协议是十分必要的。

那么在什么情况下用人单位应该和劳动者签订保密协议呢？

1. 保密协议保守的是用人单位的商业秘密，因此当劳动者接触、知悉、掌握商业秘密时，用人单位应该与劳动者签订保密协议，主体是掌握商业秘密的员工，而不是普通员工或职工，更不能是全体员工。当然，企业还应当根据自身的性质和情况分析确定企业中的哪些人员掌握了商业秘密。对于某些不在保密岗位和技术岗位的普通员工，在工作中有意或无意获悉公司的商业秘密时，也应该列入保密主体的范围。

2. 当工作内容涉及技术信息、经营管理信息和特殊约定的其他秘密，包括设计、程序、产品、配方、制作工艺、制作方法、管理诀窍、客户名单、货源情报、产销策略、招投标中的标底及标书内容等信息时，用人单位应该与劳动者签订保密协议。

而保密协议的内容应该涉及以下几个方面。

1. 受约束的保密义务人在未经许可的情况下，不可将商业秘密透露给任何第三方或用于合同目的以外的用途。

2. 受约束的保密义务人不可将含有保密信息的资料、文件、实物等携带出保密区域。

3. 保密义务人不可在对外接受访问或者与任何第三方交流时涉及合同规定的商业秘密内容。

4. 保密信息应当在合同终止后交还。

5. 保密期限。法律对保密协议的保密期限没有规定，即保密的期限可以是长期的，直至其进入公知领域。因此只要其不被公开就可以永远保持其秘密性，企业可以在保密协议中约定不仅在劳动合同存续期间，而且在劳动合同变更、解除、终止后直至商业秘密公开为止，员工都不得披露、使用或许可他人使用企业的商业秘密。

根据《中华人民共和国劳动合同法》的规定，除了员工违反服务期约定或违反竞业限制义务两种情形之外，企业不得与员工约定由员工承担违约金。因此，保密协议中不得约定员工泄露企业商业秘密时应当支付违约金，只能要求员工赔偿由此给企业造成的损失。

案例

2014年12月，唐先生与湖北某电子产品公司A签订了为其3年的劳动合同。合同中约定唐先生专门从事电子产品的研发工作。在公司A工作的过程中，唐先生接触到了公司的许多新兴技术。这些新兴技术原本是保密的，但是唐先生由于工作性质的原因，不可避免地会接触到这些技术。

为了学习，唐先生经常将有关这些技术的信息存到自己的电脑上。2017年9月，唐先生与公司A的劳动合同即将到期。与此同时，他收到另一家电子产品公司B的邀请函。对方声称如果唐先生愿意去该公司工作，那么将会有更高的收入和更好的发展。

于是，在与原公司的劳动合同到期之后，唐先生去了公司B工作。在工作中，唐先生有意无意地将在公司A中获得的新兴技术的信息透漏了出来。公司B的新产品上市后，受到了一致好评，但是法院的传票也随之而来。

公司A以侵犯商业秘密为由，将唐先生和公司B告上了法庭。在法庭上，唐先生认为自己没有与该公司签订保密协议，因此不具有保密的义务。而公司A则认为就算不签订保密协议，唐先生在知道这些信息是属于保密信息的情况下，也不应该将其随意地带到公司B。

案例分析

本案例的关键就在于，在没有相关保密协议约定的情况下，离职员工是否应该承担对原用人单位的保密义务。一般来说，劳动者对于用人单位的商业秘密有保护的义务。这一保护义务不是来源于任何协议，而是基于劳动合同而产生的忠诚义务。

因此，虽然唐先生没有与公司A签订保密协议，但由于保密义务是一种法定义务，所以唐先生依然需要因泄露企业商业秘密而承担相应的法律责任。除此之外，公司B也应该承担相应的责任。

连线法条

《中华人民共和国劳动合同法》

第二十三条　用人单位与劳动者可以在劳动合同中约定保守用人单位的商业秘密和与知识产权相关的保密事项。

对负有保密义务的劳动者，用人单位可以在劳动合同或者保密协议中与劳动者约定竞业限制条款，并约定在解除或者终止劳动合同后，在竞业限制期限内按月给予劳动者经济补偿。劳动者违反竞业限制约定的，应当按照约定向用人单位支付违约金。

2.6.3　什么是竞业限制协议

竞业限制是用人单位对负有保守用人单位商业秘密的劳动者，在劳动合同、知识产权权利归属协议或技术保密协议中约定的竞业限制条款。

具体来说，是指用人单位和知悉本单位商业秘密或者其他对本单位经营有重大影响的劳动者在终止或解除劳动合同后的一定期限内不得在生产同类产品、经营同类业务或有其他竞争关系的用人单位任职，也不得自己生产与原单位有竞争关系的同类产品或经营同类业务。

限制时间由当事人事先约定，但不得超过2年。竞业限制条款在劳动合同中为延迟生效条款，也就是劳动合同的其他条款法律约束力终结后，该条款开始生效。

由于立法对竞业限制的主体问题没有规定，可能出现竞业限制的主体范围过宽的现象，从而导致用人单位不论员工从事何种岗位、是何种文化程度以及是否接触到商业秘密，均一律签订竞业限制协议。这种做法明显不妥。这使得用人单位对其利益不会造成威胁和损害的人员也给予了竞业限制，既损害了他们的劳动权利，也支付了不必要的经济补偿，增加了企业的成本。

为避免这种状况，如果劳动者是一般员工，在工作中不可能也不会接触到企业的商业秘密，则企业无必要与员工签订竞业限制协议。用人单位只选择那些接触、了解或掌握企业商业秘密的人员及高级管理人员签订竞业限制协议，就可以达到保护企业核心秘密和经营利益的目的。

2007年6月29日，第十二届全国人民代表大会常务委员会第二十八次会议通过的《中华人民共和国劳动合同法》第二十四条明确规定，"竞业限制的人员限于用人单位的高级管理人员、高级技术人员和其他负有保密义务的人员。竞业限制的范围、地域、期限由用人单位与劳动者约定"。建议在入职时就签订竞业限制协议，避免员工离职时不签或拒签。

根据《中华人民共和国劳动合同法》第二十四条的规定，竞业限制的人员限于用人单位的如下人员。

1. 高级管理人员。即公司经理、副经理、财务负责人、上市公司董事会秘书和公司规定（规章制度）的其他人员。

2. 高级技术人员。即高级研究开发人员、技术人员、关键岗位的技术工人等容易接触到商业秘密的人员。

3. 其他负有保密义务的人员。其他可能知悉企业商业秘密的人员，如市场销售人员、财会人员、秘书等。

连线法条

《中华人民共和国劳动合同法》

第二十四条 竞业限制的人员限于用人单位的高级管理人员、高级技术人员和其他负有保密义务的人员。竞业限制的范围、地域、期限由用人单位与劳动者约定，竞业限制的约定不得违反法律、法规的规定。

在解除或者终止劳动合同后，前款规定的人员到与本单位生产或者经营同类产品、从事同类业务的有竞争关系的其他用人单位，或者自己开业生产或者经营同类产品、从事同类业务的竞业限制期限，不得超过二年。

2.6.4 如何约定竞业限制期限

竞业限制条款在劳动合同中为延迟生效条款，也就是劳动合同的其他条款法律约束力终结后，该条款开始生效。其限制时间由当事人事先约定，但不得超过2年。由此可以看出，竞业限制的期限不可以随意约定，必须在2年之内。

案例

北京某网络公司是一家从事互联网信息服务，研制、开发、生产计算机网络软件，并提供相应的技术咨询和服务的公司。2014年3月，网络公司与安某签订了劳动合同，聘其为软件开发总经理，劳动合同的期限为5年。

在劳动合同的附件中双方达成如下意见：安某在劳动合同期和结束劳动合同3年内，未经原公司许可，不得利用其商业秘密为任何第三方服务，也不得自己经营与本公司有竞争关系的同类业务。

在劳动合同中还约定了补偿办法，约定安某离职后，该网络公司将按国家统计局统计的当地上一年职工月平均工资为基数，向安某发放9个月的经济补偿费用。补偿时间按安某离职后每4个月发放1次。

2016年1月，安某辞职。自离职后，该网络公司从未向安某支付过合同约定的补偿金。

2018年2月，安某成立了一家信息技术开发公司，公司经营范围与原网络公司基本相同。原网络公司认为安某的行为具有直接的竞争关系，侵害了其商业技术秘密并违反了劳动合同中的竞业限制条款，于是以侵害商业技术秘密和违反竞业限制为理由诉至法院，要求安某赔礼道歉，承担竞业限制违约的法律责任。

案例分析

在上述案例中，主要存在这两个问题。一是违法约定的3年竞业限制期限是否有效；二是未按时向劳动者支付补偿金的竞业限制协议是否有效。

《中华人民共和国劳动合同法》明确规定，竞业限制的期限可以事先约定，但是不得超过2年。因此，一般来说，超过时间限制的竞业限制协议是无效的。另外，用人单位未支付竞业限制补偿金的，竞业限制协议对劳动者无约束力。本案例中，该网络公司在2年内从未向安某支付过任何经济补偿金，因此，也就无权要求安某履行竞业限制的义务。

2.6.5　如何处理员工违反保密协议或竞业限制协议

对于违反保密协议造成严重后果的当事人，我国刑法规定了侵犯商业秘密罪。

《中华人民共和国刑法》第二百一十九条规定，【侵犯商业秘密罪】有下列侵犯商业秘密行为之一，情节严重的，处三年以下有期徒刑，并处或者单处罚金；情节特别严重的，处三年以上十年以下有期徒刑，并处罚金：

（一）以盗窃、贿赂、欺诈、胁迫、电子侵入或者其他不正当手段获取权利人的商业秘密的；

（二）披露、使用或者允许他人使用以前项手段获取的权利人的商业秘密的；

（三）违反保密义务或者违反权利人有关保守商业秘密的要求，披露、使用或者允许他人使用其所掌握的商业秘密的。

明知前款所列行为，获取、披露、使用或者允许他人使用该商业秘密的，以侵犯商业秘密论。

本条所称权利人，是指商业秘密的所有人和经商业秘密所有人许可的商业秘密使用人。

案例

2015年7月，小宋经应聘到海南某器械制造公司工作，并在2016年9月被提升为分部的总经理。小宋在升为分部总经理之前，曾与该公司签订了一份竞业限制协议。协议中约定，小宋在离职后的2年之内不得在同行业竞争对手公司工作或者自行经营器械制造公司。

协议中还约定，公司将在小宋离职以后 2 年内按月支付相当于其前 12 个月平均工资的工资。一旦小宋违背了此约定，将视具体情况赔偿 20 万～40 万元的违约金。

2017 年 5 月，小宋禁不住一家竞争对手公司的高薪条件的吸引，向原公司提出了辞职，并到竞争对手的公司工作。后原公司知悉这一行为，于是向小宋提出了支付违约金的请求。但是被小宋拒绝了。

无奈之下，原公司一纸诉状将小宋和竞争公司以侵犯商业秘密为由告上了法庭。小宋自知理亏，提出了和解，与现公司一起向原公司支付了违约金 20 万元。

案例分析

在本案例中，小宋的行为属于明知故犯。在与原公司签订了竞业限制协议的情况下，还在离职后立马到竞争对手的公司工作，严重违反了协议的约定，侵害了原公司的利益，理应受到处罚。在侵犯商业秘密严重的情况下，劳动者还有可能被追究刑事责任。

连线法条

《中华人民共和国劳动合同法》

第二十三条　用人单位与劳动者可以在劳动合同中约定保守用人单位的商业秘密和与知识产权相关的保密事项。

对负有保密义务的劳动者，用人单位可以在劳动合同或者保密协议中与劳动者约定竞业限制条款，并约定在解除或者终止劳动合同后，在竞业限制期限内按月给予劳动者经济补偿。劳动者违反竞业限制约定的，应当按照约定向用人单位支付违约金。

第九十条　劳动者违反本法规定解除劳动合同，或者违反劳动合同中约定的保密义务或者竞业限制，给用人单位造成损失的，应当承担赔偿责任。

第 3 章

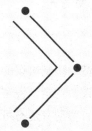

员工培训环节的法律
风险防控

  成功的企业将培训和教育作为企业不断获得效益的源泉。"学习型企业"最大的特点就是崇尚知识与技能，倡导理论与实践的密切结合，鼓励通过合作与互相学习提升企业发展的动力。但是企业应该注意的是培养人才的风险所在。并不是所有的培养最后都能够为己所用。因此，在做出培训计划的时候，企业应该为自己留一条后路。

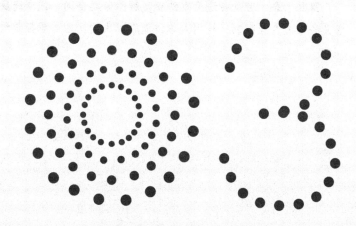

3.1 培训服务期协议需要注意什么

人力资本投入是企业发展到一定时期必须加大的一项投资。无论是员工的理论能力，还是实务能力，都需要企业不断地培养。但是这之中存在的风险就是万一用人单位对员工进行了培训之后，员工离开了公司，那公司的损失怎么办呢？因此，我国法律规定，用人单位可以与员工签订培训服务期协议，以此来降低公司的人力资本投入的风险。

3.1.1 入职培训能签订培训服务期协议吗

入职培训，主要是公司对每一个新进员工介绍公司历史、基本工作流程、行为规范、组织结构、人员结构和处理同事关系等活动的总称，其目的是使员工融入这个团队。有效的入职培训应包括提高员工忠诚度、增强员工适应度、提高员工工作效率、增强员工归属感、传播企业文化与理念、明确发展目标与愿景等。

入职培训形式可分为两大类：一类是传统型培训形式，主要有在职培训、现场培训、讲座培训与程序化教学培训等；另一类是新型培训形式，主要有非正规学习培训、试听化培训、模拟式培训、远程网络培训、户外式培训与咨询式培训等。

无论是传统型培训，还是新型培训形式，皆有其优劣性，关键是如何针对培训资源、培训对象等因素特点，将其灵活组合，使其发挥最大效用。

那么如何确保入职培训的效率呢？

1.培训一定要考核，且要有淘汰机制。没有考核、没有淘汰机制的培训，会使新员工没有学习压力，容易得过且过，甚至滥竽充数。

2.分阶段进行培训效果评估。不能等到培训最后，才知道培训的效果不理想。分阶段进行效果评估，对不合格者还可以进行补充培训，不仅做到了持续评估，而且使培训的效率更高。除此之外，对培训效果评估要全面。用人单位可以从公司级培训、车间和公司业务培训、专业课、实习等几个维度（按照实际需要赋予不同的权重）进行评估。

3.评估的方式可灵活多变。可采用柯氏四级评估方法：前期多采用反应评估，了解新员工对培训的满意度；后期多采用学习评估，通过笔试、现场操作、模拟演示等方式了解新员工对知识、技能的掌握程度。

综上可以看出，入职培训的目的在于帮助员工尽快地适应公司的工作环境，更好地熟悉岗位的日常工作，而不在于培养更高、精、尖的专业人才。因此，入职培训没有签订培训服务期协议的必要。

3.1.2　培训服务期协议的签订和履行

用人单位对于员工的培养分为基本的入职培训和深入的行业技能培训两部分。那么是不是所有的培训都要签订培训服务期协议？在试用期内签订的一旦违约则要求劳动者赔偿的培训服务期协议是否有效？如何签订培训服务期合同既能让用人单位安心，又能让员工最大程度地得到知识和技能的提升？

【案例】

上海市某跨国公司下属的软件工程公司，是亚太地区最大的高端软件工程公司。2017年1月，该公司通过网上招聘，招用了上海某高校软件工程专业的3位硕士毕业生，试用期5个月。

2个月后，该公司收到德国总公司的通知，告知最近一段时间全球订单吃紧，总公司决定在中国扩充产能，并增加高端软件和专业人员的数量，要求上海分公司派员工去德国，安排至德国最好的软件工程学院接受为期2个月的进修培训，掌握总公司软件工程技术的理论知识和实际操作。

上海分公司收到通知后，经管理层决定，将3位新招收的硕士生派往德国，并与他们签订了培训服务期协议。协议约定，培训费每人80万元，服务期为5年，违约金按照服务年限平摊。

2017年3月，3名年轻员工抵达德国，开始了紧张的培训。在此期间，3名员工应邀参加了母校举行的校友会，有师兄建议他们到德国工作，并成功地说动了他们。2017年4月，3名员工以在试用期为由，要求公司解除合同。公司不同意他们的请求，要求他们按照培训服务期协议支付违约金。双方遂诉至劳动仲裁庭。

【案例分析】

根据《中华人民共和国劳动合同法》的相关法律规定，用人单位为劳动者提供专项培训费用，对其进行专业技术培训的，可以与该劳动者设立培训服务期。

但是，在本案例中，最核心的问题是在试用期内签订的这份培训服务期协议是否同样适用这项条款。如果法律不许可此期间培训服务协议的存在，是否违背了《中华人民共和国劳动合同法》的立法意图？如果法律支持认可此期间培训服务期协议的效力，那么是不是约束了员工在试用期内的选择权？

　　1995年10月10日发布的《劳动部办公厅关于试用期内解除劳动合同处理依据问题的复函》规定了对解除劳动合同涉及的培训费用问题的处理。用人单位出资对职工进行各种技术类培训，职工提出与该单位解除劳动合同的，如果在试用期内，则用人单位不得要求劳动者支付该项费用。按照此说法，针对本案例，3名员工都在试用期内，因此，用人单位不得要求员工支付该项培训费，也不得以此向3人要求违约金的赔偿。

3.2 培训服务期需要注意什么

　　与培训服务期协议相关联的就是培训服务期，即在签订劳动合同时，用人单位和劳动者约定，经用人单位的培训后，劳动者在一定时间内不得从本公司离职的一段期限。为了保证用工安全，一般来说，用人单位都会为发展前景较好的、有必要培训的员工设置培训服务期。

3.2.1 如何约定培训服务期

　　用人单位在和劳动者订立和履行培训服务期协议应当格外注意服务期长度的设置。对于用人单位到底应该给受训员工设置或约定多长时间的服务期，还是要基于用人单位的实际情况和员工的性格特点来决定。

　　员工流动率低的用人单位可以约定得长一些，反之则可以短一些。根据对我国跳槽周期的合理预估，一般3～5年为宜，最好不要超过10年。

3.2.2 如何处理服务期与劳动合同期限不一致

　　有的用人单位认为，服务期长于劳动合同期限才会出现法律风险，如果服务期短于劳动合同期限，则无须做特别的规定，其实不然。服务期与劳动合同期限是两个不同的概念。

　　一般来说，服务期是单方面约束员工的，相应的违约责任也主要是针对劳动者；而劳动合同是同时约束用人单位和劳动者双方的，法律义务则更多地在用人单位这边。即使是签订无固定期限的劳动合同，也应该约定服务期。

　　劳动合同往往只能约束用人单位，员工只要提前30天告知便可以解除劳动合同。因此，只有约定了服务期，才能够真正地保护用人单位的权益，在一定程度上限制劳动者解除合同的权利，对用人单位来说是有利的。

　　那么，服务期与劳动合同期限不一致时，究竟要怎么处理呢？由于《中华人民共和国劳动合同法》对书面劳动合同有严格要求，如果劳动合同届满而服务期未届满，此时用人单位应当与劳动者补签劳动合同。当然，如果双方愿意，也可以在劳动合同中表明：劳动合同期限早于服务期的，劳动合同则自动延长至服务期满。

3.2.3 如何计算员工在服务期内离职的违约金

究其根本，约定培训服务期的目的就在于以防万一，一旦劳动者在培训之后立即离开了用人单位，那毫无疑问，用人单位的培训成本就会很高。那么，当员工在服务期内离职时，培训费由谁来出？怎么界定培训费的多少，是协议约定，还是实际花费的金额？除此之外，"培训"的范围又该如何认定呢？

案例

小胡是北京某私立学校的辅导老师。2015年进入该公司，前不久刚被提升为教育主管。公司认为，从教师到管理者，角色的转变会使小胡很难适应。于是安排小胡到上海某教育机构进行为期1年的学习，并签订了培训服务期协议。协议中约定，培训的总费用为20万元，服务期为5年，违约金按照年限递减的方式处理。

2016年，小胡回到原学校上班，并于2个月之后，向公司提出了辞职。公司认为小胡违反了服务期协议的约定，在服务期尚未届满的情况下提出辞职，应该承担赔偿责任。而小胡则认为自己去上海的学习只是学校在业务上的安排，并非《中华人民共和国劳动合同法》上所称的专业技术培训。

除此之外，小胡还认为自己1年的学习根本花不了20万元，所以要求学校出示相关的发票，方能按照发票上的数额支付相应的违约金。

案例分析

这是一个典型的培训服务期协议履行及违约处理的案例。上述案例主要牵扯到两个问题：一是如何界定"培训"；二是如何确定培训费用，从而合理地约定服务期和违约金。

根据我国《劳动合同法》第二十二条的规定，用人单位为劳动者提供专项培训费用，对其进行专业技术培训的，可以与该劳动者订立协议，约定服务期。那么这个"专业技术培训"应该如何认定呢？

一般来说，培训分为两种。一种是一般层次的职业技术培训，主要就是针对平时工作中的一些基本技能进行培训，目的是使员工能够顺利地工作；而另一种就是职业发展培训，主要是在员工已经满足了本用人单位的要求之后，用人单位为了提高员工的职业技能而提供的培训。

前者是用人单位的法律义务，一般不得与劳动者约定服务期；后者是一种更高层次的培训，是用人单位为了留住人才、带动企业发展所提供的一种培训，可以约定服务期。

案例中，学校为了让小胡适应新职位，能更加得心应手地处理工作，从而送小胡去上海学习的行为，不能认定为专业技术培训，所以小胡的服务期协议是无效的。

关于培训费用，我国法律明确规定，劳动者违反服务期约定的，应当按照约定向单位支付违约金。违约金的金额不得超过用人单位提供的培训费用。用人单位要求劳动者支付的违约金不得超过服务期尚未履行的部分所应该分摊的培训费用。

如果用人单位可以提供发票，证明用人单位曾为该员工培训出资的数额且其培训为专业技术培训，则违约员工必须承担向用人单位赔偿的责任。

连线法条

1.《国务院关于大力推进职业教育改革与发展的决定》

19. 各类企业要按《中华人民共和国职业教育法》的规定实施职业教育和职工培训，承担相应的费用。一般企业按照职工工资总额的1.5%足额提取教育培训经费，从业人员技术素质要求高、培训任务重、经济效益较好的企业可按2.5%提取，列入成本开支。要保证经费专项用于职工特别是一线职工的教育和培训，严禁挪作他用。企业技术改造和项目引进，都应按规定比例安排资金用于职工技术培训。对不按规定实施职工职业教育和培训，经责令改正而拒不改正的企业，县级以上地方各级人民政府可以收取其应当承担的职业教育经费，用于本地区的职业教育。

2.《中华人民共和国劳动合同法》

第二十二条 用人单位为劳动者提供专项培训费用，对其进行专业技术培训的，可以与该劳动者订立协议，约定服务期。

劳动者违反服务期约定的，应当按照约定向用人单位支付违约金。违约金的数额不得超过用人单位提供的培训费用。用人单位要求劳动者支付的违约金不得超过服务期尚未履行部分所应分摊的培训费用。

用人单位与劳动者约定服务期的，不影响按照正常的工资调整机制提高劳动者在服务期期间的劳动报酬。

第 4 章

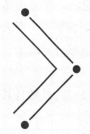

员工在职管理的法律
风险防控

　　员工在职日常管理是一种常态的管理，用人单位不应该
对其有丝毫的放松。劳动者在职的过程中，常常会出现很多
纠纷，小至工资的拖欠，大至权利的侵犯。本章通过对员工
的工资管理、工作时间管理、加班管理、休假管理和绩效
管理等内容的讲解，帮助用人单位有效地进行法律风险的
防控。

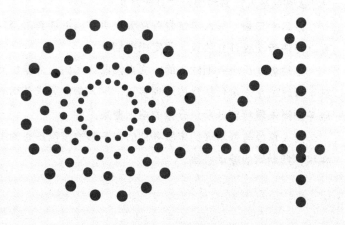

4.1 员工工资管理需要注意什么

对于大部分劳动者来说，工作的目的和意义就在于工资。可以说，员工的工资管理牵动着无数劳动者最敏感的神经。因此，对于用人单位来说，员工的工资管理是一件不可小觑的事情。管理得好，会促进劳动者的工作积极性，给公司带来积极的影响；管理得不好，就会挫伤劳动者的积极性，使得公司受到不利的影响。因此，无论是对劳动者还是用人单位，工资管理都是举足轻重的一项任务。

4.1.1 员工工资由哪几部分构成

对于劳动者工资组成的认定，一般在用人单位发放补助金时容易出现异议。这样就造成了补助金到底应该如何发放的问题。基本工资包括什么？在工伤或各种伤残后，用人单位应该依据什么向劳动者赔偿补助金？

案例

李鹏飞是在成都一家工厂打工的外地务工人员，在厂里已经工作了5年了，单位一直没有为他购买工伤保险。在一次工作过程中，因为自己的操作失误，李鹏飞受了工伤，经鉴定为工伤8级。工伤治疗完毕后，李鹏飞不想在厂里干了，就向厂里提出解除劳动关系。

根据《工伤保险条例》的规定和四川省人民政府的通知，八级伤残，劳动者提出解除劳动合同的，用人单位应当一次性支付给劳动者伤残补助金、伤残就业补助金和工伤医疗补助金，总计为37个月的本人工资。用人单位根据规定，总共发放给李鹏飞29 000元，李鹏飞对这笔补助金的数额非常不满，认为该数额远远低于自己应当得到的补助金数额。

据查，单位是按照李鹏飞的基本工资向其支付补助金的，而李鹏飞的工资实际是包括基本工资、技术工资、奖金、加班工资等。根据李鹏飞受伤前12个月的工资水平，其月平均工资为2 800元。李鹏飞向单位提出了自己的异议，但是用人单位却说李鹏飞的工资就是其基本工资。李鹏飞在与用人单位协商无果的情况下，向当地的劳动争议仲裁委员会提出仲裁。

那么，员工的工资究竟由哪几部分构成呢？

案例分析

在本案例中，该用人单位的做法是错误的。《劳动部关于贯彻执行〈中华人民共和国劳动法〉若干问题的意见》（由劳动部 1995 年印发）第 53 条明确规定，劳动法中的"工资"是指用人单位依据国家有关规定或劳动合同的约定，以货币形式直接支付给本单位劳动者的劳动报酬，一般包括计时工资、计件工资、奖金、津贴和补贴、延长工作时间的工资报酬以及特殊情况下支付的工资等。

"工资"是劳动者劳动收入的主要组成部分。

《关于工资总额组成的规定》第四条也同样明确地规定，工资总额由六部分组成。

1. 计时工资。

2. 计件工资。

3. 奖金。

4. 津贴和补贴。

5. 加班加点工资。

6. 特殊情况下支付的工资。

因此，李鹏飞的工资应该将基本工资、技术工资、奖金和加班工资全部计算在内，而不应当只计算基本工资。除此之外，我国《工伤保险条例》第六十四条规定如下。

本条例所称工资总额，是指用人单位直接支付给本单位全部职工的劳动报酬总额。

本条例所称本人工资，是指工伤职工因工作遭受事故伤害或者患职业病前 12 个月平均月缴费工资。本人工资高于统筹地区职工平均工资 300% 的，按照统筹地区职工平均工资的 300% 计算；本人工资低于统筹地区职工平均工资 60% 的，按照统筹地区职工平均工资的 60% 计算。

按照上述法律法规的规定，李鹏飞的工资应当按照受伤前 12 个月的平均工资计算，即 2 800 元，李鹏飞应该得到的一次性补助金额应该为 81 200 元。

《关于工资总额组成的规定》还对工资总额不包括的项目做了规定。

连线法条

1.《关于工资总额组成的规定》

第五条　计时工资是指按计时工资标准（包括地区生活费补贴）和工作时间支付给个人的劳动报酬。包括：

（一）对已做工作按计时工资标准支付的工资；

（二）实行结构工资制的单位支付给职工的基础工资和职务（岗位）工资；

（三）新参加工作职工的见习工资（学徒的生活费）；

（四）运动员体育津贴。

第六条　计件工资是指对已做工作按计件单价支付的劳动报酬。包括：

（一）实行超额累进计件、直接无限计件、限额计件、超定额计件等工资制，按劳动部门或主管部门批准的定额和计件单价支付给个人的工资；

（二）按工作任务包干方法支付给个人的工资；

（三）按营业额提成或利润提成办法支付给个人的工资。

第七条　奖金是指支付给职工的超额劳动报酬和增收节支的劳动报酬。包括：

（一）生产奖；

（二）节约奖；

（三）劳动竞赛奖；

（四）机关、事业单位的奖励工资；

（五）其他奖金。

第八条　津贴和补贴是指为了补偿职工特殊或额外的劳动消耗和因其他特殊原因支付给职工的津贴，以及为了保证职工工资水平不受物价影响支付给职工的物价补贴。

（一）津贴。包括：补偿职工特殊或额外劳动消耗的津贴，保健性津贴，技术性津贴，年功性津贴及其他津贴。

（二）物价补贴。包括：为保证职工工资水平不受物价上涨或变动影响而支付的各种补贴。

第九条　加班加点工资是指按规定支付的加班工资和加点工资。

第十条　特殊情况下支付的工资。包括：

（一）根据国家法律、法规和政策规定，因病、工伤、产假、计划生育假、婚丧假、事假、探亲假、定期休假、停工学习、执行国家或社会义务等原因按计时工资标准或计件工资标准的一定比例支付的工资；

（二）附加工资、保留工资。……

第十一条　下列各项不列入工资总额的范围：

（一）根据国务院发布的有关规定颁发的发明创造奖、自然科学奖、科学技术进步奖和支付的合理化建议和技术改进奖以及支付给运动员、教练员的奖金；

（二）有关劳动保险和职工福利方面的各项费用；

（三）有关离休、退休、退职人员待遇的各项支出；

（四）劳动保护的各项支出；

（五）稿费、讲课费及其他专门工作报酬；

（六）出差伙食补助费、误餐补助、调动工作的旅费和安家费；

（七）对自带工具、牲畜来企业工作职工所支付的工具、牲畜等的补偿费用；

（八）实行租赁经营单位的承租人的风险性补偿收入；

（九）对购买本企业股票和债券的职工所支付的股息（包括股金分红）和利息；

（十）劳动合同制职工解除劳动合同时由企业支付的医疗补助费、生活补助费等；

（十一）因录用临时工而在工资以外向提供劳动力单位支付的手续费或管理费；

（十二）支付给家庭工人的加工费和按加工订货办法支付给承包单位的发包费用；

（十三）支付给参加企业劳动的在校学生的补贴；

（十四）计划生育独生子女补贴。

2.《劳动部关于贯彻执行〈中华人民共和国劳动法〉若干问题的意见》

53.……劳动者的以下劳动收入不属于工资范围：

（1）单位支付给劳动者个人的社会保险福利费用，如丧葬抚恤救济费、生活困难补助费、计划生育补贴等；

（2）劳动保护方面的费用，如用人单位支付给劳动者的工作服、解毒剂、清凉饮料费用等；

（3）按规定未列入工资总额的各种劳动报酬及其他劳动收入，如根据国家规定发放的创造发明奖、国家星火奖、自然科学奖、科学技术进步奖、合理化建议和技术改进奖、中华技能大奖等，以及稿费、讲课费、翻译费等。

除上述所列项目之外，工资总额的计算原则应以直接支付给员工的全部劳动报酬为根据。各用人单位支付给职工的劳动报酬以及其他根据有关规定支付的工资，不论是计入成本的还是不计入成本的，不论是按国家规定列入计征奖金税项目的还是未列入计征奖金税项目的，不论是以货币形式支付的还是以实物形式支付的，均应列入工资总额的计算范围。

4.1.2　试用期工资如何支付

《中华人民共和国劳动法》第四十八条规定："国家实行最低工资保障制度。最低工资的具体标准由省、自治区、直辖市人民政府规定，报国务院备案。用人单位支付劳动者的工资不得低于当地最低工资标准。"

案例

王丽是一个从小在大山里长大的孩子。年满18周岁后，她来到城里想谋得一份工作，但是鉴于自己文化水平不高，她就想找一份家政的工作。经过一番辗转，她在县城的一家家政公司获得了试用资格。

随即，她便与家政公司签订了劳动合同，双方约定试用期为3个月，劳动合同的期限为3年，试用期工资为300元，转正后1个月工资为1800元。虽然王丽觉得试用期工资太低了，但是她又觉得刚进城有份工作就不错了，于是就和家政公司签订了这份劳动合同。

1个月后，在一次和同事的聊天时，王丽得知其他人的试用期工资均为1200元。于是王丽向公司讨要说法。公司认为王丽一没文化，二没经验，公司愿意要她已经很不错了。王丽不服，遂向当地劳动争议仲裁委员会申请仲裁。

案例分析

本案中，家政公司以王丽没有文化、没有经验为由，恶意压低和克扣王丽试用期工资的行为，是违反我国法律规定的。

根据《中华人民共和国劳动法》第四十八条第二款的规定，用人单位支付给劳动者的工资不得低于当地最低工资标准。王丽所在县城的月最低工资标准为1000元，因此，只要该家政公司和王丽签订了劳动合同，建立了劳动关系，家政公司支付给王丽的试用期工资就应该不低于1000元。

综上，家政公司应该与王丽修改劳动合同，将试用期工资提高至1000元以上，并且补发之前少发的部分。

连线法条

1.《中华人民共和国劳动法》

第四十八条　国家实行最低工资保障制度。最低工资的具体标准由省、自治区、直辖市人民政府规定，报国务院备案。

用人单位支付劳动者的工资不得低于当地最低工资标准。

2. 劳动部《对〈工资支付暂行规定〉有关问题的补充规定》

五、关于特殊人员的工资支付问题。

……2.学徒工、熟练工、大中专毕业生在学徒期、熟练期、见习期、试用期及转正定级后的工资待遇由用人单位自主确定。……

3.《劳动部关于贯彻执行〈中华人民共和国劳动法〉若干问题的意见》

57. 劳动者与用人单位形成或建立劳动关系后，试用、熟练、见习期间，在工作时间内提供了正常劳动，其所在的用人单位应当支付其不低于最低工资标准的工资。

4.1.3 不按时发工资的法律后果是什么

在《中华人民共和国劳动合同法》颁布后，大多数用人单位都能够按时地、全额地将工资发放到劳动者的手里，但是，不及时发放工资的行为也时有发生，尤其是近些年来报道较多的进城务工人员的工资。那么，用人单位不按时发工资都有哪些法律后果呢？

【案例】

2016 年 3 月 18 日，某物流公司招聘田某做司机工作，双方订立劳动合同的期限为 3 年。合同约定，田某每月的工资为 4 200 元。参加工作后，公司由于资金周转困难，每个月只能按 70% 发放工资。

为了稳定人心，公司的财务部门向职工打出欠条，承诺将其余的 30% 的工资在年底时一次性结清。所以，田某每个月只能领到 70% 的工资，剩下的 30% 在年底结清。

2017 年 11 月 20 日，田某提前向公司书面提出解除合同，公司没有同意。同年 12 月 21 日，在田某到公司办理手续时，发现公司少发给他当年的工资共 8 520 元。公司财务人员以周转不开为由告诉他，可以在年底来取。为了防止用人单位恶意拖欠，田某一纸诉状将该公司告上了法庭，要求公司立即补发所欠的工资，并按照国家规定支付相应的经济补偿金。

【案例分析】

法庭经调查认为，该物流公司的做法严重地违反了《中华人民共和国劳动法》第五十条，工资应当以货币形式按月支付给劳动者本人，不得克扣或者无故拖欠劳动者工资的规定。田某的要求是合理的，应予以支持。最终，法院判决物流公司立即向田某补发拖欠的 8 520 元，并且支付经济补偿金 2 130 元。

【连线法条】

1.《中华人民共和国劳动法》

第五十条　工资应当以货币形式按月支付给劳动者本人。不得克扣或者无故拖欠劳动者的工资。

第九十一条 用人单位有下列侵害劳动者合法权益情形之一的，由劳动行政部门责令支付劳动者的工资报酬、经济补偿，并可以责令支付赔偿金：

（一）克扣或者无故拖欠劳动者工资的；

（二）拒不支付劳动者延长工作时间工资报酬的；

（三）低于当地最低工资标准支付劳动者工资的；

（四）解除劳动合同后，未依照本法规定给予劳动者经济补偿的。

2.《中华人民共和国劳动合同法》

第三十条 用人单位应当按照劳动合同约定和国家规定，向劳动者及时足额支付劳动报酬。

用人单位拖欠或者未足额支付劳动报酬的，劳动者可以依法向当地人民法院申请支付令，人民法院应当依法发出支付令。

4.1.4 如何理解各地规定的最低工资标准

最低工资保障制度是我国一项劳动和社会保障制度。《最低工资规定》（中华人民共和国劳动和社会保障部令第 21 号）已于 2004 年 1 月 20 日公布，2004 年 3 月 1 日起施行。最低工资标准的确定和调整方案，由各省、自治区、直辖市人民政府劳动保障行政部门会同同级工会、企业联合会 / 企业家协会研究拟订，并报送劳动保障部。

最低工资标准是劳动者在法定工作时间或依法签订的劳动合同约定的工作时间内提供了正常劳动的前提下，用人单位依法应支付的最低劳动报酬。一般采取月最低工资标准和小时最低工资标准两种形式，月最低工资标准适用于全日制就业劳动者，小时最低工资标准适用于非全日制就业劳动者。最低工资标准一般不包括加班费、特殊工作环境条件下的津贴和法定福利待遇。最低工资标准每两年至少调整一次。

《中华人民共和国劳动法》第四十八条规定，国家实行最低工资保障制度，用人单位支付劳动者的工资不得低于当地最低工资标准。最低工资标准会随着生活费用水平、职工平均工资水平、经济发展水平的变化而由当地政府进行调整。

确定最低工资标准一般要考虑的因素有：当地城镇居民生活费用支出、职工个人缴纳社会保险费、住房公积金、职工平均工资、失业率、经济发展水平等。确定的方法通常有比重法和恩格尔系数法。

比重法是确定一定比例的最低人均收入户为贫困户，再统计出其人均生活费用支出水平，乘以每一就业者的赡养系数，加上一个调整数。恩格尔系数法就是根据有关数据，计算出最低食物支出标准，除以恩格尔系数，再乘以赡养系数，加上调整数。各省、自治区、直辖市人民政府均正式颁布实施了当地的最低工资标准。

我国最低工资制度实施以来，其受益面不断扩大。实行最低工资制度，对于保障职工的劳动权益和合法利益，发挥了积极的作用，有利于防止和减少克扣工人工资现象的发生，有利于贯彻效率优先、兼顾公平的原则，维护社会稳定；实行最低工资制度，为劳动关系中的劳动报酬部分提供了一个法律依据，有利于正确确定劳动关系，也为企业搞好内部分配提供了一个基础。

最低工资制度的实施为深化企业内部工资制度改革提供了法律依据，也为加快国家机关、事业单位工资制度改革工作提供了基础。最低工资标准的确定和调整，有利于政府发挥宏观调控的职能作用，也有利于构建和谐社会。

案例

2014 年，小海到安徽省某民营企业做出纳，每月工资 1 100 元，一干就是 3 年。但是，用人单位一直没有与小海签订劳动合同，且直至 2017 年一直没有为小海增加劳动报酬。2017 年年底，该民营企业进行改革，单方面通知与小海解除劳动合同。

小海在接到通知后，发现用人单位这 3 年并没有给自己缴纳养老保险等社会保险费。2018 年 1 月，小海向当地的劳动争议仲裁委员会提出仲裁申请，声称自己与企业已经建立了事实上的劳动关系，但用人单位并没有按照国家规定支付工资和缴纳社会保险。

案例分析

就本案例来说，该民营企业作为用人单位，负有依法向劳动者支付工资并缴纳社会保险费的义务。在该民营企业和小海劳动关系存续期间，用人单位以 1 100 元每月的标准向小海支付工资，明显低于所在地区的最低工资标准。

因此，用人单位应该就差额部分进行补发。用人单位同时违反国家法律的规定，没有按时替劳动者缴纳社会保险费。所以，用人单位应该补缴小海的社会保险费，并且依法向小海支付相应的经济补偿金。

连线法条

1. 《中华人民共和国劳动法》

第四十八条　国家实行最低工资保障制度。最低工资的具体标准由省、自治区、直辖市人民政府规定，报国务院备案。

用人单位支付劳动者的工资不得低于当地最低工资标准。

第九十一条　用人单位有下列侵害劳动者合法权益情形之一的，由劳动行政部门责令支付劳动者的工资报酬、经济补偿，并可以责令支付赔偿金：

（一）克扣或者无故拖欠劳动者工资的；

（二）拒不支付劳动者延长工作时间工资报酬的；

（三）低于当地最低工资标准支付劳动者工资的；

（四）解除劳动合同后，未依照本法规定给予劳动者经济补偿的。

2.《最低工资规定》

第五条　最低工资标准一般采取月最低工资标准和小时最低工资标准的形式。月最低工资标准适用于全日制就业劳动者，小时最低工资标准适用于非全日制就业劳动者。

第六条　确定和调整月最低工资标准，应参考当地就业者及其赡养人口的最低生活费用、城镇居民消费价格指数、职工个人缴纳的社会保险费和住房公积金、职工平均工资、经济发展水平、就业状况等因素。

确定和调整小时最低工资标准，应在颁布的月最低工资标准的基础上，考虑单位应缴纳的基本养老保险费和基本医疗保险费因素，同时还应适当考虑非全日制劳动者在工作稳定性、劳动条件和劳动强度、福利等方面与全日制就业人员之间的差异。……

第七条　省、自治区、直辖市范围内的不同行政区域可以有不同的最低工资标准。

第八条　最低工资标准的确定和调整方案，由省、自治区、直辖市人民政府劳动保障行政部门会同同级工会、企业联合会 / 企业家协会研究拟订，并将拟订的方案报送劳动保障部。方案内容包括最低工资确定和调整的依据、适用范围、拟订标准和说明。劳动保障部在收到拟订方案后，应征求全国总工会、中国企业联合会 / 企业家协会的意见。

劳动保障部对方案可以提出修订意见，若在方案收到后 14 日内未提出修订意见的，视为同意。

第九条　省、自治区、直辖市劳动保障行政部门应将本地区最低工资标准方案报省、自治区、直辖市人民政府批准，并在批准后 7 日内在当地政府公报上和至少一种全地区性报纸上发布。省、自治区、直辖市劳动保障行政部门应在发布后 10 日内将最低工资标准报劳动保障部。

第十条　最低工资标准发布实施后，如本规定第六条所规定的相关因素发生变化，应当适时调整。最低工资标准每两年至少调整一次。

第十一条　用人单位应在最低工资标准发布后 10 日内将该标准向本单位全体

劳动者公示。

第十二条　在劳动者提供正常劳动的情况下，用人单位应支付给劳动者的工资在剔除下列各项以后，不得低于当地最低工资标准：

（一）延长工作时间工资；

（二）中班、夜班、高温、低温、井下、有毒有害等特殊工作环境、条件下的津贴；

（三）法律、法规和国家规定的劳动者福利待遇等。

实行计件工资或提成工资等工资形式的用人单位，在科学合理的劳动定额基础上，其支付劳动者的工资不得低于相应的最低工资标准。

劳动者由于本人原因造成在法定工作时间内或依法签订的劳动合同约定的工作时间内未提供正常劳动的，不适用于本条规定。

第十三条　用人单位违反本规定第十一条规定的，由劳动保障行政部门责令其限期改正；违反本规定第十二条规定的，由劳动保障行政部门责令其限期补发所欠劳动者工资，并可责令其按所欠工资的1至5倍支付劳动者赔偿金。

第十四条　劳动者与用人单位之间就执行最低工资标准发生争议，按劳动争议处理有关规定处理。

4.2　员工工作时间管理需要注意什么

工作时间又称劳动时间，是指法律规定的劳动者在一昼夜和一周内从事劳动的时间。工作时间的长度由法律直接规定，或由集体合同或劳动合同直接规定。劳动者或用人单位不遵守工作时间的规定或约定，要承担相应的法律责任。

4.2.1　什么是标准工时制

工时制度，即工作时间制度。我国目前有三种工作时间制度，即标准工时制、综合计算工时制、不定时工作制。标准工时制是我国运用最为广泛的一种工时制度。

根据《中华人民共和国劳动法》和《国务院关于职工工作时间的规定》的规定，在标准工时制下，劳动者每天工作的最长工时为8小时，周最长工时为40小时。除此之外，标准工时制还有以下几点要求。

1. 用人单位应保证劳动者每周至少休息1日。

2. 因生产经营需要，经与工会和劳动者协商，一般每天延长工作时间不得超过 1 小时。

3.特殊原因每天延长工作时间不得超过 3 小时。

4.每月延长工作时间不得超过 36 小时。

显然,根据标准工时制的规定,工作时间比较固定,且延长工作时间有明确严格的限制条件。

案例

小明是一位进城打工的青年,在一家化工厂找到了一份工作。由于工作要经常接触有毒有害气体、溶液等,对人的伤害很大,所以用人单位为了避免劳动者因为接触这些物质时间过长而造成中毒事故,规定厂里每班的工作时间为 5 小时,但是没有休息日。小明与用人单位签订的劳动合同亦是如此约定的。

某个周天,小明家里有点事,想回去一趟。于是向厂里请假,但是主管领导不同意,理由是小明如果不工作,其岗位没人代替,会给企业带来损失。另外,厂里每天就安排 5 小时的班,一周下来才 35 小时,并没有超过国家规定的 40 小时,因此不需要休息日。小明不服,遂向当地的劳动争议仲裁委员会提出仲裁申请,要求维护自己休假的权利。

案例分析

劳动者的休息权是我国宪法赋予的,人皆有之。这是劳动者的基本权利,任何组织和个人都无权剥夺。休息不但包括工作时间内的休息,还包括工作时间外的休息。

根据我国法律规定,劳动者每天工作的时间不得超过 8 小时,每周的工作时间不得超过 40 小时,每周还应该至少享有 1 天的休假。企业不得取消劳动者的休假。特殊情况不实行标准工作时间制的,可以根据有关部门的批准实行不定时工作制或综合计算工时制。

因此,就本案例来说,用人单位的说法是不具有法律依据的。就算小明每周的工作时间不足 40 小时,但依旧享有每周至少休息 1 天的权利,用人单位不得以此为借口剥夺小明休假的权利。

连线法条

1.《中华人民共和国劳动法》

第三十六条 国家实行劳动者每日工作时间不超过八小时、平均每周工作时间不超过四十四小时的工时制度。

第三十七条　对实行计件工作的劳动者，用人单位应当根据本法第三十六条规定的工时制度合理确定其劳动定额和计件报酬标准。

第三十八条　用人单位应当保证劳动者每周至少休息一日。

第三十九条　企业因生产特点不能实行本法第三十六条、第三十八条规定的，经劳动行政部门批准，可以实行其他工作和休息办法。

2.《关于〈国务院关于职工工作时间的规定〉的实施办法》

第三条　职工每日工作 8 小时、每周工作 40 小时。实行这一工时制度，应保证完成生产和工作任务，不减少职工的收入。

4.2.2　什么是计件工时制

所谓计件工时制，也称为计件工作制，是以劳动者完成一定数量的合格产品或一定的作业量来确定劳动报酬的一种劳动形式。其实，计件工时制也是直接确定劳动者的工作量，而不问劳动时间的一种工作时间制度。因此，计件工时制是一种特殊类型的不定时工作制。

不少行业根据生产、工作的特点，安排劳动者实行计件工时制。《中华人民共和国劳动法》第三十七条规定，用人单位应该根据标准工时制合理确定劳动者的劳动定额和计件报酬标准。在我国，实行计件工时制的用人单位也不在少数。

【案例】

2015 年 8 月，厦门某玩具制造厂招收了很多外来务工人员，并与之签订了 1 年的劳动合同。该用人单位对劳动者实行计件工时制，每位员工按照自己实际的生产量来领取工资。在劳动合同履行期间，公司因产品订单不均衡，有时生产需求很小，工作量安排不足，有时又要求员工在正常的工作时间外加班加点地赶产品。

为了平衡员工的利益，用人单位采取以计时保底、计件做奖金的方式计算工资。若员工的技巧不熟练，计件工资不够计时工资时，用人单位支付计时工资；当员工熟练了之后，计件工资超过计时工资时，公司支付计件工资。

1 个月后，当地的劳动行政部门前来检查，审核员认为该玩具制造厂有违法支付工资的嫌疑。审核员认为，若员工不熟练，以最低工资为底线支付员工工资并没有问题，但是当计件工资超过计时工资时，玩具厂则很有可能未以计件工资的单价的 1.5 倍或者 2 倍支付加班工资。

【案例分析】

针对上述案例中存在的问题可以举例而言，若某员工全月的工时为 170 小时正班+30小时加班，共生产产品10 000件，而单价为0.5元，也即全月的计件工资金额为10 000×0.5=5 000元，此时公司支付员工计件工资。

这种情况下员工的计时工资应该为5 000元/（170+30）=25元/时。在这种情况下，其员工的计时工资应该为25×（170+30×1.5）=5 375元，即用人单位少发给劳动者375元。基于此，劳动行政部门应该给予玩具制造厂一个警告处分。

连线法条

1.《工资支付暂行规定》

第十三条 用人单位在劳动者完成劳动定额或规定的工作任务后，根据实际需要安排劳动者在法定标准工作时间以外工作的，应按以下标准支付工资：

（一）用人单位依法安排劳动者在日法定标准工作时间以外延长工作时间的，按照不低于劳动合同规定的劳动者本人小时工资标准的150%支付劳动者工资；

（二）用人单位依法安排劳动者在休息日工作，而又不能安排补休的，按照不低于劳动合同规定的劳动者本人日或小时工资标准的200%支付劳动者工资；

（三）用人单位依法安排劳动者在法定休假节日工作的，按照不低于劳动合同规定的劳动者本人日或小时工资标准的300%支付劳动者工资。

实行计件工资的劳动者，在完成计件定额任务后，由用人单位安排延长工作时间的，应根据上述规定的原则，分别按照不低于其本人法定工作时间计件单价的150%、200%、300%支付其工资。

经劳动行政部门批准实行综合计算工时工作制的，其综合计算工作时间超过法定标准工作时间的部分，应视为延长工作时间，并应按本规定支付劳动者延长工作时间的工资。

实行不定时工时制度的劳动者，不执行上述规定。

2.《中华人民共和国劳动法》

第三十六条 国家实行劳动者每日工作时间不超过八小时、平均每周工作时间不超过四十四小时的工时制度。

第三十七条 对实行计件工作的劳动者，用人单位应当根据本法第三十六条规定的工时制度合理确定劳动定额和计件报酬标准。

3.《国务院关于职工工作时间的规定》

第三条 职工每日工作8小时、每周工作40小时。

4.2.3 什么是综合计算工时制

综合计算工时制，也就是综合计算工时工作制，是指用人单位以标准工作时间为基础，以一定的期限为周期，综合计算工作时间的工时制度。综合计算工时制分别以周、月、季、年等为周期，综合计算工作时间，但其平均日工作时间和平均周工作时间应与法定标准工作时间基本相同。

企业因生产特点不能实行标准工时制，且符合条件的经劳动保障行政部门批准可以实行综合计算工时制。对于实行综合计算工时制的劳动者，企业应当根据标准工时制合理确定劳动者的劳动定额或其他考核标准，以便安排劳动者休息。其工资由企业按照本单位的工资制度和工资分配办法，分别以月、季、年等为周期，综合计算员工工资和员工工作时间。

也就是说，在综合计算周期内，某一具体日（或周）的实际工作时间可以超过8小时（或40小时），平均每周工作时间不超过40小时的工时制度。但综合计算周期内的总实际工作时间不应超过总法定标准工作时间，超过部分应视为延长工作时间并按劳动法的规定支付报酬。

其中，法定休假日安排劳动者工作的，按劳动法的规定支付报酬。而且，延长工作时间的小时数平均每月不得超过36小时。如果在整个综合计算周期内的实际平均工作时间总数不超过该周期法定标准工作时间总数，只是该综合计算周期内的某一具体日（或周、或月、或季）超过法定标准工作时间，其不超过部分不应视为延长工作时间。

实行不定时工作制和综合计算工时制等其他工作和休息办法的职工，企业应根据《中华人民共和国劳动法》第一章、第四章的有关规定，在保障职工身体健康并充分听取职工意见的基础上，采用集中工作、集中休息、轮休调休、弹性工作时间等适当方式，确保职工的休息休假权利和生产、工作任务的完成。

适合采用综合计算工时制的职工如下。

（1）交通、铁路、邮电、水运、航空、渔业等行业中因工作性质特殊，需连续作业的职工；

（2）地质及资源勘探、建筑、制盐、制糖、旅游等受季节和自然条件限制的行业的职工；

（3）其他适合实行综合计算工时制的职工。

那么，其工作时间应该如何计算呢？根据《全国年节及纪念日放假办法》的规定，全体公民的节日假期为11天。职工全年月平均工作天数和工时、工资折算办法分别如下。

1. 工作日的计算：年工作日：365天/年−104天/年（休息日）−11天/年（法定休假日）=250天/年；季工作日：250天/年÷4季=62.5天。月工作日：250天/年÷12月=20.83天。

2. 工作小时数的计算：以月、季、年的工作日乘以每日的 8 小时。

3. 日工资、小时工资的折算。

按照《中华人民共和国劳动法》第五十一条的规定，法定节假日用人单位应当依法支付工资。即折算日工资、小时工资时不剔除国家规定的 11 天法定节假日。据此，日工资、小时工资的折算方法如下。

1. 日工资：月工资收入 ÷ 月计薪天数。

2. 小时工资：月工资收入 ÷（月计薪天数 ×8 小时）。

3. 月计薪天数 =（365 天 −104 天）÷ 12 月 =21.75 天。

除了法定工作时间的计算，对于标准工时制来说，延长工作时间很好认定，即法定的工作时间之外。但是对于综合计算工时制来说，则相对比较麻烦。所谓延长工作时间是指在企业执行的工作时间制度的基础之上的加班加点。

任何单位和个人不得擅自延长职工工作时间。用人单位由于生产经营需要，可根据《中华人民共和国劳动法》第四十一条的规定，经与工会和劳动者协商（协商是企业决定延长工作时间的程序）后可以延长工作时间，一般每日不得超过 1 小时；因特殊原因需要延长工作时间的，在保障劳动者身体健康的条件下延长工作时间每日不得超过 3 小时，但是每月不得超过 36 小时。

用人单位有下列情形之一的，可延长劳动者的工作时间，不受《中华人民共和国劳动法》第四十一条的限制。

（1）发生自然灾害、事故或者因其他原因，威胁劳动者生命健康和财产安全，需要紧急处理的；

（2）生产设备、交通运输线路、公共设施发生故障，影响生产和公共利益，必须及时抢修的；

（3）在法定节日和公休假日内工作不能间断，必须连续生产、运输或者营业的；

（4）必须利用法定节日或公休假日的停产期间进行设备检修、保养的；

（5）为了完成国防紧急任务的；

（6）为了完成国家下达的其他紧急任务的。

但在实践中，许多用人单位为了增加工作时间，随意与劳动者约定综合计算工时制。随意延长工作时间的形式有以下几种。

（1）未经劳动保障行政主管部门批准，对职工宣布实行综合计算工时制或不定时工作制；

（2）超过劳动保障行政主管部门核定范围实行综合计算工时制或不定时工作制；

（3）任意延长职工工作时间，且不做考勤或不做加班记录；

（4）以规章制度方式减少考勤记录，达到延长工作时间目的。

【案例】

某干果制造企业生产季节性较强，经当地劳动保障行政部门批准，该企业实行以季为周期的综合计算工时制，审核通过用人单位要求的员工每季度总工作时间为600小时。用人单位根据综合计算工时制的批复，要求员工第三季度的7月和8月连续生产两个月，9月份整月休息。

然而，2016年下半年因订单比以往多，所以该企业员工连续4个月没有休息。该用人单位劳动者小刘已工作时间总数为1 200小时，其中11月提出集中休息1周，结果该用人单位拒绝了小刘的请求。用人单位认为，最近公司订单较多，故在生产任务没有完成前任何员工不得休息，因为公司实行的是综合计算工时制。

【案例分析】

根据《中华人民共和国劳动法》的规定，我国现阶段存在三种工时制度：标准工时制、不定时工作制和综合计算工时制。该用人单位根据生产和产品的要求，采用综合计算工时制是可行的，但是并不能以此为借口压榨劳动者。

根据《中华人民共和国劳动法》和《国务院关于职工工作时间的规定》（国务院令第174号）的规定，我国实行劳动者每日工作8小时。企业因生产特点不能实行标准工时制，且符合条件的经劳动保障行政部门批准可以实行不定时工作制。对于实行不定时工作制的劳动者，根据劳动者的实际工作时间和完成劳动定额情况计发报酬。对于符合带薪年休假条件的劳动者，企业要安排其享受带薪年休假。

综上可以判断，该用人单位的说法是错误的。经工会和劳动者同意，安排劳动者在该季度的第一、二月份刚好完成了600小时的工作，然后安排第三个月整月休息。这样的规定应视为合法，超过核定的总工时数应当视为延长工作时间，应该给劳动者发放延长时间的工资。

但这种打破常规的工作时间安排，一定要取得工会和劳动者的同意。该用人单位不但没有与劳动者取得连续工作4个月的合意，而且在劳动者提出休假1周的请求时拒绝劳动者请假。因此，该用人单位应该立即补发给劳动者少发的延长时间的工资，并且补上休假时间，切实保障劳动者的身体健康和合法权益。

4.2.4 谁来决定使用何种工时制

在用人单位和劳动者签订劳动合同时，使用何种工时制是用人单位决定还是劳动者决定？使用工时制不合法的劳动合同是否有效？工时制的使用是否需要相关劳动行政部门的许可？

[案例]

小张自 2015 年 4 月起，担任北京市某影视公司的设计总监。在该影视公司与小张签订的劳动合同中，双方约定每月小张的手机通信费和信息费由公司报销，但是小张的手机必须 24 小时开机。同时，合同还约定，小张的工资为公司经理的级别，小张的工作时间采取不定时工作制。

工作一段时间后，公司上层经常要求小张加班完成一些工作，有时还要陪上层领导一起应酬，更有甚者，在半夜两三点要求小张设计加急策划案。2017 年 10 月底，小张结婚了，考虑到还是家庭比较重要，而现在的工作过于繁忙、不够规律，因此小张向用人单位提出辞职。

在结算所有的工资和奖金时，小张提出，2 年多以来她一直超负荷工作。虽说与公司约定采用的是不定时工作制，但是该工时制从未经过劳动行政部门审批。所以，要求公司按照法律规定，给她补发加班费。

但是公司表示，公司给小张的工资明显高于同行业的设计总监的工资，在她的薪水里早已包含了加班费，并且在签订合同时，双方早已就工时制做了约定，劳动合同早已生效。现在小张没有资格要求公司补发给她加班费。

小张不服，一纸诉状将公司告上了法庭，要求该公司依法给其支付加班费 21 000 余元。

[案例分析]

根据劳动部《关于企业实行不定时工作制和综合计算工时工作制的审批办法》第七条的规定，中央直属企业实行不定时工作制和综合计算工时工作制等其他工作和休息办法的，经国务院行业主管部门审批，报国务院劳动行政部门批准。

地方企业实行不定时工作制和综合计算工时工作制等其他工作和休息办法的审批办法，由各省、自治区、直辖市人民政府劳动行政部门制定，报国务院劳动行政部门备案。

除此之外，《中华人民共和国劳动法》第三十六条、第三十七条、第三十八条、第三十九条明确规定如下。

国家实行劳动者每日工作时间不超过 8 小时、平均每周工作时间不超过 44 小时的工时制度。

对实行计件工作的劳动者，用人单位应当根据本法第三十六条规定的工时制度合理确定其劳动定额和计件报酬标准。

用人单位应当保证劳动者每周至少休息 1 日。

企业因生产特点不能实行本法第三十六条、第三十八条规定的，经劳动行政部门批准，可以实行其他工作和休息办法。

因此我们可以看出，用人单位并不能够自行决定劳动者实行不定时工作制和综合计算工时制，而是需要向相关的劳动行政部门申请，获得批准后方可实行。未经批准的，一律无效。

本案例中，该影视公司与劳动者签订劳动合同时，约定使用不定时工作制。但是，用人单位并没有将相关的情况上报给相关部门进行审核和备案。因此，其劳动合同中的约定属于无效。根据我国现行法律规定，用人单位应该给小张补发加班加点工资共 21 000 元。

本案对于用人单位的警示就在于，一旦和劳动者约定实行不定时工作制或者综合计算工时制，就必须上报相关部门，经审核和备案，方能减少法律风险，从而维护公司权益。

4.3 员工加班管理需要注意什么

加班，是指除法定或者国家规定的工作时间以外，正常工作日延长工作时间或者双休日以及国家法定假期期间延长工作时间。在经济快速发展的时代，加班成为一种应运而生的产物。为了提高用工效率，用人单位一般会尽量减少员工的数量，而将一部分工作让员工加班完成。因此，员工的加班管理就显得尤为重要。

目前，我国除机关事业单位以外的企业单位，要求员工在双休日加班的，应严格参照国家法律规定给予员工两倍工资补偿；要求员工在法定节假日加班的，应严格按照国家法律规定给予员工 3 倍工资。我国机关事业单位在占用职工法定假期或者双休日正常上班的，应参照《中华人民共和国公务员法》给予补休。

4.3.1 员工加班时间是否有时间限制

《中华人民共和国劳动法》第四十一条规定如下。

用人单位由于生产经营需要，经与工会和劳动者协商后可以延长工作时间，一般每日不得超过 1 小时；因特殊原因需要延长工作时间的，在保障劳动者身体健康的条件下延长工作时间每日不得超过 3 小时，但是每月不得超过 36 小时。

第四十二条规定如下。

有下列情形之一的，延长工作时间不受本法第四十一条规定的限制：

（一）发生自然灾害、事故或者因其他原因，威胁劳动者生命健康和财产安全，需要紧急处理的；

（二）生产设备、交通运输线路、公共设施发生故障，影响生产和公众利益，必须及时抢修的；

（三）法律、行政法规规定的其他情形。

第四十三条规定如下。

用人单位不得违反本法规定延长劳动者的工作时间。

第四十四条规定如下。

有下列情形之一的，用人单位应当按照下列标准支付高于劳动者正常工作时间工资的工资报酬：

（一）安排劳动者延长工作时间的，支付不低于工资的150%的工资报酬；

（二）休息日安排劳动者工作又不能安排补休的，支付不低于工资的200%的工资报酬；

（三）法定休假日安排劳动者工作的，支付不低于工资的300%的工资报酬。

从上述法律规定可以看出，法律对于劳动者的加班时限是有约束的，不可以随意加班加点。当一个公司的员工经常加班时，该公司就应该考虑多招聘一些员工。

案例

小毛在一家汽车配件厂工作，该企业主要是生产汽车需要的零部件。因此，企业的利润也就取决于订单的多少。2017年3月，该公司接到一份加急的订单，要求在一个月之内生产30万零部件。

因为企业人手有限，加上就一个月的时间，再招聘新人来不及也不划算，所以公司决定展开一个月的"突击战"，规定每天加班4小时，周末休假取消，所有员工不得请假，务必在一个月内完成订单。虽然员工们不愿意，但是迫于公司的压力，便同意了。

三周过后，小毛每天的工作时间都在14小时左右，他明显感觉身体透支太严重了，于是最后几天每天上8小时的班。在结算工资时，公司对小毛做出了处罚决定，扣发了小毛所有的加班工资。小毛不服，将汽车配件厂告上了法庭。

案例分析

很明显，该汽车配件厂的做法是不符合法律规定的。根据《中华人民共和国劳动法》的规定，企业由于生产经营的需要确实需要加班的，应当与工会和劳动者协商一致。企业不得强迫劳动者在法定工作时间之外延长工作时间。

本案例中，公司以时间紧、任务重为由，压榨员工的休息时间，并且没有与劳动者协商一致，没有与工会协商一致，强迫劳动者延长工作时间，这是违反法律规定的。除此之外更重要的是，该公司违反法律关于延长工作时间的限制，每天实际上安排了6小时的加班，已经严重侵害了劳动者的休息权。

用人单位应该立即给小毛和其他员工补发平时的加班工资，周末的加班工资应该是平时工作小时工资的两倍。劳动行政主管部门还应该对该公司予以行政处罚。

上述案例反映的问题在我国劳动市场上很常见。一些用人单位为了使用廉价劳动力，不断地压低工资、增加劳动时间，变相降低人力成本。这种做法实际上是违法的。

连线法条

1.《劳动部关于贯彻执行〈中华人民共和国劳动法〉若干问题的意见》

71. 协商是企业决定延长工作时间的程序（劳动法第四十二条和《劳动部贯彻〈国务院关于职工工作时间的规定〉的实施办法》第七条规定除外），企业确因生产经营需要，必须延长工作时间时，应与工会和劳动者协商。协商后，企业可以在劳动法限定的延长工作时数内决定延长工作时间，对企业违反法律、法规强迫劳动者延长工作时间的，劳动者有权拒绝。若由此发生劳动争议，可以提请劳动争议处理机构予以处理。

2.《中华人民共和国劳动合同法》

第四条 ……用人单位在制定、修改或者决定有关劳动报酬、工作时间、休息休假、劳动安全卫生、保险福利、职工培训、劳动纪律以及劳动定额管理等直接涉及劳动者切身利益的规章制度或者重大事项时，应当经职工代表大会或者全体职工讨论，提出方案和意见，与工会或者职工代表平等协商确定。

3.《劳动保障监察条例》

第二十五条 用人单位违反劳动保障法律、法规或者规章延长劳动者工作时间的，由劳动保障行政部门给予警告，责令限期改正，并可以按照受侵害的劳动者每人100元以上500元以下的标准计算，处以罚款。

4.3.2　员工的加班费应该如何计算

根据《劳动部关于贯彻执行〈中华人民共和国劳动法〉若干问题的意见》第53条可知，劳动法中的"工资"是指用人单位依据国家有关规定或劳动合同的约定，以货币形式直接支付给本单位劳动者的劳动报酬，一般包括计时工资、计件工资、奖金、津贴和补贴、延长工作时间的工资报酬以及特殊情况下支付的工资等。"工资"是劳动者劳动收入的主要组成部分。加班费作为工资的一部分，应当引起劳动者和用人单位的关注。

【案例】

2016年，到城里打工的小天应聘到一家制药厂做保安工作。到年底，厂里出了新规定：在春节期间还在厂里工作的员工，公司决定每个人加发300元的奖金，但是不再发放加班费。小天觉得很高兴，他认为厂里春节给的工资已经很高了，于是就开开心心地留在了厂里继续工作。

半年后，省里的巡视组来到该制药厂检查劳动者工资的发放情况。当提到春节的这次加班工作时，小天才知道，原来根据当时日均260元的工资标准，如果在春节也就是国家法定节假日加班，用人单位是需要支付300%的加班费的。

小天觉得制药厂发给自己的奖金不足以填补自己的加班费，与制药厂协商无效后，小天向当地的劳动争议仲裁委员会申请仲裁，要求制药厂补发加班费。

【案例分析】

针对本案例，唯一的知识盲点就是劳动者的加班工资究竟应该如何支付。

根据《中华人民共和国劳动法》的相关规定，用人单位根据实际需要依法安排劳动者在法定标准工作时间以外工作的，应该按照以下标准支付工资。

1. 加班工资的计发。法律规定，在标准工作时间制下，劳动者每天工作的时间为8小时，如果确实需要延长的，一般不应当超过每天1小时，特殊情况下不超过3小时，且每月的加班总时不应超过36小时。加班工资按照原工资的1.5倍计发。

2. 休息日工资的计发。用人单位安排劳动者在休息日工作，而又不能安排补休的，按照不低于劳动者本人日或小时工资标准的200%支付劳动者工资。值得注意的是，如果企业人力充足，可以采取安排劳动者补休的办法代替加班工资。也就是说，如果用人单位能在其后安排补休，那么就不用再支付加班费了。

3. 节日工资的支付。用人单位安排劳动者在法定节日工作的，按照不低于劳动者本人日或小时工资标准的300%支付劳动者工资。与休息日加班不同的是，用人单位在法定节假日安排劳动者工作，不能以安排补休代替加班工资。

综上可以认定该制药厂的做法是错误的，用人单位并不能以不足额的奖金代替加班费。因此，该用人单位应该立即补发给小天加班费共计2 300元。

连线法条

《中华人民共和国劳动法》

第四十条　用人单位在下列节日期间应当依法安排劳动者休假：

（一）元旦；

（二）春节；

（三）国际劳动节；

（四）国庆节；

（五）法律、法规规定的其他休假节日。

第四十一条　用人单位由于生产经营需要，经与工会和劳动者协商后可以延长工作时间，一般每日不得超过 1 小时；因特殊原因需要延长工作时间的，在保障劳动者身体健康的条件下延长工作时间每日不得超过 3 小时，但是每月不得超过 36 小时。

第四十二条　有下列情形之一的，延长工作时间不受本法第四十一条规定的限制：

（一）发生自然灾害、事故或者因其他原因，威胁劳动者生命健康和财产安全，需要紧急处理的；

（二）生产设备、交通运输线路、公共设施发生故障，影响生产和公众利益，必须及时抢修的；

（三）法律、行政法规规定的其他情形。

第四十三条　用人单位不得违反本法规定延长劳动者的工作时间。

第四十四条　有下列情形之一的，用人单位应当按照下列标准支付高于劳动者正常工作时间工资的工资报酬：

（一）安排劳动者延长工作时间的，支付不低于工资的 150% 的工资报酬；

（二）休息日安排劳动者工作又不能安排补休的，支付不低于工资的 200% 的工资报酬；

（三）法定休假日安排劳动者工作的，支付不低于工资的 300% 的工资报酬。

4.4　员工休假管理需要注意什么

为了维护职工休息休假权利，调动职工工作积极性，用人单位应该主动对员工的休假情况进行管理。一是可以保障劳动者的相关权利，做到用法律留住员工；二是为了调动劳动者的积极性，增强员工对公司的忠诚度。

4.4.1 我国有哪些法定节假日

根据 2013 年 12 月 11 日国务院第三次修订的《全国年节及纪念日放假办法》可以得知，我国全体公民放假的节日有以下几个。

（一）元旦，放假 1 天（1 月 1 日）；

（二）春节，放假 3 天（农历正月初一、初二、初三）；

（三）清明节，放假 1 天（清明当日）；

（四）劳动节，放假 1 天（5 月 1 日）；

（五）端午节，放假 1 天（农历端午当日）；

（六）中秋节，放假 1 天（农历中秋当日）；

（七）国庆节，放假 3 天（10 月 1 日、2 日、3 日）。

部分公民放假的节日及纪念日有以下几个。

（一）妇女节（3 月 8 日），妇女放假半天；

（二）青年节（5 月 4 日），14 周岁以上的青年放假半天（15 ~ 34 周岁的人为青年）；

（三）儿童节（6 月 1 日），不满 14 周岁的少年儿童放假 1 天；

（四）中国人民解放军建军纪念日（8 月 1 日），现役军人放假半天。

4.4.2 如何计算法定节假日期间工资

根据劳动和社会保障部 2008 年 1 月 10 日下发的《关于职工全年月平均工作时间和工资折算问题的通知》和《全国年节及纪念日放假办法》的规定，劳动者的制度工作时间（即全年总天数减去休息日及法定节假日）由此前的 251 天减少为 250 天，则每月工作日由此前的 20.92 天调整为 20.83 天。

节日假期由原来的 10 天增设为 11 天后，职工全年月平均制度工作天数和工资折算办法也分别有所调整，而俗称的节假日加班三薪、公休日加班双薪正是以日工资、小时工资为计算基数的。

通知明确指出，按照《中华人民共和国劳动法》第五十一条的规定，法定节假日用人单位应当依法支付工资，即折算日工资、小时工资时不剔除国家规定的 11 天法定节假日。除去不计薪的 104 个双休日，月计薪天数应为（365-104）/12，即 21.75 天，再由月工资收入除以 21.75 得出日工资水平。以月平均工资 4 250 元为例，则劳动者节假日加班应以 195 元为基数，发放三薪或双薪。

案例

张某是一家房屋装修公司的施工人员，日工资为 130 元。2017 年 1 月 10 日，公司接到了一批房屋装修的订单，客户要求必须在 2 个月内装修完毕。为了最大限度地满足客户的要求、维护公司的利益，公司决定春节期间所有的施工人员都得加班工作，争取在 2 个月内将房屋装修完毕，交给客户。

张某在春节期间一直在加班，到了结算工资的时候才发现，春节期间的加班费用公司是按照 7 天的两倍工资发的，共计 1 820 元。张某去找公司协商，而公司的财务人员却说这是上级的决定。张某不服，遂向当地劳动争议仲裁委员会提请仲裁，要求该公司补发少付的加班费，并且赔偿 25% 的经济补偿金。

【案例分析】

根据我国《全国年节及纪念日放假办法》的规定，春节应该放假 3 天，此时的加班工资应为日均工资的 300%，其余休息日工作的，其加班工资为 200%。

在本案例中，张某应该获得的加班工资是 3 天法定节假日工资（大年初一、初二、初三）加上 4 天休息日工资共 2 210 元，而公司实际上只发给了其 1 820 元，所以该房屋装修公司应该补发给张某加班工资 390 元。对于张某的补偿金请求，审理机关不予受理。作为惩罚，审理机关对该公司给予了行政警告。

【连线法条】

《中华人民共和国劳动法》

第四十四条 有下列情形之一的，用人单位应当按照下列标准支付高于劳动者正常工作时间工资的工资报酬：

（一）安排劳动者延长工作时间的，支付不低于工资的 150% 的工资报酬；

（二）休息日安排劳动者工作又不能安排补休的，支付不低于工资的 200% 的工资报酬；

（三）法定休假日安排劳动者工作的，支付不低于工资的 300% 的工资报酬。

4.4.3 如何计算带薪年假的天数

带薪休假是指劳动者每年享受的连续休假期间，在年休假期间，工资照付。为了规范我国带薪年假的推进，国务院公布了《职工带薪年休假条例》（2008 年 1 月 1 日起施行），以切实维护劳动者休息休假权利。

【案例】

王某是某老牌韩资对外贸易公司的销售经理，在这家公司已经工作了 12 年。

2016 年 11 月，王某想陪其家人出国旅游，因此向公司提出休年假的请求。起初公司以事务繁忙为理由拒绝批准王某的请求，经不住王某软磨硬泡最后只批准 5 天的年休假，并说如果王某不同意并且执意要休 10 天，那公司就与他解除劳动合同。

王某认为，自己已经在这家公司工作了 12 年，根据法律的规定，应该享有 10 天的年休假，而且以此为理由与他解除劳动合同也是不符合法律规定的行为。因此，王某向当地的劳动争议仲裁委员会提出申请，要求公司准许自己此次的年休假。

案例分析

许多用人单位总是打着事务繁忙的旗号，拒绝劳动者的年休假，这种行为是严重违反法律规定的。根据我国《职工带薪年休假条例》的明确规定：职工累计工作已满 1 年不满 10 年的，年休假 5 天；已满 10 年不满 20 年的，年休假 10 天；已满 20 年的，年休假 15 天。国家法定休假日、休息日不计入年休假的假期。

本案例中，王某已经在这家公司连续工作 12 年，因此，王某有权要求公司给予其 10 天的休假。用人单位的理由不成立，应该立即准许王某的年休假。

连线法条

1.《职工带薪年休假条例》

第二条　机关、团体、企业、事业单位、民办非企业单位、有雇工的个体工商户等单位的职工连续工作 1 年以上的，享受带薪年休假（以下简称年休假）。单位应当保证职工享受年休假。职工在年休假期间享受与正常工作期间相同的工资收入。

第三条　职工累计工作已满 1 年不满 10 年的，年休假 5 天；已满 10 年不满 20 年的，年休假 10 天；已满 20 年的，年休假 15 天。

国家法定休假日、休息日不计入年休假的假期。

第四条　职工有下列情形之一的，不享受当年的年休假：

（一）职工依法享受寒暑假，其休假天数多于年休假天数的；

（二）职工请事假累计 20 天以上且单位按照规定不扣工资的；

（三）累计工作满 1 年不满 10 年的职工，请病假累计 2 个月以上的；

（四）累计工作满 10 年不满 20 年的职工，请病假累计 3 个月以上的；

（五）累计工作满 20 年以上的职工，请病假累计 4 个月以上的。

第五条　单位根据生产、工作的具体情况，并考虑职工本人意愿，统筹安排职工年休假。

年休假在 1 个年度内可以集中安排，也可以分段安排，一般不跨年度安排。单位因生产、工作特点确有必要跨年度安排职工年休假的，可以跨 1 个年度安排。

单位确因工作需要不能安排职工休年假的，经职工本人同意，可以不安排职工休年假。对职工应休未休的年休假天数，单位应当按照该职工日工资收入的 300% 支付年休假工资报酬。

第六条 县级以上地方人民政府人事部门、劳动保障部门应当依据职权对单位执行本条例的情况主动进行监督检查。

工会组织依法维护职工的年休假权利。

第七条 单位不安排职工休年休假又不依照本条例规定给予年休假工资报酬的，由县级以上地方人民政府人事部门或者劳动保障部门依据职权责令限期改正；对逾期不改正的，除责令该单位支付年休假工资报酬外，单位还应当按照年休假工资报酬的数额向职工加付赔偿金；对拒不支付年休假工资报酬、赔偿金的，属于公务员和参照公务员法管理的人员所在单位的，对直接负责的主管人员以及其他直接责任人员依法给予处分；属于其他单位的，由劳动保障部门、人事部门或者职工申请人民法院强制执行。

第八条 职工与单位因年休假发生的争议，依照国家有关法律、行政法规的规定处理。

2.《中华人民共和国劳动法》

第四十五条 国家实行带薪年休假制度。

劳动者连续工作 1 年以上的，享受带薪年休假。具体办法由国务院规定。

4.4.4 如何支付不能给员工安排年休假的报酬

根据我国《职工带薪年休假条例》的规定，单位根据生产、工作的具体情况，并考虑职工本人意愿，统筹安排职工年休假。

年休假在 1 个年度内可以集中安排，也可以分段安排，一般不跨年度安排。单位因生产、工作特点确有必要跨年度安排职工年休假的，可以跨 1 个年度安排。

单位确因工作需要不能安排职工休年假的，经职工本人同意，可以不安排职工休年假。对职工应休未休的年休假天数，单位应当按照该职工日工资收入的 300% 支付年休假工资报酬。

因此，当用人单位不能给员工安排年休假时，应该按照该员工日均工资收入的 300% 支付年休假工资报酬。

4.4.5 如何计算病假员工的工资

病假，是指劳动者本人因患病或非因工负伤，需要停止工作医疗时，企业应该根据劳动者本人实际参加工作年限和在本单位工作年限，给予一定的医疗假期。

病假期劳动者可照常拿工资，对于病假工资，不低于当地最低工资的 80%。

根据《中华人民共和国劳动法》的规定，国家发展社会保险事业，建立社会保险制度，设立社会保险基金，使劳动者在年老、患病、工伤、失业、生育等情况下获得帮助和补偿。根据《劳动部关于贯彻执行〈中华人民共和国劳动法〉若干问题的意见》的相关规定，职工患病或非因工负伤治疗期间，在规定的医疗期间内由企业按有关规定支付其病假工资或疾病救济费，病假工资或疾病救济费可以低于当地最低工资标准支付，但不能低于最低工资标准的 80%。

除此之外，有些地方对此也有明确规定。

综合相关法律规定，病假工资的计算公式如下。

1. 月病假工资 = 病假工资的计算基数 × 相应的病假工资的计算系数。

2. 日病假工资 = 病假工资的计算基数 ÷ 当月计薪日 × 相应的病假工资的计算系数。

需要注意的是，疾病或非因工负伤休假日数应按实际休假日数计算，连续休假期内含有休息日、节假日的应予剔除。

而以上公式中提到的计薪日概念，是指国家规定的制度工作日加法定休假日，例如小吴单位的制度工作日是每周工作 5 天休息 2 天，6 月份单位制度工作日是 20 天，如果是 5 月份就得加上"五一" 3 天法定休假日，而不是统一的国家规定的月平均工作天数。

4.4.6　如何计算婚假的天数和工资

婚假，是指劳动者本人结婚依法享受的假期。婚假是劳动者结婚时给予的假期，并由用人单位如数支付工资，这是对劳动者的精神抚慰，体现了政府对劳动者的福利政策，也是对其权益的保护，对于调动劳动者的积极性具有重要意义。

除了婚假之外，部分地区还设置了晚婚假。晚婚假的天数，全国各地规定不一致，在各地人口与计划生育条例中有规定，大部分省份是延长或增加婚假天数（加合关系），也有的直接规定了符合晚婚的婚假天数（包含关系）。

按照 1982 年《中共中央、国务院关于进一步做好计划生育工作的指示》的规定，按法定结婚年龄推迟 3 年以上结婚为晚婚，妇女 24 周岁以上生育的为晚育。我国《中华人民共和国婚姻法》规定的法定结婚年龄，男子为满 22 周岁、女子为满 20 周岁。因此晚婚就是在法定婚龄基础上，男女青年超过法定结婚年龄 3 年以上初次结婚，即男子年满 25 周岁或者女子年满 23 周岁结婚的；晚育，就是适当地推迟婚后初育的年龄，即妇女 24 周岁以上生育子女的。

2016 年，各省关于"晚婚假"的存废尘埃落定。各地对原有的婚假、产假以及陪产假（即男士的护理假）均做出了相关的修改。从出台的规定来看，大多数省份的婚假都是在取消晚婚晚育、规定延长生育假的大原则之下，婚假天数是与国家有关部委的规定保持一致的。

29个省份取消了原有的晚婚假，其中有11个省份删除了相关晚婚假的条例，且没有对婚假再做另外的相关规定，这些省份婚假将与国家有关部委的规定保持一致，仅有1至3天婚假。实践中一般给予员工3天婚假。这些省份包括广东、湖北、四川、浙江、江西、宁夏、广西、安徽、湖南、天津、山东。山西、甘肃保留30天婚假。

那么婚假期间的工资究竟应该如何发放呢？

根据国家劳动总局、财政部《关于国营企业职工请婚丧假和路程假问题的通知》的相关规定：职工本人结婚……，可以根据具体情况，由本单位行政领导批准，酌情给予一至三天的婚假；……在批准的婚假和路程假期间，职工的工资照发；途中的车船费等，由职工自理。但并未明确规定工资计发的标准。

因此在婚假的工资发放标准上，目前还没有适用于全国的统一规定。但是上海市实施的《上海市企业工资支付办法》对这个问题有一定的规定。

比如24岁的刘小姐是上海市某公司职工，根据上海市有关规定：职工可享受的婚假为3天；男职工年满25周岁、女职工年满23周岁的初婚为晚婚，符合晚婚年龄的夫妻应当增加婚假一周。所以她可享受婚假3天和晚婚假7天，一共是10天，婚假期间的工资、奖金照发。

根据《上海市企业工资支付办法》的规定，婚假期间的工资应当按以下原则确定。

（一）劳动合同有约定的，按不低于劳动合同约定的劳动者本人所在岗位（职位）相对应的工资标准确定。集体合同（工资集体协议）确定的标准高于劳动合同约定标准的，按集体合同（工资集体协议）标准确定；

（二）劳动合同、集体合同均未约定的，可由用人单位与职工代表通过工资集体协商确定，协商结果应签订工资集体协议；

（三）用人单位与劳动者无任何约定的，假期工资的计算基数统一按劳动者本人所在岗位（职位）正常出勤的月工资的70%确定。

按以上原则计算的假期工资基数均不得低于本市规定的最低工资标准。法律、法规另有规定的，从其规定。

综上，刘小姐的婚假工资应该这样算。合同中约定工资标准的，就按照合同约定的工资标准，比如她的工资4 000元或5 000元，如果经合同确定，就可以作为计发标准。

如果既有劳动合同又有集体合同，两个合同标准不一致的，按高的标准也就是对她有利的标准来确定。

合同未约定的，可以通过工资集体协商的办法确定。

什么标准也没有约定的，可以按职工正常出勤月总收入的70%来确定。但是，法律没有统一的明确规定不代表地区和用人单位可以随意为之。根据法律规定，用人单位虽然可以制定本单位的规章制度，但是各个单位的规章制度必须符合国家或地区的法律法规和规章。如果单位的规章制度违反现有的法律法规和规章，这个规章制度就是违法的、无效的，对职工并没有约束作用。

4.4.7 如何计算产假的天数和工资

产假，是指在职妇女产期前后的休假待遇，一般从分娩前半个月至产后两个半月，晚婚晚育者可前后长至4个月，女职工生育享受不少于98天的产假。职业女性在休产假期间，用人单位不得降低其工资、辞退或者以其他形式解除劳动合同。

按目前的法律规定，我国的所有女性劳动者在劳动关系存续期间，都享受产假待遇。2012年4月28日，国务院公布了《女职工劳动保护特别规定》，删除了1988年《女职工劳动保护规定》中"女职工违反国家有关计划生育规定的，其劳动保护应当按有关计划生育规定办理，不适用本规定"的条文，意味着职业女性有未婚生育、超生等违反计划生育相关法律法规的情形，也不剥夺其享受产假的权利。

在《女职工劳动保护特别规定》中，产假及其生育津贴相关规定如下。

女职工生育享受98天产假，其中产前可以休假15天；难产的，增加产假15天；生育多胞胎的，每多生育1个婴儿，增加产假15天。女职工怀孕未满4个月流产的，享受15天产假；怀孕满4个月流产的，享受42天产假。就生育津贴来说，对已经参加生育保险的，按照用人单位上年度职工月平均工资的标准由生育保险基金支付；对未参加生育保险的，按照女职工产假前工资的标准由用人单位支付。

自2015年12月27日第十二届全国人民代表大会常务委员会第十八次会议审议通过修改后的《中华人民共和国人口与计划生育法》以来，各地相继开始修订地方计生条例。据查，目前至少已有安徽、山西、江西、广西、广东、湖北、天津、浙江、宁夏9个省份的新计生条例正式出台。

这9个地方在新规定中均取消了晚婚假，同时对产假和男性陪产、护理假做出一定调整。调整后，山西婚假达30天，安徽、江西等地的产假有158天，广西和宁夏男性的陪产假延长到25天。

我国基础产假期为98天，但《中华人民共和国人口与计划生育法》明确，符合法律、法规规定生育子女的夫妻，可以获得延长生育假的奖励或者其他福利待遇。落实到地方，各地新计生条例中都对产假天数有所延长。

其中，山西、安徽、江西、宁夏增加最多，可多休60天，即产假时间共158天。其次是广西，延长了50天。9地规定中产假延长时间最少的也有30天，如广东、湖北、天津、浙江等。

在男方的陪产、护理假方面，目前以广西和宁夏天数最多。广西陪产假由以前晚育才享有的10天增加至凡符合法律法规规定生育的夫妻，男方均有25天假。宁夏也明确，给予产妇配偶25天护理假。

除这两地外，山西、江西、广东、湖北、浙江规定男方有15天的陪产假，天津明确男方有7天护理假。安徽则规定，男方护理假为10日，但若夫妻双方是异地生活有20日假期。

在女职工从怀孕到产后的各个环节，其工资的发放数额各不相同。

1. 保胎假，工资按照病假发。由于保胎假是由医生开证明，所以按病假待遇发放工资。

2. 产前假，工资按八成发。怀孕7个月以上，如工作许可，经本人申请，单位批准，可请产前假两个半月。部分属于地方法规规定必须给假的情况，单位应批准其休假，工资按照员工以往每月实发工资标准的八成发。

3. 产假，支付生育津贴。在实行生育保险社会统筹的地区，支付标准按本企业上年度职工月平均工资的标准支付；在没有开展生育保险社会统筹的地区，生育津贴由本企业或单位支付，标准为女职工生育之前的基本工资和物价补贴。

产假包括：98天+30天（晚育）+15天（难产）+15天（多胞胎每多生一个婴儿），领生育津贴。生育津贴是国家补贴给企业，用来发放产假期间工资的，但它的计算方法与公司在社保处的申报工资基数有关，所以实际中的生育津贴与产假工资并不相等，所以有规定：产假工资和生育津贴，就高领取，简单说来就是按如下原则。

（1）如果员工的产假工资（即员工以往每月的实发工资标准，下同）高于生育津贴，那就按产假工资发给员工，生育津贴下来，归企业；

（2）如果员工的产假工资低于生育津贴，那可以先按产假工资发员工，然后生育津贴下来，将与产假工资的差额补给员工，剩下的还是归企业。

4. 哺乳假，六个半月按照工资八成发，再延长期间按七成发。女职工生育后，若有困难且工作许可，由本人提出申请，经单位批准，可请哺乳假六个半月，工资按员工以往每月实发工资标准的八成发，再延长期间按七成发。

除了女职工的产假，男性产假也逐渐被人们所重视。以法律的名义明确对配偶的陪护和对婴儿的照顾，不仅有利于两性公平承担生育成本，还有助于打破传统的性别分工模式。男性参与生育事务是大势所趋，随着更多的地方为男性休产假提供制度性保障，社会评价男性将不再聚焦于事业，还关注他们对家庭的贡献。虽然假期只有短短3天，但新修订的条例至少有两个亮点，一是男性休产假，另外就是每日平均工资五分之四的薪酬由雇主支付。

以往人们习惯性地把产假窄化为专属产妇的分娩后的待遇，忽略了生产本身是一个很辛苦的过程，新妈妈要用一段时间恢复身体，同时养育新生儿不仅是妈妈的责任，新爸爸也有义务看护妻子和婴儿。因此，产假的含义远远超过生产本身需要的时间。

繁衍后代是女性对社会做出的特殊贡献，却又恰恰因此导致其在求职择业过程中处于弱势，经常遭遇或公开或隐性的歧视，一些用人单位在招收女性时甚至要求签署不生育合同，严重侵犯女性的生育权利。

4.4.8 如何计算探亲假的天数和工资

探亲假，是指与父母或配偶分居两地的职工，每年享有的与父母或配偶团聚的假期。规定探亲假的目的是适当解决职工同亲属长期远居两地的探亲问题。对于享受探亲假的条件和探亲假期，我国《国务院关于职工探亲待遇的规定》有具体规定。

根据《国务院关于职工探亲待遇的规定》，享受探亲假必须具备以下条件。

1. 主体条件。只有在国家机关、社会团体和全民所有制企业（国有企业）、事业单位工作的职工才可以享受探亲假待遇。

2. 时间条件。工作满一年。

3. 事由条件。一是与配偶不住在一起，又不能在公休假日团聚的，可以享受探望配偶的待遇；二是与父亲、母亲都不住在一起，又不能在公休假日团聚的，可以享受探望父母的待遇。

"不能在公休假日团聚"是指不能利用公休假日在家居住一夜和休息半个白天。职工与父亲或与母亲一方能够在公休假日团聚的，不能享受本规定探望父母的待遇。新婚后与配偶分居两地的从第二年即可开始享受探亲假。此外，学徒、见习生、实习生在学习、见习、实习期间不能享受探亲假。

我国《国务院关于职工探亲待遇的规定》第三条规定探亲假期分为以下几种。

1. 探望配偶，每年给予一方探亲假一次，30天。

2. 未婚员工探望父母，每年给假一次，20天，也可根据实际情况，2年给假一次，

45 天。

3. 已婚员工探望父母，每 4 年给假一次，20 天。探亲假期是指职工与配偶、父母团聚的时间，另外，根据实际需要给予路程假。上述假期均包括公休假日和法定节日在内。

4. 凡实行休假制度的职工（例如学校的教职工），应该在休假期间探亲；如果休假期较短，可由本单位适当安排，补足其探亲假的天数。

从工资角度来说，在《国务院关于职工探亲待遇的规定》中就有明确的规定：职工在规定的探亲假期和路程假期内，按照本人的标准工资发给工资；职工探望配偶和未婚职工探望父母的往返路费，由所在单位负担。已婚职工探望父母的往返路费，在本人月标准工资30%以内的，由本人自理，超过部分由所在单位负担。

需要指出的是，对非国有企事业单位的职工是否有探亲假，国家无规定。因此，这类用人单位可根据本单位的实际情况，决定是否参考国务院有关规定制定本单位有关探亲假的规章制度。

4.5　调岗及调薪需要注意什么

调岗调薪一直是用人单位在管理过程中最敏感的问题，也是劳动者和用人单位之间最容易产生纠纷的问题之一。这里所讲的调岗主要是指未经员工同意将员工由一个工作岗位变更到另一个工作岗位。调薪主要是指降低员工的薪水。因为提高薪水很少引起用人单位和劳动者的纠纷，所以本章不做重点解释。

4.5.1　调岗调薪需要具备什么条件

根据《中华人民共和国劳动法》《中华人民共和国劳动合同法》及相关规定，当满足以下某个条件时，用人单位可以对员工实施调岗调薪。

1. 用人单位与劳动者就调岗调薪协商一致。《中华人民共和国劳动合同法》第三十五条规定："用人单位与劳动者协商一致，可以变更劳动合同约定的内容。变更劳动合同，应当采用书面形式。"

因此可以看出，只要劳动者和用人单位协商一致、意思表示一致，那么不管劳动合同之前是怎么约定的，双方都可以就劳动合同的内容进行变更，进行调岗调薪。这也正是用人单位尊重劳动者的表现。实际上，在用人单位的管理过程中，尊重劳动者的真实意愿是很重要的一点，既体现了对劳动者的尊重，又能合理、合法地进行管理。

2. 劳动者患病或者非因工负伤，在规定的医疗期满后不能从事原工作的，用人单位可以另行安排工作。在这种条件下，用人单位要调整劳动者的岗位，主要注意以下几点。

（1）劳动者患病或者非因工负伤。这里说的是劳动者患病或者非因工负伤，如果劳动者所受的伤是工伤，那么就需要按照《工伤保险条例》的规定处理。

（2）在规定的医疗期满后。这点主要是说要在医疗期满后，如果是在医疗期内，那么用人单位无权擅自另行安排劳动者的工作。根据我国《企业职工患病或非因工伤医疗期规定》，医疗期是指企业职工因患病或者非因工负伤停止工作治病休息不得解除劳动合同的时限。

（3）医疗期满后，劳动者不能从事原工作。在医疗期内，用人单位无权另行安排劳动者工作。在医疗期满后，劳动者仍然能从事原岗位的，用人单位不得以此伤病为理由调动劳动者的工作岗位。也就是说，只有在劳动者医疗期满后不能从事原工作的，用人单位才可以另行安排劳动者工作。

3. 劳动者不能胜任工作，用人单位可以调整其工作岗位。一般在实务中，用人单位另行安排劳动者的理由都是该劳动者无法胜任其工作岗位，但是，这个理由不能乱用，还必须要满足以下几点。

（1）用人单位要提前制定好岗位职责。如果用人单位没有提前制定好一个岗位职责说明，就很难证明劳动者为什么不能胜任该工作岗位。只有在充分了解岗位职责的情况下，才能对劳动者进行考核，证明劳动者不能胜任该岗位。

（2）用人单位要有充分的证据证明劳动者不能胜任该工作。这里所说的"不能胜任"是指劳动者不能按照岗位职责的要求按时完成劳动合同中约定的任务或者是同工种、共岗位人员的工作量。但是即使是这样，用人单位也不能私自随意地提高劳动定额标准，使劳动者不能完成工作。

所以，在工作中，用人单位一定要设立绩效评估组织，对劳动者的业绩及时地做出评价和考核，也为调岗调薪做好准备，以不断地促进公司的人力配置的优化。若用人单位和劳动者就不能胜任工作发生纠纷，那么用人单位要对劳动者不能胜任承担举证责任。

4. 劳动合同订立时所依据的客观情况发生重大变化，致使劳动合同无法履行，用人单位可以与劳动者协商变更合同，调整劳动者的工作岗位。这里所说的客观情况发生重大变化，并不是由用人单位来界定的。

那么，如果用人单位和劳动者并不能协商一致时，事情要如何处理呢？根据《中华人民共和国劳动合同法》第四十条的规定，劳动合同订立时所依据的客观情况发生重大变化，致使劳动合同无法履行，经用人单位与劳动者协商，未能就变更劳动合同内容达成协商一致的，用人单位提前30天以书面形式通知劳动者本人或者额外支付劳动者1个月的工资后，可以解除劳动合同。

因此，当协商不成时，用人单位完全可以以上述办法解除与劳动者的劳动合同。但是，当不符合第四个条件，用人单位却以此为理由调岗调薪，劳动者又不同意变更，用人单位因此与劳动者解除劳动合同的，用人单位就属于违法解除劳动合同，就需要按照《中华人民共和国劳动合同法》第八十二条的规定，支付双倍的赔偿金。

5. 企业转产、重大技术革新或者经营方式调整，可以变更劳动合同，调整员工的工作岗位。根据《中华人民共和国劳动合同法》第四十一条规定，企业转产、重大技术革新或者经营方式调整，可以变更劳动合同。这种情况是很多见的。在经济不断发展的过程中，用人单位要想存活，就必须要不断地调整公司的发展方向和发展理念，还必须要对公司的结构和技术进行革新。

因此，在这种条件下，就必然会涉及劳动岗位变更，这也是法律允许的。但是，用人单位不能以此为借口随意地调整劳动者的岗位。一旦被仲裁机构或者法院认定是滥用权利，该调整就是无效的。

6. 用人单位与劳动者签订了脱密期保密协议的，在劳动者提出辞职后，用人单位可以调整其工作岗位。《劳动部关于企业职工流动若干问题的通知》第二条规定，"用人单位与掌握商业秘密的职工在劳动合同中约定保守商业秘密有关事项时，可以约定在劳动合同终止前或该职工提出解除劳动合同后的一定时间内（不超过六个月），调整其工作岗位，变更劳动合同中相关内容"。

脱密，即意味着不再接触商业秘密。用人单位通过约定，使劳动者在离职前通知用人单位。在劳动者通知了用人单位后，用人单位可以将其安排到不接触商业秘密的岗位。这种调岗的目的就在于让该员工远离商业秘密，从而保护公司的利益。

以上六条，即为允许用人单位对劳动者实施调岗调薪的条件，只需符合某一条即可。

案例

赵某为某知名五星级酒店大厨，每月工资7 000元。工作1年后，赵某患肺炎住院治疗。医疗期满后，赵某已经完全康复，于是要求上班。

但是酒店认为，赵某患有肺炎，已经不再适合继续担任厨师的工作，而是要求赵某担任清洁工作，清洗酒店的床单、毛巾等用品，每月工资3 000元。

赵某不服，于是向当地的劳动争议仲裁委员会申请仲裁。要求解除与该酒店的劳动合同，并且该酒店还应该支付给自己经济补偿金。

经审理，劳动争议仲裁委员会认为，赵某在医疗期满后，已经完全康复，有能力继续从事原工作岗位，酒店没有合理理由将其调整到其他的岗位。因此，酒店的做法是违法的，裁决酒店与赵某立即解除劳动合同，并支付给赵某经济补偿金。

案例分析

在本案例中，体现的是第二点，即劳动者患病或者非因工负伤，在规定的医疗期满后不能从事原工作的，用人单位可以另行安排工作，劳动者能从事原工作的，用人单位不得随意调整劳动者的工作岗位。

赵某虽然患病，但是在规定的医疗期内治好了病，并且能够胜任原工作，用人单位就没有理由安排其到其他工作岗位并且降低他的薪水。强行调岗，只能给用人单位带来损失。

4.5.2　调岗调薪是否可以单方面决定

用人单位在任何情况下都不得随意地、无正当理由地调动劳动者的工作岗位和工资，只能在符合法律规定的情况下对员工进行调岗调薪。

案例

小薛以前是一家连锁咖啡公司的销售部经理。2017年6月，公司想要购进一批国外新产的咖啡。小薛认为这种咖啡在中国的市场占有量还很少，并不能为公司带来很好的效益。于是就此事向上级主管部门做了反映。

两个月后，公司人力资源部门通知小薛，说由于工作的需要，现撤掉小薛销售部经理的职位，要求小薛到公司的资料整理部门工作，工资由8 000元降为3 500元。小薛不服，她认为自己的劳动合同到2018年1月才到期，公司不能随意变更自己的工作岗位。

但是公司却说，当时签订的劳动合同中明确说过用人单位可以根据需要随意调整劳动者的工作岗位。小薛无言，遂向当地的劳动争议仲裁委员会申请仲裁，要求用人单位恢复其岗位。

案例分析

这是一起典型的用人单位私自调岗的案例。根据《劳动部办公厅关于职工因岗位变更与企业发生争议等有关问题的复函》的规定，关于用人单位能否变更职工岗位的问题，按照《中华人民共和国劳动法》第十七条、第二十六条、第三十一条的规定精神，因劳动合同订立时所依据的客观情况发生重大变化，致使原劳动合同无法履行而变更劳动合同，须经双方当事人协商一致。

若不能达成协议，则可按照法定程序解除劳动合同；因劳动者不能胜任工作而变更、调整职工工作岗位，则属于用人单位的自主权。对于因劳动者岗位变更引起的争议应依据上述精神处理。

因此，如果用人单位有意变更劳动者的岗位，必须与劳动者协商一致，且有正当理由，不能达成一致的，可以按照法定程序与劳动者解除劳动合同。在本案例中，该公司无正当理由变更劳动者的岗位和薪酬属于违法行为。经仲裁，责令该公司立即恢复小薛销售部经理的工作。

连线法条

《中华人民共和国劳动法》

第十七条　订立和变更劳动合同，应当遵循平等自愿、协商一致的原则，不得违反法律、行政法规的规定。

劳动合同依法订立即具有法律约束力，当事人必须履行劳动合同规定的义务。

第二十六条　有下列情形之一的，用人单位可以解除劳动合同，但是应当提前三十日以书面形式通知劳动者本人：

（一）劳动者患病或者非因工负伤，医疗期满后，不能从事原工作也不能从事由用人单位另行安排的工作的；

（二）劳动者不能胜任工作，经过培训或者调整工作岗位，仍不能胜任工作的；

（三）劳动合同订立时所依据的客观情况发生重大变化，致使原劳动合同无法履行，经当事人协商不能就变更劳动合同达成协议的。

第三十一条　劳动者解除劳动合同，应当提前三十日以书面形式通知用人单位。

案例

郭某与某房地产装修设计公司签订了为期5年的劳动合同，郭某担任该公司的设计总监，每月底薪9 000元，同时按每月公司设计订单总额的1.5%提取奖金。

2015年，由于该房地产装修设计公司的市场还没有打开，设计订单的数量不是太理想，郭某每个月的提成也就几千元。

进入2017年以来，由于郭某的长期努力，市场得到了很好的开拓，设计订单总额不断上升，郭某每个月能得两三万元的奖金。慢慢地，公司嫌发给郭某的奖金太多了，于是找郭某商量，将郭某的底薪改为2 000元，每月按照设计订单总额的

0.2% 提取奖金。

郭某不同意，后公司以每月 2 000 元的底薪，设计订单总额 0.2% 的奖金，给郭某发放工资。郭某不服，遂向当地劳动争议仲裁委员会申请仲裁，要求公司补发工资。

案例分析

这个案例主要涉及的是调薪的问题。根据《中华人民共和国劳动法》第四十七条的规定，用人单位根据本单位的生产经营特点和经济效益，依法自主确定本单位的工资分配方式和工资水平。但是这并不代表用人单位可以随意私自变更劳动者的薪酬。

在未与劳动者协商一致的情况下，私自变更劳动者的工资，这属于违反法律规定的行为。在用人单位与劳动者约定好工资的分配之后，用人单位无权擅自改变工资的分配方式和分配金额。因此，仲裁庭责令该公司按原来的工资结算方式和金额给郭某补发工资。

4.5.3　违法调岗调薪的法律后果是什么

这里所讲的调岗调薪是指变更劳动者的工作岗位，降低劳动者的工资。一旦处理得不好，就会导致劳动者主动要求解除劳动合同或者是用人单位将其辞退，进而双方进行仲裁诉讼的后果。

《中华人民共和国劳动合同法》第二十九条规定："用人单位与劳动者应当按照劳动合同的约定，全面履行各自的义务。"第三十条第一款还规定："用人单位应当按照劳动合同约定和国家规定，向劳动者及时足额支付劳动报酬。"

因此，在用人单位和劳动者签订了劳动合同之后，双方就应该严格地按照劳动合同履行各自的义务。用人单位应该为劳动者提供工作条件和工作岗位。如果用人单位在不符合法律规定的条件下，私自调整劳动者的工作岗位、降低劳动者的报酬，将会面临如下法律后果。

1. 劳动者可以要求解除合同。如果用人单位私自单方面调整劳动者的工作岗位、降低劳动者的报酬，就属于未按照劳动合同的约定提供劳动条件，未足额地支付工资报酬，因此劳动者在此时有权单方面解除劳动合同。

2. 劳动者有权要求支付经济补偿金。如果劳动者因为用人单位擅自调岗调薪而被迫解除劳动合同，则有权要求用人单位支付经济补偿金；如果是因为劳动者不服用人单位擅自调岗调薪，用人单位因此想要与劳动者解除劳动合同的，用人单位就属于违法解除劳动合同，劳动者有权要求用人单位支付双倍的经济补偿金。

3. 用人单位有可能支付赔偿金。要注意现在所说的赔偿金和经济补偿金不是一回事。在用人单位违法调岗调薪时，许多劳动者是不服从调整的。此时用人单位往往会与劳动者解除劳动合同并且不支付任何的经济补偿金。

根据《中华人民共和国劳动合同法》第八十五条的规定，用人单位解除或者终止劳动合同，未依法向劳动者支付经济补偿的，由劳动行政部门责令限期支付经济补偿；逾期不支付的，责令用人单位按照应支付金额百分之五十以上百分之一百以下的标准向劳动者加付赔偿金。

综上，用人单位在调岗调薪时，一定要与劳动者取得合意，擅自调整员工的工作岗位和报酬只能是损人不利己。

案例

小陈与某外资企业签订了为期 2 年的劳动合同，合同期限是 2015 年 4 月—2017 年 4 月。劳动合同中双方约定，小陈的工作岗位是行政经理秘书，每月工资 3 000 元。

2016 年 6 月，公司换了新的行政经理。新的行政经理想要用自己带来的秘书，因此，公司要求小陈去到清洁岗位，薪水变为 1 500 元。小陈没有同意公司的安排。合同到期后，小陈要求继续担任行政经理的秘书，并且要求按照原来约定的薪资支付报酬。

公司因为小陈不服从公司的命令，于是没有与小陈继续签订劳动合同，也没有支付任何经济补偿金。小陈不服，遂向当地的劳动争议仲裁委员会提出仲裁申请。经仲裁委员会仲裁，用人单位应在 2017 年 8 月前支付小陈一个月的经济补偿金 3 000 元。

但是该公司一直拒不支付小陈的经济补偿金，于是劳动行政部门再次发出通知，责令该公司除了支付小陈 3 000 元经济补偿金之外，还需要支付小陈一个月的赔偿金，共计 6 000 元。

案例分析

在实务中，许多用人单位在与员工解除劳动合同后，即使应该支付给劳动者经济补偿金的，也故意拖着不付。在这种情况下，劳动者可以到劳动监察部门投诉。本案例中，由于用人单位一直拖着不付经济补偿金，劳动行政部门为了惩罚这种做法，因此向用人单位加罚 3 000 元赔偿金。也是希望其他用人单位能够引以为戒，合法行事。

《中华人民共和国劳动合同法》

第三十八条 用人单位有下列情形之一的，劳动者可以解除劳动合同：

（一）未按照劳动合同约定提供劳动保护或者劳动条件的；

（二）未及时足额支付劳动报酬的；

（三）未依法为劳动者缴纳社会保险费的；

（四）用人单位的规章制度违反法律、法规的规定，损害劳动者权益的；

（五）因本法第二十六条第一款规定的情形致使劳动合同无效的；

（六）法律、行政法规规定劳动者可以解除劳动合同的其他情形。

用人单位以暴力、威胁或者非法限制人身自由的手段强迫劳动者劳动的，或者用人单位违章指挥、强令冒险作业危及劳动者人身安全的，劳动者可以立即解除劳动合同，不需事先告知用人单位。

第八十五条 用人单位有下列情形之一的，由劳动行政部门责令限期支付劳动报酬、加班费或者经济补偿；劳动报酬低于当地最低工资标准的，应当支付其差额部分；逾期不支付的，责令用人单位按应付金额百分之五十以上百分之一百以下的标准向劳动者加付赔偿金：

（一）未按照劳动合同的约定或者国家规定及时足额支付劳动者劳动报酬的；

（二）低于当地最低工资标准支付劳动者工资的；

（三）安排加班不支付加班费的；

（四）解除或者终止劳动合同，未依照本法规定向劳动者支付经济补偿的。

4.6 员工违纪需要注意什么

实践中，员工违纪的现象时有发生。除了员工本身不了解公司纪律之外，还有公司监管不力的原因存在。员工违纪的行为方式多种多样，由于每个用人单位的自身特点不同，因此，员工违纪的种类也是不尽相同的。

4.6.1 如何判定企业纪律的合法性

在劳动争议处理中，因用人单位处理违纪职工和调岗引发的劳动争议占有相当大的比例。不少用人单位在处理违纪员工时并不能做到完全合法、合规，因此，用人单位在法庭上往往处于劣势地位。企业纪律的合法性，不仅为日后处理员工违纪行为提供了标杆，更为用人单位举证做足了准备。

企业纪律并不是摆设，它是企业安全前行的重要保障。用人单位的所有者、管理者均应该认真严肃地制定处罚制度和慎重运用企业处罚措施，使用人单位的处罚符合法律法规的要求。这样，既保证了员工的合法权益，又使用人单位加强了对企业的管理。

案例

于某是某服装销售公司的业务总经理，负责公司对外业务合同的签订和履行，并掌管着合同专用章。2016年9月，于某将一笔5万元的业务款打进了自己的银行个人账户而没有入公司的账户，并且以各种理由拒绝交给公司。于是，公司以于某严重违反公司纪律为由，解除了与于某的劳动合同，并要求其返还5万元的业务款。

在离开公司时，于某还私自带走了公司的合同专用章，给公司签订对外业务合同造成了很大的麻烦。除此之外，他还带走了公司全部客户的资料，给公司带来了巨大的损失。之后，于某又以公司非法解除劳动合同为由申请仲裁，要求公司给其支付经济补偿金和赔偿金。

案例分析

用人单位劳动纪律的存在就是为了约束员工，在一定的时机合理地保护公司的利益。遵守公司的劳动纪律和规章制度是维持正常的工作秩序、发展生产的重要保证，也是劳动者需要履行的义务之一。凡是劳动者恶意破坏公司工作环境，做出违纪行为，均应该得到公司的惩罚。因此，劳动纪律的存在是十分必要的。一份完整、完备的劳动纪律对于用人单位来说是非常重要的。

仲裁机关在审查的过程中发现，于某在以往承办业务时，有的款项直接进入他自己的个人账户，而不是公司指定的公司业务账户，公司并没有追究，也没有问责。于某已经形成习惯，认为这样的做法公司并不反对。

该公司的劳动纪律中明确规定："劳动者严重违纪且经书面告知仍不改正的，公司有权解除合同。"但是，该公司并没有将公款私存的行为定性为"严重违纪"，故仲裁部门认为用人单位以劳动者严重违纪为由与劳动者解除劳动合同的行为无效。因此，用人单位应当向于某支付经济补偿金和赔偿金。

连线法条

《中华人民共和国劳动法》

第十九条 劳动合同应当以书面形式订立，并具备以下条款：

（一）劳动合同期限；

（二）工作内容；

（三）劳动保护和劳动条件；

（四）劳动报酬；

（五）劳动纪律；

（六）劳动合同终止的条件；

（七）违反劳动合同的责任。

第二十五条 劳动者有下列情形之一的，用人单位可以解除劳动合同：

（一）在试用期间被证明不符合录用条件的；

（二）严重违反劳动纪律或者用人单位规章制度的；

（三）严重失职，营私舞弊，对用人单位利益造成重大损害的；

（四）被依法追究刑事责任的。

4.6.2 如何界定违纪的处罚种类

违纪处罚主要有两类：第一类是行政处罚，主要包括警告、记过、记大过、降级、撤职、留用察看、开除；第二类是经济处罚，也就是在给予行政处分的同时，可以给予职工一次性罚款。除了上述种类之外，其他的违纪处罚都是不符合法律规定的。

比如：因为员工有过错造成废品就罚员工加班补活，干不完不能回家；剥夺职工节日休息的权利；任何形式的体罚；任何形式的限制人身自由的处罚；任何形式的侮辱人格的处罚，等等。

《中华人民共和国劳动法》第三条第二款规定，劳动者应当遵守劳动纪律和职业道德；第二十五条规定，劳动者严重违反劳动纪律或者用人单位规章制度的，用人单位可以解除劳动合同。《中华人民共和国劳动合同法》第四条规定，用人单位应当依法建立和完善劳动规章制度，保障劳动者享有劳动权利、履行劳动义务；用人单位在制定、修改或者决定有关劳动报酬、工作时间、休息休假、劳动安全卫生、保险福利、职工培训、劳动纪律以及劳动定额管理等直接涉及劳动者切身利益的规章制度或者重大事项时，应当经职工代表大会或者全体职工讨论；用人单位应当将直接涉及劳动者切身利益的规章制度和重大事项决定公示，或者告知劳动者。

案例

李某是某汽车零件加工厂的车间主任，2015年10月14日，他的同事小田打电话要求请假一周，同时告诉李某，他请了车间的另一位同事给他代班。李某同意了，但是小田并没有办理任何的请假手续。到了10月22日，小田一直没有来公司上班。这期间共有5人替他代班8次。

加工厂认为李某的行为属于越权批准职工的请假，违反了公司的劳动纪律，因此要与李某解除劳动合同。加工厂在对李某做出解除劳动合同的决定前征询了工会的意见，工会认为可以对李某进行罚款，而不是解除劳动合同。

但是加工厂并没有听取工会的意见，随后以李某严重违反了《中华人民共和国劳动法》第二十五条以及公司的有关规章制度为由，解除了与李某的劳动合同。李某不服，遂向当地劳动争议仲裁委员会提出仲裁申请，要求该公司撤销处罚，恢复双方的劳动关系。

案例分析

当地仲裁庭经依法开庭审理后，认为李某的违纪行为是否严重违反劳动纪律和企业依法制定的规章制度在相关法律法规中没有明确规定，故仲裁庭根据有关的法律法规，依照加工厂的规章制度对申诉人的违纪行为加以认定。

加工厂依法制定的规章制度中明确规定："工作失误或机械故障，不及时请示汇报，使公司蒙受20 000元及以上损失的，加工厂有权予以开除处分。"但是在本案件中，加工厂并不能证明李某的行为使得公司遭受了20 000元及以上的损失，因此责令加工厂立即与李某恢复劳动关系。

企业一定要处理好自身的制度建设。违纪管理运用得好，就能使员工团结和睦；违纪管理运用得不好，就可能导致劳动者之间的相互猜疑、劳动者心里没底等现象的发生。

4.6.3　如何处理违纪行为

用人单位在日常管理的过程中，常常能遇到各种各样的员工违纪问题。如何处理违纪行为是一件非常重要的事情。如果处理得太轻，不能起到杀鸡儆猴的作用；如果处理得太重，有可能使员工丧失对用人单位的信心，甚至直面公堂。因此，如何合理合法地处理违纪员工，避免劳动争议的发生显得尤为重要。恰当地处理违纪行为需要遵循以下几点。

1. 公开、公平、公正。在处理违纪员工时，就应该抱有"王子犯法，与庶民同罪"的心理，以公开、公平、公正为原则。公平是指依据规章制度，同样的情形，必须做出同样的处罚，不管是员工还是领导，无一例外。公开是指劳动者违反了劳动纪律，必须公开处理。用人单位不得私自陷害、侮辱劳动者。

2. 以事实为依据，重视法律，重视证据的力量，严格按照规章制度进行处罚。劳动纪律是用人单位内部的法律，用人单位在处罚违纪员工时，首先要做到的就是以事实为依据。不以事实为依据的处罚是不被法律所接受的。证据可以是书面的，也可以是口头的，劳动者自己承认的也可以作为证据使用。

3. 以教育违纪员工，对其他员工起到警示作用为主，惩罚为辅。惩罚违纪员工的根本目的不在于惩罚，而在于警示。使当事人自己警醒，使用人单位其他的劳动者警醒。惩罚只是手段。所以，企业一定要分清主次，增强教育的力量。

4.7 员工绩效管理需要注意什么

绩效管理是企业人力资源管理的核心职能之一。绩效管理，是为了有效地提高员工积极性和公司生产效率，是为了提高公司竞争力，保证公司目标的顺利达成，在公司形成奖优罚劣、管理标准、公平人性的氛围，是为了保证企业目标和使命的实现，发展组织，发展员工。因此，绩效管理是公司管理体系中重要的组成部分，也是人力资源管理的核心保障。

4.7.1 试用期员工的绩效考核

试用期作为劳动合同双方当事人考察试用并据以决定是否继续保持劳动关系的重要阶段，双方当事人特别是用人单位往往需要在此期间通过各种方式考核劳动者。此时，绩效考核的作用就会凸显出来。

【案例】

张海是一家销售公司的销售人员，2017年1月与该用人单位签订了为期3年的合同，试用期3个月。张海上班的第一天，销售公司人力资源部的人事专员就对其进行了入职培训，包括员工手册的讲解，同时，将销售岗位的具体职责、录用条件以及考核标准、考核办法都告知了张海，并经其签字确认。

根据公司的规定，试用期满前一周，公司对张海进行了绩效考核，按照考核标准，张海没有合格。因此，2017年4月，该公司向张海发出解除劳动合同的通知。解除劳动合同的理由是试用期内绩效考核不合格，不符合录用条件。张海不服，遂向当地劳动争议仲裁委员会申请仲裁。

案例分析

企业在和劳动者约定了试用期条款后，对于试用期的员工往往要进行试用期的绩效考核，以决定是否继续录用。该家用人单位，在张海工作之前就将考核标准、考核办法和录用条件都告知了张海。因此，用人单位此时有权利解除与张海的劳动合同，用人单位的做法是正确的。

因此，在用人单位与劳动者约定了试用期之后，用人单位一定要将录用条件、考核办法以及考核标准告知劳动者。为保险起见，应该由劳动者签字确认。

4.7.2 正式员工的绩效考核

绩效考核，则是企业绩效管理中的一个环节，是指考核主体对照工作目标和绩效标准，采用科学的考核方式，评定员工的工作任务完成情况、员工的工作职责履行程度和员工的发展情况，并且将评定结果反馈给员工的过程。常见绩效考核方法包括 BSC、KPI 及 360 度考核等。

绩效考核的最终目的是改善员工的工作表现，以达到企业的经营目标，并提高员工的满意程度和未来的成就感。考核的结果主要用于压力传递、报酬管理、职务调整、工作反馈、工作改进、组织发展和员工发展。

用人单位进行绩效考核时必须遵守以下几点原则。

1. 一致性：在一段连续时间之内，考核的内容和标准不能有大的变化，至少应保持 1 年之内考核的方法具有一致性。

2. 客观性：考核要客观地反映员工的实际情况，尽量减少光环效应、个人关系亲疏不同、偏见等带来的误差。

3. 公平性：对于同一岗位的员工使用相同的考核标准。

4. 公开性：员工要知道自己的详细考核结果。

正式员工的考核分为月考核、季考核和年终考核，相比于试用期考核来说更具有全面性。与试用期绩效考核更大的不同之处在于，正式员工的考核更注重开发人才，即通过考评发现员工需要补充的技能缺陷，更注重考评主体的多样性。

一般来说，试用期的绩效考核多来自用人单位内部的考评，而对于一些服务型的公司来说，对正式员工的绩效考评则更多来源于公司之外的力量，如合作伙伴、客户等。

有的用人单位和工作岗位以员工的绩效为中心发放工资，即绩效工资。这一般是针对业绩导向型的岗位的。

第5章

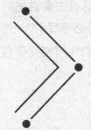

员工离职环节的法律风险防控

　　一般而言，员工离职是雇员和雇主之间结束雇佣关系，员工离开原公司的行为。员工离职意味着企业与该劳动者的劳动关系在法律上的消灭。员工离职是员工流动的一种重要方式，员工流动对企业人力资源的合理配置具有重要作用，但过高的员工离职率会影响企业的持续发展，不合法的员工离职会给用人单位带来很多不必要的麻烦和损失。

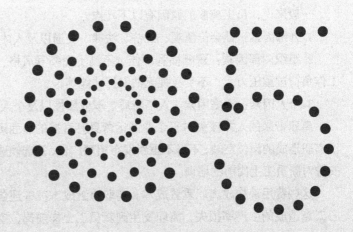

5.1 员工自由解除劳动合同需要注意什么

员工与用人单位签订劳动合同，并不意味着员工就成了用人单位的附属品。员工作为一个劳动者，仍然依法享有自由解除劳动合同的权利。这里主要讲述劳动者在何种情况下可以自由解除劳动合同、员工解除劳动合同是否必须提前30天上报、提交了的辞职信是否可以撤回以及一旦员工违法解除了劳动合同究竟会有什么法律后果。

5.1.1 员工离职对企业的影响

员工离职在性质上可以分为雇员自愿离职和非自愿离职。自愿离职包括员工辞职和退休，非自愿离职包括辞退员工和集体性裁员。

在离职的各个种类中，退休是对符合法定退休条件的雇员的一种福利待遇，在正常环境下其数量和比例具有可预期性，其发生对于企业更新人员年龄结构具有正面价值。

集体性裁员只发生在企业经营出现严重困难，只能通过裁员降低成本的情况下，是一种偶发行为，一般在离职分析中不予考虑。

企业辞退员工往往是对行为严重违反企业规定或者无法达到工作岗位要求的员工的惩罚，这部分离职由于其惩罚性，在离职整体中只占极少部分。但往往是这部分的员工离职，会给用人单位带来麻烦。

一般来说，员工离职的原因有以下几点。

1.外部因素：社会价值观、经济、法律、交通以及人才市场竞争等因素。

2.组织内部因素：薪酬福利不佳、不满上司领导风格、缺乏升迁发展机会、工作负荷过重压力大、不受重视无法发挥才能等。

3.个人因素：家庭因素、人格特质、职业属性以及个人成就动机因素。

离职带来的人才流失对于企业的运营具有直接的负面影响。企业为了填补员工离职造成的岗位空缺，不得不重新发布招聘广告、筛选候选人、录用安置新员工，安排对新员工上岗前的培训。

这些费用都构成离职重置成本。离职重置成本往往还包括员工离职前工作三心二意造成的生产率损失，离职发生到新员工上岗前岗位空缺的效率损失，为培训新员工以及和新员工和其他员工工作磨合损失的生产率，员工离职造成的组织知识结构不完整对生产率的影响，以及员工离职在职员中造成的人心动荡的效率损失等。

人才流失无论从短期还是长期看对企业经营都没有任何益处，人才流失造成的离职重置成本会侵蚀企业营业利润，造成企业营业利润下降。

5.1.2 什么情况下员工可以随时解除劳动合同

在用人单位和劳动者双方劳动关系存续期间，并不是在任何时候解除合同都需要双方取得合意。《中华人民共和国劳动合同法》第三十八条明确规定如下。

用人单位有下列情形之一的，劳动者可以解除劳动合同：

（一）未按照劳动合同约定提供劳动保护或者劳动条件的；

（二）未及时足额支付劳动报酬的；

（三）未依法为劳动者缴纳社会保险费的；

（四）用人单位的规章制度违反法律、法规的规定，损害劳动者权益的；

（五）因本法第二十六条第一款规定的情形致使劳动合同无效的；

（六）法律、行政法规规定劳动者可以解除劳动合同的其他情形。

用人单位以暴力、威胁或者非法限制人身自由的手段强迫劳动者劳动的，或者用人单位违章指挥、强令冒险作业危及劳动者人身安全的，劳动者可以立即解除劳动合同，不需事先告知用人单位。

案例

小华在2016年2月与山东省某外资企业签订劳动合同。劳动合同中约定小华的工作岗位是总经理的翻译，工资为一个月5 000元。劳动合同的期限为3年，在3年内，该公司有义务给小华缴纳五险一金。

同年9月，小华因车祸住进了医院。在小华想要使用自己的医疗保险报销医药费的时候，却发现公司已经3个月没有替自己缴纳医疗保险了。小华打电话向公司询问，相关人员却说不清楚这事。一气之下小华决定与公司解除劳动合同，便提前30天向公司提交了解除劳动合同的说明。但是公司并没有给他回复。1个月之后，小华离开了公司。

2个月后，小华收到了法院的传票。原来是该用人单位以小华无故旷工，致使总经理无法与外国投资商交谈，从而失去了大批订单，给公司造成了巨大的损失为由，将小华告上了法庭。

在法庭上，公司称小华无故旷工2个月，在这期间，总经理由于缺少了翻译，导致未能与外商达成合作，造成了巨大的损失，这笔损失费应该由小华支付。

而小华则认为，根据《中华人民共和国劳动合同法》第三十八条第款第三项的规定，用人单位未依法为劳动者缴纳社会保险费的，劳动者有权解除劳动合同。该公司连续 3 个月没有为自己缴纳医疗保险费，自己有权解除劳动合同。况且，自己已提前 30 天将解除劳动合同的说明递交到了公司，是公司处理不当，不应该由自己承担责任。

案例分析

在上述案例中，双方解除劳动合同的事件很明显符合劳动法第三十八条第一款第三项的规定，根据规定，小华有权单方面解除劳动合同，也就是说，在公司遭受到巨大的损失时，小华已不是该公司的员工，不再是总经理的翻译员。因此，该公司的上诉理由不成立。除此之外，用人单位应该给小华补缴 3 个月的医疗保险费。

5.1.3　员工离职一定要提前 30 天上报用人单位吗

许多劳动者和用人单位认为，员工离职一定要提前 30 天上报，其实不然。《中华人民共和国劳动合同法》第三十八条规定："用人单位以暴力、威胁或者非法限制人身自由的手段强迫劳动者劳动的，或者用人单位违章指挥、强令冒险作业危及劳动者人身安全的，劳动者可以立即解除劳动合同，不需事先告知用人单位。"

这是对劳动者的一种保护。当用人单位对劳动者施以强制措施时，劳动者可以立即解除劳动合同而不需要事先告知用人单位。

案例

张婷是一位进城打工的姑娘。经应聘，她得到了一份在保洁公司工作的机会。2014 年 10 月，该公司与一家物业公司签订了保洁协议，约定由保洁公司负责该物业公司管理的某大厦外部玻璃的清洁工作。部门经理要求张婷擦拭 12 号楼 20 楼至 25 楼的外墙玻璃。

但是张婷表示，保险绳索搭扣处有松动的迹象，要更换新的保险绳索后方能进行工作，否则会有危险。但是部门经理则认为，不会有太大的问题，是张婷小题大做了。于是部门经理强行令张婷系上绳索开始工作。

张婷考虑到还是生命比较重要，故坚决不同意去墙外面擦拭玻璃。部门经理非常生气，表示要扣掉张婷当月工资的一半。张婷不服，遂提出解除劳动合同，并要求保洁公司支付相应的工资和经济补偿金。

案例分析

在本案例中，保洁公司在明知道绳索有安全隐患的情况下，不顾张婷的生命安全，强制要求张婷冒险工作。公司的这种强令冒险作业、危及劳动者人身安全的行为严重违反了法律规定，张婷有权拒绝。张婷也完全可以解除劳动合同，不需要事先告知用人单位，并且用人单位还应该支付相应的经济补偿金。

5.1.4 提前 30 天的通知期是否可以用休假期抵扣

根据我国法律的相关规定，提前 30 天的通知期不能用休假期抵扣，劳动者在提出辞职后不能以休假为由，拒绝到公司上班。

在实务中，不少员工在提交了辞职申请后，以休年假等理由就不再到用人单位上班了。实际上，员工既有解除劳动合同的通知义务，同时也享有休假的权利，但是二者并不能直接对等抵消。劳动者在履行了提前 30 天通知用人单位的义务后，并不表示其在之后的 30 天内可以随意安排自己的休假。作为一名未离职的员工，仍然受到企业的行政管理。

5.1.5 员工提交的辞职书是否可以撤回

在实务中，经常会出现许多劳动者在递交了辞职书之后又因为种种原因想要撤回的情况。这不仅给用人单位带来了麻烦，还给劳动者自己带来了风险。那员工提交了辞职书之后是否可以撤回呢？

案例

姚先生是广州一家知名外资企业的会计，由于老婆和孩子想要定居英国，希望姚先生能和他们一起去。经过一段时间的考虑，2016 年 3 月 20 日，姚先生向其主管经理提交了书面辞职信，并且希望公司能够及时办理交接事项，能让他在 30 天之后顺利离开公司。

由于姚先生的工作能力很强，公司不希望失去这样一位人才，于是对其进行了挽留。公司在得知其一家的签证还没有办下来的情况下，建议姚先生在签证等手续办妥之后再来提此事。姚先生未置可否。但是同时，公司也做了相应的准备，重新招聘到了一位会计。

2016 年 4 月 11 日，姚先生得知自己一家的签证申请被拒绝了。2016 年 4 月 12 日，新的会计被任命替代姚先生的岗位，并在当日正式接替姚先生的工作。姚先生在知道了消息之后，马上与其主管经理联系，希望撤回原先的辞职行为。但是由于新任命已经发出，公司并没有同意其撤销请求。

案例分析

劳动者在提交书面辞职信后可能发生如下两种情况：一是由于情况变化或者公司的劝阻而收回辞职申请；二是自己因各种原因后悔而在提出辞职30天之后依然与用人单位形成事实劳动关系。

本案例属于第一种情况。那员工是否可以收回辞职申请呢？如果用人单位同意其收回辞职申请，劳动者应该如何做？如果不同意，劳动者又该怎么办？

一般认为，劳动者单方面解除劳动合同的权利类似于一种形成权，即不以相对人的意愿为基础，只要其书面提出解除劳动合同，该劳动关系就在30天之后得以解除。事实上，无论公司是否同意其收回辞职申请，由于该员工辞职的性质是行使单方形成权，所以30天后，双方的劳动合同即得以解除。

如果用人单位有意想要留住员工，则可以在30天之后与劳动者再签订新的劳动合同；如果无意留住员工，那么用人单位则可以通知员工在30天后离职并办理相关的交接手续。

在本案例中，就算用人单位对姚先生进行了劝阻，但是并没有在30天之后与姚先生再次签订劳动合同。因此，姚先生和用人单位已经不存在劳动关系。撤销请求不存在合法依据。

5.1.6 员工违法解除合同有什么法律后果

在员工离职的过程中，不少用人单位特别是一些中小型企业经常会遇到员工的"不辞而别"。但是许多用人单位又无法举证，追究劳动者违法解除合同的责任。那么，根据我国相关法律，劳动者违法解除劳动合同会带来怎样的法律后果呢？

案例

小李是湖南某工艺品制造厂的部门经理，与用人单位签订劳动合同的时候双方约定，在提前解除劳动合同的情况下员工需要依法提前30天通知对方。在工作中，小李非常出色，能完成许多难度较高的设计，很多知名企业不惜花重金想要把他挖走。

2014年12月底，小李突然向公司提交了辞职书，并希望在一周左右办完工作等的交接。由于当时正处于年度工艺品大量生产制造的时期，公司希望小李能继续留在公司为公司出力，但小李并没有向公司回馈意见。

一周之后，小李便再也没有来上过班。他所领导的部门群龙无首，十分混乱，业绩也一度呈现低迷的状态。该公司认为，就算是小李递交了辞职书，也应该至少提前 30 天通知，好让公司有个准备。

　　现在，小李在提交了辞职书一周后就离开，也没有与公司商量，是违反法律规定的，也是违反企业规章制度的。因此，用人单位责令小李立即回到公司上班，先处理公司的紧急事务。而小李则认为自己已经提交了辞职书，尽到了提前通知义务，没有必要再回到公司。双方商议不妥，用人单位遂向当地的劳动争议仲裁委员会申请仲裁。

案例分析

　　这是一个劳动者违法解除劳动合同的典型案例。本案主要围绕两点：

　　（1）劳动者违反劳动合同的法律责任；

　　（2）用人单位能够要求劳动者承担何种法律责任。

　　劳动者违法解除劳动合同，是指劳动者违反法律规定或者双方约定的劳动合同的解除条件，单方面解除劳动合同的行为。

　　根据《中华人民共和国劳动合同法》的相关规定，为保障劳动者的权利，赋予劳动者单方面解除劳动合同的权利。但是劳动者解除劳动合同并不是随意解除的，必须符合法定或约定的条件和程序。对于劳动者单方面违法解除劳动合同的，用人单位有权要求该员工对公司的损失进行赔偿。

　　关于赔偿问题，用人单位可以要求劳动者实际履行工作义务，也可以要求劳动者承担损害赔偿责任。在本案例中，用人单位可以要求小李回到公司继续工作，也可以直接追究因小李的离开而造成的公司的损失以及相关的其他损失。

连线法条

　　《中华人民共和国劳动合同法》

　　第三十七条　劳动者提前三十日以书面形式通知用人单位，可以解除劳动合同。劳动者在试用期内提前三日通知用人单位，可以解除劳动合同。

　　第五十条　用人单位应当在解除或者终止劳动合同时出具解除或者终止劳动合同的证明，并在十五日内为劳动者办理档案和社会保险关系转移手续。

　　劳动者应当按照双方约定，办理工作交接。用人单位依照本法有关规定应当向劳动者支付经济补偿的，在办结工作交接时支付。

　　用人单位对已经解除或者终止的劳动合同的文本，至少保存二年备查。

　　第九十条　劳动者违反本法规定解除劳动合同，或者违反劳动合同中约定的保密义务或者竞业限制，给用人单位造成损失的，应当承担赔偿责任。

5.2　企业单方面解除劳动合同需要注意什么

除了上述所说的劳动者拥有法律赋予的单方面解除劳动合同的权利之外，用人单位在公司人力资源管理的过程中，也拥有单方面解除与劳动者劳动合同的权利。但是，在实务中，大部分的用人单位并不能正确地行使《中华人民共和国劳动合同法》赋予的这项权利。作为企业，应该懂法用法，让法律为自己的运营保驾护航。

5.2.1　什么情况下企业可以单方面解除劳动合同

用人单位解除劳动合同一般分为两种：过失性解除和非过失性解除。过失性解除劳动合同，是指用人单位在劳动者存在一定过失的情况下，无须事先通知即可以单方面解除劳动合同的行为。

按照《中华人民共和国劳动合同法》的相关规定，过失性解除劳动合同的情形分为以下6种。

（1）试用期解除；

（2）严重违纪解除；

（3）严重失职解除；

（4）利益冲突解除；

（5）欺诈解除；

（6）刑事责任解除。

但是这6种情形也不可以随意使用，必须有足够的证据并且程序合法。

案例

范某和张某是某食品制造厂的员工，分别与用人单位签订了为期5年的劳动合同。2016年7月，由于该食品制造厂的订单较少，所以二人的工作也比较少。为了能够多挣钱，二人合计从外面请来了一个民工A，以每天30元的价钱请民工A代替完成二人的工作。由于该厂的人事管理不够规范，因此，厂里并没有发现这一情况。

1个月后，范某和张某在距离该厂1千米的地方开了一家餐馆，生意十分火爆。可是好景不长，该厂得知她们私自聘用外来人员在厂里代替她们工作，二人还在厂外开起了餐馆后，决定根据厂里的规章制度严惩范某和张某，并且书面通知二人立即回厂里上班。

但是二人并没有理睬。1个月后，厂里对二人做了除名处理。此时范某和张某才知道事情的严重性，要求回厂里继续工作。用人单位拒绝了她们的请求，二人不服，向当地的劳动争议仲裁委员会申请仲裁。

案例分析

在这个案件中，范某和张某严重违反了公司的劳动生产纪律，用人单位可以立即解除与二人的劳动合同，并且无须支付任何经济补偿金。除此之外，二人聘请民工 A 完成她们在厂里工作的这个行为，还违反了《中华人民共和国劳动法》的基本原则。

连线法条

1.《中华人民共和国劳动法》

第二十五条 劳动者有下列情形之一的，用人单位可以解除劳动合同：

（一）在试用期间被证明不符合录用条件的；

（二）严重违反劳动纪律或者用人单位规章制度的；

（三）严重失职，营私舞弊，对用人单位利益造成重大损害的；

（四）被依法追究刑事责任的。

2.《中华人民共和国劳动合同法》

第三十九条 劳动者有下列情形之一的，用人单位可以解除劳动合同：

（一）在试用期间被证明不符合录用条件的；

（二）严重违反用人单位的规章制度的；

（三）严重失职，营私舞弊，给用人单位造成重大损害的；

（四）劳动者同时与其他用人单位建立劳动关系，对完成本单位的工作任务造成严重影响，或者经用人单位提出，拒不改正的；

（五）因本法第二十六条第一款第一项规定的情形致使劳动合同无效的；

（六）被依法追究刑事责任的。

3.《劳动部关于贯彻执行〈中华人民共和国劳动法〉若干问题的意见》

29. 劳动者被依法追究刑事责任的，用人单位可依据劳动法第二十五条解除劳动合同。

"被依法追究刑事责任"是指：被人民检察院免于起诉的、被人民法院判处刑罚的、被人民法院依据刑法第三十二条免予刑事处分的。

劳动者被人民法院判处拘役、3 年以下有期徒刑缓刑的，用人单位可以解除劳动合同。

39. 用人单位依据劳动法第二十五条解除劳动合同，可以不支付劳动者经济补偿金。

87. 劳动法第二十五条第（三）项中的"重大损害"，应由企业内部规章来规定，不便于在全国对其作统一解释。若用人单位以此为由解除劳动合同，与劳动者发生劳动争议，当事人向劳动争议仲裁委员会申请仲裁的，由劳动争议仲裁委员会根据企业类型、规模和损害程度等情况，对企业规章中规定的"重大损害"进行认定。

5.2.2　企业违法解除劳动合同有什么法律后果

用人单位违反《中华人民共和国劳动合同法》的规定解除劳动合同的情况主要有以下 4 种。

1.未与劳动者协商一致而解除劳动合同。

2.未出现可以解除或者终止劳动合同的情形而解除劳动合同，或者未按照《中华人民共和国劳动合同法》规定的程序解除劳动合同。

3.劳动者具有用人单位不得解除或者终止劳动合同的条件时解除劳动合同。

4.违反了解除劳动合同应遵循的法定程序，比如通知工会、提前 30 天以书面形式通知劳动者等。

《中华人民共和国劳动合同法》对用人单位违法解除劳动合同的行为有 2 种处理方法。

1.继续履行。即如果用人单位违反法律规定解除劳动合同后，劳动者要求继续履行劳动合同的，用人单位应当继续履行。

2.支付赔偿金后劳动合同解除。用人单位解除合同后，劳动者不要求继续履行劳动合同或者劳动合同已经不能继续履行的，用人单位在依法支付赔偿金后，劳动合同解除。此时用人单位支付的赔偿金是《中华人民共和国劳动合同法》第四十七条规定的经济补偿金标准的两倍。

5.3　协商一致解除劳动合同需要注意什么

一般来说，只要劳动合同双方不违反法律的强制性规定，双方达成的劳动合同就应该受到法律的保护。因此，只要双方就劳动合同的解除事宜达成一致，就应该受到法律的尊重。那么是不是所有的协商一致解除，都是双方的合意呢？协商一致的底线究竟在哪里？

5.3.1　什么是协商一致解除劳动合同

无论是在《中华人民共和国劳动法》《中华人民共和国劳动合同法》，还是在《中华人民共和国劳动合同法实施条例》中，都有关于协商一致解除劳动合同的规定。

《中华人民共和国劳动法》第二十四条规定："经劳动合同当事人协商一致，劳动合同可以解除。"

《中华人民共和国劳动合同法》第三十六条规定："用人单位与劳动者协商一致，可以解除劳动合同。"

《中华人民共和国劳动合同法实施条例》第十九条规定，"有下列情形之一的，依照劳动合同法规定的条件、程序，用人单位可以与劳动者解除固定期限劳动合同、无固定期限劳动合同或者以完成一定工作任务为期限的劳动合同"。

协商一致解除劳动合同，是指用人单位和劳动者经过协商，最终决定解除劳动合同的一种行为，是有效解决劳动争议的途径之一。

5.3.2 如何计算协商一致解除劳动合同的经济补偿金

用人单位在和劳动者协商一致解除劳动合同的时候，除了要意见一致，还必须注意经济补偿金的支付问题。

根据《中华人民共和国劳动合同法》的规定：如果是劳动者首先提出解除劳动合同的，用人单位不需要支付经济补偿金；如果是用人单位首先向劳动者提出解除劳动合同的，则用人单位应当向劳动者支付经济补偿金。

案例

小高与她所在的知名美妆产品公司签订了为期5年的劳动合同。工作了2年之后，小高由于经常生病，承受不了公司的巨大压力，并且觉得她的薪资低于自己的预期，便准备向公司提交辞职申请。用人单位看出小高有点想辞职，消极怠工，便主动提出要与小高解除劳动合同。

小高同意了公司的要求，双方协商一致解除了劳动合同。劳动合同解除之后，小高要求公司向其支付经济补偿金，但是公司认为，既然双方是协商一致解除劳动合同，就不应该再支付经济补偿金。小高不服，遂向当地劳动争议仲裁委员会申请仲裁，要求该公司向其支付经济补偿金。

案例分析

该用人单位虽然与小高是协商一致解除劳动合同，但是，由于是用人单位首先向小高提出的解除劳动合同的要求，因此，按照《中华人民共和国劳动合同法》的规定，用人单位应当向小高支付经济补偿金。

《中华人民共和国劳动合同法》

第三十六条　用人单位与劳动者协商一致，可以解除劳动合同。

第四十六条　有下列情形之一的，用人单位应当向劳动者支付经济补偿：

（一）劳动者依照本法第三十八条规定解除劳动合同的；

（二）用人单位依照本法第三十六条规定向劳动者提出解除劳动合同并与劳动者协商一致解除劳动合同的；……

5.3.3　协商一致解除劳动合同需要考虑条款合法性吗

根据我国法律规定的基本原则，劳动合同生效的前提就是合意。那么，双方协商一致达成的具有合意的劳动合同就一定会受到法律的保护吗？在劳动合同中约定的"自动解除劳动合同的条款"是否可以任意设立？

案例

小李应聘某文化公司的总裁秘书，因为总裁秘书需要陪总裁出席各种会议和商宴。因此，总裁秘书的身材和形象是非常重要的。该岗位上的前两个秘书就是因为怀孕而被公司另行安排工作的。所以公司为了保险起见，提前与小李在劳动合同中约定，公司先派小李到国外进修3年，在这3年内，小李不得结婚怀孕，否则公司自动与小李解除劳动合同。

小李认为自己还很年轻，不着急结婚生孩子，也就答应了。工作1年后，小李意外怀孕。本来决定要打胎保工作的她，在听说她如果打掉这个孩子就有可能再也无法怀孕的时候，犹豫了。考虑再三，小李决定把这个孩子生下来。

用人单位在发现小李怀孕之后，便立即与小李解除了劳动合同，并且向当地的劳动争议仲裁委员会提起仲裁，要求小李向该公司支付违约金。与此同时，小李也认为用人单位的做法有违法律，因此也申请仲裁。小李认为，是用人单位先提出的解除劳动合同，因此，用人单位应该向其支付劳动补偿金。

案例分析

经过劳动争议仲裁委员会的审理后，审理机关认为：虽然双方签订劳动合同的时候，小李同意3年内不结婚怀孕，但是该规定违反了我国法律的强制性规定。

《中华人民共和国就业促进法》第二十七条明确规定，用人单位录用女职工，不得在劳动合同中规定限制女职工结婚、生育的内容。用人单位的做法侵犯了小李的婚姻自由和生育自由。因此，用人单位与小李在劳动合同中的此款约定是无效的。用人单位违法与小李解除劳动合同，应当支付给小李经济补偿金 2 万元，小李不需要向用人单位支付违约金。

在这个案例中，用人单位可以说输在了"不懂得如何利用法律上"。在双方的劳动合同中，3 年不结婚生子确实是双方的合意，是协商一致，但是违法的条款，就算对方当事人同意了，也属于无效条款。这样的结果就是用人单位不但没有收到员工的违约金，反倒需要向员工支付经济补偿金，得不偿失。

所以，无论是劳动合同的签订，还是协商一致解除劳动合同，都需要双方的合意，都需要内容、程序合法。只有这样，才能使劳动者和用人单位不至于承担不必要的法律风险和损失。

5.4 经济性裁员需要注意什么

本节主要讲述经济性裁员的含义、经济性裁员的必备条件、违法进行经济性裁员的法律后果以及经济性裁员的补偿金如何发放的问题。通过讲述，用人单位和劳动者将会明白当发生经济性裁员或者需要经济性裁员时，各自应该做些什么，从而合法地维护自己的利益。

5.4.1 什么是经济性裁员

经济性裁员，是指用人单位一次性辞退部分劳动者，以此作为改善生产经营状况的一种手段，其目的是保护自己在市场经济中的竞争和生存能力，渡过暂时的难关。

《中华人民共和国劳动法》第二十七条规定："用人单位濒临破产进行法定整顿期间或者生产经营状况发生严重困难，确需裁减人员的，应当提前 30 日向工会或者全体职工说明情况，听取工会或者职工的意见，经向劳动行政部门报告后，可以裁减人员。"

由于经济性裁员必然要影响职工生活，增高失业率，因此，劳动行政部门要积极监督检查裁员是否符合法定的允许裁员的范围，是否遵守裁员的法定程序等。

5.4.2 经济性裁员须满足什么条件

一般来说，经济性裁员要符合如下几个条件（符合其中一个即可）。

1.用人单位处于法定重整期间，需要裁减人员的。依照《中华人民共和国企业破产法》，企业法人不能清偿到期债务且资不抵债的，可以依法进行重整。企业在重整期间裁减人员的，可以解除劳动合同。

2.用人单位因生产经营状况发生严重困难，确需裁减人员的。用人单位生产经营发生严重困难是随时都会出现的，在市场经济条件下，企业只能依靠自身力量克服上述困难，这就必然涉及裁员问题，因此裁减人员对用人单位来说势在必行。

3.企业转产、重大技术革新或者经营方式调整，经变更劳动合同后，仍需裁减人员的。

4.其他因劳动合同订立时所依据的客观经济情况发生重大变化，致使劳动合同无法履行的。

5.4.3　经济性裁员的依法实施程序

经济性裁员除符合上述条件外，还需经过以下程序。

1.提前30日向工会或者全体职工说明情况，并提供有关生产经营状况的资料；裁减人员既非职工的过错也非职工本身的原因，且裁员总会给职工在某种程度上造成生活等方面的负作用，为此，裁员前应听取工会或职工的意见。

2.提出裁减人员方案，内容包括：被裁减人员名单、裁减人员时间及实施步骤，符合法律、行政法规规定和集体合同约定的被裁减人员的经济补偿办法。用人单位不得裁减下列人员：患职业病或者因工负伤并被确认丧失或者部分丧失劳动能力的；女职工在孕期、产期、哺乳期内的；法律、行政法规规定的其他情形。

3.将裁减人员方案征求工会或者全体职工的意见，并对方案进行修改和完善。

4.向当地劳动保障行政部门报告裁减人员方案以及工会或者全体职工的意见，并听取劳动保障行政部门的意见。

5.由用人单位正式公布裁减人员方案，与被裁减人员办理解除劳动合同手续，按照有关规定向被裁减人员本人支付经济补偿金，并出具裁减人员证明书。

经济性裁员属于用人单位解除劳动合同的一种情形。在市场经济中，用人单位直接面对的是市场竞争，为更好地适应市场需求，使企业保持一定的活力，用人单位必须在用人方面形成"能上能下""能进能出"的体制。

为此，劳动合同法规定，在满足一定条件下，用人单位可以单方面解除还未到期的固定期限劳动合同以及无固定期限劳动合同。经济性裁员是用人单位出于经营方面考虑，单方面解除劳动合同的方式。尽管名为经济性裁员，其实质是用人单位单方面解除劳动合同的一种方式。

一般来说，经济性裁员只能发生在企业中，只有企业才有可能进行经济性裁员。构成经济性裁员必须要一次性解除法定数量的劳动合同。但根据《中华人民共和国劳动法》，有4类对象是不得裁员的，包括：患职业病或者因工负伤并被确认丧失或部分丧失劳动能力的；患病或者负伤，在规定的医疗期的；女职工在孕期、产期、哺乳期内的；法律、法规规定的其他情况。

案例

小张在某工厂从事服装生产的工作。随着经济的发展，科技逐渐代替人力进行纺织。于是，该用人单位便不再需要大量的人力，宣布实行经济性裁员，准备裁掉员工50人。小张属于被裁掉的50人当中的一员，经与用人单位协商无效后，50人联合向当地的劳动争议仲裁委员会申请仲裁，要求恢复劳动关系。

案例分析

用人单位适用经济性裁员条件的第三点：企业转产、重大技术革新或者经营方式调整，经变更劳动合同后，仍需裁减人员的。

在本案例中，就算该服装公司要进行重大的技术革新，那也要先变更劳动合同，在确定有些员工实在无法安置的时候，才可以进行裁减，才可以实行经济性裁员。

服装公司没有变更劳动合同就直接进行经济性裁员是违反了法律规定的。因此，仲裁委员会裁定该公司恢复与这50名员工的劳动关系。

连线法条

《中华人民共和国劳动合同法》

第四十一条　有下列情形之一，需要裁减人员二十人以上或者裁减不足二十人但占企业职工总数百分之十以上的，用人单位提前三十日向工会或者全体职工说明情况，听取工会或者职工的意见后，裁减人员方案经向劳动行政部门报告，可以裁减人员：

（一）依照企业破产法规定进行重整的；

（二）生产经营发生严重困难的；

（三）企业转产、重大技术革新或者经营方式调整，经变更劳动合同后，仍需裁减人员的；

（四）其他因劳动合同订立时所依据的客观经济情况发生重大变化，致使劳动合同无法履行的。

裁减人员时，应当优先留用下列人员：

（一）与本单位订立较长期限的固定期限劳动合同的；

（二）与本单位订立无固定期限劳动合同的；

（三）家庭无其他就业人员，有需要扶养的老人或者未成年人的。

用人单位依照本条第一款规定裁减人员，在六个月内重新招用人员的，应当通知被裁减的人员，并在同等条件下优先招用被裁减的人员。

5.4.4 企业随意经济性裁员的法律后果

由于经济性裁员的要求非常高，很多时候，很多企业的裁员不符合经济性裁员的条件，被裁掉的劳动者申请仲裁，那么企业的损失就会非常大。所以企业在运用经济性裁员时一定要非常慎重。

根据《中华人民共和国劳动合同法》的相关规定，用人单位进行经济性裁员，必须符合法定的实体性要件和程序要件。如果用人单位违反这些要件进行裁员，就属于违法解除劳动合同，劳动者有权要求恢复劳动关系；劳动者不要求恢复劳动关系的，有权要求用人单位支付双倍的经济赔偿金。

案例

钱某等45名员工于2016年8月与某制药厂签订了为期3年的劳动合同。在劳动合同的履行中，该制药厂以经营亏损为由宣布实施经济性裁员，并于2017年4月辞退钱某等45名员工。

用人单位要求钱某等45人必须在一天之内向公司完成工作的交接，提交所有与公司相关的生产资料，每人领取2 500元的补偿金后离开公司。钱某等人不服，认为公司违法裁员，因此向当地的劳动争议仲裁委员会申请仲裁，一部分员工要求该公司恢复与其劳动关系，另一部分员工要求该公司支付双倍的经济赔偿金。

案例分析

并不是所有的经营有亏损的用人单位都可以进行裁员。在本案例中，该制药厂既不具有企业经济性裁员的法定条件，又违反了经济性裁员的法定程序，在此前提下，单方面解除了钱某等45人的劳动合同，属于违法解除劳动合同。因此，仲裁委员会裁定该制药厂恢复那些要求继续留在公司的员工的劳动关系，给予不愿意留在公司的员工双倍经济赔偿金共计8 000元。

连线法条

1.《中华人民共和国劳动法》

第二十七条 用人单位濒临破产进行法定整顿期间或者生产经营状况发生严重困难，确需裁减人员的，应当提前30日向工会或者全体职工说明情况，听取工会或者职工的意见，经向劳动行政部门报告后，可以裁减人员。

用人单位依据本条规定裁减人员，在6个月内录用人员的，应当优先录用被裁减的人员。

2.《中华人民共和国劳动合同法》

第四十一条 有下列情形之一，需要裁减人员二十人以上或者裁减不足二十人但占企业职工总数百分之十以上的，用人单位提前三十日向工会或者全体职工说明情况，听取工会或者职工的意见后，裁减人员方案经向劳动行政部门报告，可以裁减人员：

（一）依照企业破产法规定进行重整的；

（二）生产经营发生严重困难的；

（三）企业转产、重大技术革新或者经营方式调整，经变更劳动合同后，仍需裁减人员的；

（四）其他因劳动合同订立时所依据的客观经济情况发生重大变化，致使劳动合同无法履行的。

裁减人员时，应当优先留用下列人员：

（一）与本单位订立较长期限的固定期限劳动合同的；

（二）与本单位订立无固定期限劳动合同的；

（三）家庭无其他就业人员，有需要扶养的老人或者未成年人的。

用人单位依照本条第一款规定裁减人员，在六个月内重新招用人员的，应当通知被裁减的人员，并在同等条件下优先招用被裁减的人员。

5.4.5 如何发放经济性裁员的补偿金

在经济性裁员中，由于是用人单位单方面解除劳动合同，且劳动者并没有过错，因此用人单位应当依法向劳动者支付双倍的经济补偿金。

经济补偿金的计算标准应按被裁员工之前12个月的平均工资性收入计算。这里的工资性收入，包括基本工资、奖金、津贴等，而非单指基本工资。前12个月平均工资收入低于本市职工最低工资的，按本市职工最低工资标准计算。

补偿的期限是根据劳动者在本单位工作年限而定的，每满1年，就有本人1个月工资收入的经济补偿。满6个月不满1年的按1年计算。

5.5 劳动合同终止需要注意什么

劳动合同终止，是指劳动合同的法律效力依法被消灭，亦即劳动合同所确立的劳动关系由于一定法律事实的出现而终结，劳动者与用人单位之间原有的权利和义务不复存在。

5.5.1 什么情况下可以终止劳动合同

《中华人民共和国劳动法》规定了劳动合同终止的两种情况。

1. 劳动合同期限届满，劳动合同即告终止。这主要是针对有固定期限的劳动合同和以完成一定的工作为期限的劳动合同而言的。

2. 当事人约定的合同终止的条件出现，劳动合同也告终止。这种情况既适用于有固定期限和以完成一定的工作为期限的劳动合同，也适用于无固定期限的劳动合同，劳动合同的这种终止属于约定终止。

劳动者在规定的医疗期内，女职工在孕期、产期和哺乳期内，劳动合同期限届满时，劳动合同的期限应自动延续至医疗期、孕期、产期和哺乳期满为止。

劳动合同终止，意味着劳动合同当事人协商确定的劳动权利和义务关系已经结束，此时，用人单位应当依法办理终止劳动合同的有关手续。

5.5.2 劳动合同终止和劳动合同解除有什么区别

劳动合同的解除和终止，说明企业与员工解除劳动关系，可以有两种方法，一种是解除劳动合同，另一种是终止劳动合同。解除方法不同，相应的程序与补偿金也是不同的。

劳动合同解除，是指当事人双方提前终止劳动合同的法律效力，解除双方的权利义务关系。而劳动合同终止，如上文所述，是指劳动合同的法律效力依法被消灭，亦即劳动合同所确立的劳动关系由于一定法律事实的出现而终结，劳动者与用人单位之间原有的权利和义务不复存在。

在绝大部分情况下，解除与终止劳动合同最重要的区别是：劳动合同是否到期。劳动合同没有到期，是解除劳动合同；劳动合同到期，是终止劳动合同。

提出劳动合同终止和劳动合同解除的主体都是用人单位或劳动者。但是，根据《中华人民共和国劳动法》的规定，二者在通知义务、补偿金方面有不同的规定。

当劳动合同没有到期，企业主动与员工解除劳动合同时，企业需要提前 30 天通知员工，并按员工入职时间每满 1 年给予 1 个月工资的补偿金。如果是员工主动想与企业解除劳动合同，那么此时员工属于辞职，员工需要提前 30 天，以书面形式通知企业，无须征得企业同意，即可于 30 天后离职。

当劳动合同到期，企业主动与员工终止劳动合同，也就是劳动合同到期未续签时，企业提出与员工不再续签劳动合同，按劳动法是不需要提前通知的，因此，终止劳动合同不存在 1 个月补偿金（俗称"代通知金"）的问题。

需要注意的是，代通知金≠经济补偿金。

代通知金指的是用人单位在提出解除劳动合同或终止劳动合同时，在应该提前一个月通知的情况下，如果用人单位没有依法提前一个月通知的，以给付劳动者一个月工资作为代替的一种赔偿。

代通知金是我国之前劳动法律版本中的重要概念，但随着劳动法律的改版，这个概念已经被取消，所以国家现行劳动法中已经找不到代通知金的说法。

但在实务中，很多仲裁部门在实际执行企业单方与劳动者解除劳动合同但未提前一个月通知劳动者的时候，仍然会按照代通知金的原理执行，表达企业对劳动者的某种补偿。

很多企业的 HR 理解这个原理，在与员工做解除劳动合同谈判的时候，采取的 N+1，N+2 或 N+3，其中的 1、2、3，也在一定程度上包含着代通知金的逻辑。N 代表的是经济补偿金。经济补偿金在劳动合同法中有具体的计算方法。

若此时是员工主动想要与企业终止劳动合同，也就是员工不续签劳动合同。那么此时员工没有提前通知的义务，也就是说，员工可以提前跟企业说明，也可以不提前说明。员工可以在合同到期时，交接工作之后，不再继续上班。

作为企业，无论员工离职是何原因造成的，在离职时，把离职手续处理清楚，既有利于在职员工的保留，也有利于自己在行业中的口碑，更重要的是能避免很多不必要的麻烦。

5.5.3 劳动合同终止的必备条件有哪些

根据我国法律的规定，劳动合同终止的必备条件有以下 6 种（满足某一种即可）。

1. 劳动合同期满。劳动合同期满是劳动合同终止的最主要形式，适用于固定期限的劳动合同和以完成一定工作任务为期限的劳动合同。一旦约定的期限届满或工作任务完成，劳动合同通常都自然终止。

2. 劳动者开始依法享受基本养老保险待遇。由于退出劳动力市场的劳动者的基本生活已经通过养老保险制度得到保障，劳动者不再具备劳动合同意义上的主体资格，因此劳动合同自然终止。只要劳动者依法享受了基本养老保险待遇，劳动合同即行终止。

3. 劳动者死亡、被人民法院宣告死亡或者宣告失踪。这意味着劳动者作为自然人从主体上的消灭。

宣告死亡，是公民下落不明达到法定期限，经利害关系人申请，由人民法院宣告该公民死亡的民事法律制度。宣告失踪，是公民下落不明满法定期限，经利害关系人申请，由法院宣告其失踪并对其财产实行代管的法律制度。当劳动者死亡、因下落不明被人民法院宣告失踪或者宣告死亡后，作为民事主体和劳动关系当事人，无法再享受权利和承担义务，自然也不能继续履行劳动合同，劳动合同当然终止。

4. 用人单位被依法宣告破产。破产，指当债务人的全部资产不足以清偿到期债务时，债权人通过一定程序将债务人的全部资产供其平均受偿从而使债务人免除不能清偿的其他债务，并由人民法院宣告破产解散。出现这种情况，只能解除劳动合同。

5. 用人单位被吊销营业执照、责令关闭、撤销或用人单位决定提前解散。

吊销营业执照是登记主管机关依照法律法规的规定，对企业法人违反规定实施的一种行政处罚，对企业法人而言，吊销营业执照就意味着其法人资格被强行剥夺，法人资格也就随之消亡。

用人单位被责令关闭，是指合法建立的公司或企业在存续过程中，未能一贯严格遵守有关法律法规，被有关政府部门依法查处。

用人单位被撤销是指企业未经合法程序成立，或者形式合法但不符合相关法律法规的实体规定，被政府部门发现后受到查处。

按照《中华人民共和国民法典》《中华人民共和国公司法》《中华人民共和国企业破产法》的规定，在劳动合同履行过程中，企业被吊销营业执照、责令关闭或撤销，意味着企业的法人资格已被剥夺，表明此时企业已无法按照劳动合同履行其权利和义务，只能终止劳动合同。

根据《中华人民共和国公司法》的规定，因公司规定的解散事由出现、股东会或者股东大会决议等原因，用人单位提前解散的，其法人资格便不复存在，必须终止一切经营和与经营业务有关的活动，原有的债权债务关系包括与劳动者的劳动合同关系，也随主体资格的消亡而消灭。

6. 法律、行政法规规定的其他情形。法律规定不可能包含现实生活中出现的所有现象，因此，《中华人民共和国劳动合同法》将这一规定作为兜底条款。

5.6 "三金"的处理需要注意什么

在用人单位和劳动者的合作过程中,有时会出现违约的情况,这时候可能就涉及到要支付违约金、经济补偿金或赔偿金,简称"三金"。本节主要讲述"三金"是什么,以及如何正确对待"三金"。

5.6.1 违约金的处理方式

违约金是指按照当事人的约定或者法律直接规定,一方当事人违约的,应向另一方支付的金钱。违约金的标的物是金钱,但当事人也可以约定违约金的标的物为金钱以外的其他财产。

违约金具有担保合同履行的功效,又具有惩罚违约人和补偿无过错一方当事人所受损失的效果,当事人完全不履行或不适当履行合同时,必须按约定给付对方一定数额的金钱或者金钱以外的其他财产。

违约金是债的担保的一种,也是对违约的一种经济制裁。违约金的设立,是为了保证债的履行,即使对方没有遭受任何财产损失,也要按法律或合同的规定给付违约金。违约金的标准依法定或双方在合同中书面约定。

违约金有两种。

1. 惩罚性违约金。其作用全在惩罚,如果对方因违约而遭受财产损失,则违约一方除支付违约金外,还应另行赔偿对方的损失。

2. 补偿性违约金。这是对合同一方当事人因他方违约可能遭受的财产损失的一种预先估计,给付了违约金,即免除了违约一方赔偿对方所遭受的财产损失的责任;即使损失高于违约金,亦不再补偿。

《中华人民共和国民法典》第五百八十五条规定:"当事人可以约定一方违约时应当根据违约情况向对方支付一定数额的违约金,也可以约定因违约产生的损失赔偿额的计算方法。"

《中华人民共和国民法典》中违约金的性质主要是补偿性的,有限度地体现惩罚性。一方面,违约金的支付数额是"根据违约情况"确定的,即违约金的约定应当估计到一方违约而可能给另一方造成的损失,而不得约定与原来的损失不相称的违约金数额;另一方面,如果当事人约定的违约金的数额低于违约造成的损失的,当事人可以请求人民法院或仲裁机构予以适当增加,以使违约金与实际损失大体相当。

这明显体现了违约金的补偿性,将违约金作为一种违约救济措施,既保护债权人的利益,又激励当事人积极大胆从事交易活动和经济流转。

同时《中华人民共和国民法典》第五百八十五条又规定:"约定的违约金低

于造成的损失的，人民法院或者仲裁机构可以根据当事人的请求予以增加；约定的违约金过分高于造成的损失的，人民法院或者仲裁机构可以根据当事人的请求予以适当减少。"

即一般高于实际损失则无权请求减少，这一方面是为了免除当事人举证的烦琐，另一方面表明法律允许违约金在一定程度上高于损失，显然高于部分具有对违约方的惩罚性。

当事人就迟延履行约定违约金的，违约方支付违约金后，还应当履行债务。

由于违约金是当事人通过约定而预先确定，并且违约金在弥补守约方损失的同时，还具有对违约方的惩罚作用，因此，可以判断违约金具有担保属性。

违约金既是一种责任形式，又是一种独特的担保合同履行的方式。在合同中约定了违约金，那么拟违约的一方就会衡量其违约的后果，如果约定了明显具有惩罚性的违约金，尤其是违约金超过了因违约而带来的利益时，任何一个理智的人都会在权衡利弊后选择继续履行合同。因此，违约金具有担保属性，且惩罚性越强，担保效力越强。

5.6.2 经济补偿金的处理方式

经济补偿金是在劳动合同解除或终止后，用人单位依法一次性支付给劳动者的经济上的补助。我国法律一般称作"经济补偿"。我国劳动法、1994年劳动部发布的《违反和解除劳动合同的经济补偿办法》等规定了用人单位在与劳动者解除劳动合同时，应该按照一定标准一次性支付一定金额的经济补偿。

按照《中华人民共和国劳动法》和《违反和解除劳动合同的经济补偿办法》的相关规定，经济补偿金的支付标准应根据违反或解除合同的不同情况确定。《违反和解除劳动合同的经济补偿办法》对不同的补偿标准进行了更为明确的规定，它对用人单位向劳动者支付经济补偿金规定了4种标准补偿。

1. 违反《中华人民共和国劳动法》和合同约定，克扣拖欠工资、拒不支付延长工作时间工资报酬、支付低于当地最低工资标准的工资报酬的，用人单位应加发工资报酬和相当于低于当地最低工资标准部分25%的经济补偿金。

2. 对因劳动者患病、非因工负伤或不能胜任工作而解除劳动合同的，用人单位应按其在本单位工作年限，每满1年发给相当于1个月工资的经济补偿金，同时还应发给不低于6个月工资的医疗补助费。对患重病和绝症者，用人单位还应增加医疗补助费，患重病的增加部分不低于医疗补助费的50%，患绝症的增加部分不低于医疗补助费的100%。

3. 对经劳动合同当事人协商一致，由用人单位解除劳动合同的，或者劳动者不能胜任工作，经过培训或调换工作岗位后仍不能胜任，由用人单位解除合同的，用人单位应按其在本单位工作年限支付经济补偿金，工作时间每满1年，发给相当于1个月工资的经济补偿金。

4. 对劳动合同订立时所依据的客观情况发生重大变化，致使原劳动合同无法履行，经当事人协商不能就变更合同达成协议，用人单位解除合同的，或者用人单位濒临破产进行法定重整期间或生产经营状况发生严重困难，必须裁减人员的，用人单位应按劳动者在本单位工作年限支付经济补偿金，工作时间每满1年，发给相当于1个月工资的经济补偿金。

《中华人民共和国劳动合同法》第四十七条规定：经济补偿按劳动者在本单位工作的年限，每满一年支付一个月工资的标准向劳动者支付。六个月以上不满一年的，按一年计算；不满六个月的，向劳动者支付半个月工资的经济补偿。

劳动者月工资高于用人单位所在直辖市、设区的市级人民政府公布的本地区上年度职工月平均工资三倍的，向其支付经济补偿的标准按职工月平均工资三倍的数额支付，向其支付经济补偿的年限最高不超过十二年。

本条所称月工资是指劳动者在劳动合同解除或者终止前十二个月的平均工资。

其他情形下支付经济补偿金没有上述年限限制。

在经济补偿的工资计算标准这一问题上，最容易引发混淆和纠纷的地方常见于计发经济补偿的工资标准是否包括加班加点劳动报酬的问题。根据上述规定，企业在正常生产情况下，支付给职工的加班加点劳动报酬属于工资的组成部分，计发经济补偿金的工资标准应包括加班加点的劳动报酬。

2017年11月24日，人力资源和社会保障部正式发文（人社部发〔2017〕87号），宣布废止《违反和解除劳动合同的经济补偿办法》（劳部发〔1994〕481号）。

5.6.3　赔偿金的处理方式

赔偿金是指一方当事人因不履行或不完全履行合同义务而给对方当事人造成损失时，按照法律和合同的规定所应承担的损害赔偿责任。损害赔偿责任原则上以仅具有补偿性为原则，但以惩罚性为例外。根据公平和等价交换原则，任何民事主体一旦造成他人损害都必须以同等的财产予以赔偿。因此，一方违约后，必须赔偿对方因此所遭受的全部损失，包括合同履行后可以获得的利益。

赔偿金分为：约定损害赔偿金和法定损害赔偿金，其中法定损害赔偿金可细分为惩罚性法定损害赔偿金和补偿性法定损害赔偿金。民事责任包括违约责任以补偿为其首要的、基本的功能，惩罚是其例外的、补充性的功能。故如法律无特别规定，法定损害赔偿金原则上应为补偿性法定损害赔偿金。

第6章

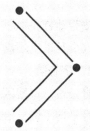

企业规章制度相关的法律风险防控

规章制度是用人单位实施岗位管理的基础，想要规范企业的工作流程，就必须有许多的规范来约束，这是企业完成生产任务的重要保证。随着市场机制和劳动用工制度的改革，企业的规章制度在企业管理中的作用越来越明显。

各个企业的规章制度各不相同，但是其作用和目的却只有一个，那就是防患于未然。建立一套合法高效的企业规章制度可以帮助企业避免很多法律风险，企业要想做大、做强，就必须要先立制建章，建立适合本企业发展的规章制度。

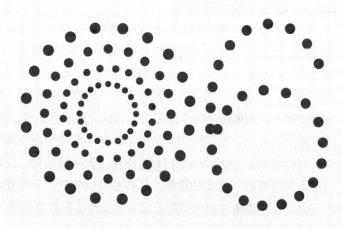

6.1 规章制度需要注意什么

规章制度,是指用人单位制定的组织劳动过程和进行劳动管理的规则和制度的总和,也称为内部劳动规则,是企业内部的"法律"。规章制度内容广泛,包括了用人单位经营管理的各个方面。

6.1.1 制定规章制度要遵循什么原则

根据 1997 年 11 月劳动部颁发的《劳动部关于对新开办用人单位实行劳动规章制度备案制度的通知》,规章制度主要包括:劳动合同管理、工资管理、社会保险福利待遇、工时休假、职工奖惩,以及其他劳动管理规定。

国有国法,家有家规。一套完整的规章制度可以使用人单位有序地运转。规章制度是企业现代化建设的需要,它能够明确指引员工的行为,有利于调动员工的积极性。只有合法的规章制度才能帮助企业抵御劳动争议,实现稳步发展。

用人单位的规章制度既要符合法律、法规的规定,也要合理,符合社会道德。实践中有些用人单位的规章制度不违法,但不合理、不适当。如有的企业规章制度规定一顿饭只能几分钟吃完,一天只能上几次厕所、一次只能几分钟等。这些虽然不违法法律、法规的规定,但不合理,应当有纠正机制。

因此,在规章制度实施过程中,工会或者员工认为用人单位的规章制度不适当的,有权向用人单位提出,通过协商做出修改完善。

规章制度是劳动合同的一部分,要让劳动者遵守执行,就应当让劳动者知道。因此,直接涉及劳动者切身利益的规章制度应当公示,或者告知劳动者。告知的方式有很多种。实践中,有的用人单位是在企业的告示栏张贴告示,有的用人单位是把规章制度作为劳动合同的附件发给劳动者,有的用人单位是向每个劳动者发放员工手册。无论哪种方式,只要让劳动者知道就可以。

企业的规章制度是体现企业与劳动者在共同劳动中所必须遵守的劳动行为规范的总和。依法制定规章制度是企业内部的"立法",是企业规范运行和行使用人权的重要方式之一,企业应最大限度地利用和行使好法律赋予的这一权利。

聪明的企业都看到了这一点,但实践中还有很多企业并未对此予以重视,认为反正有国家法律法规,出了事按国家法律法规处理就行,其实不然。国家的法律法规不太可能针对某个单位的具体情况，而企业的具体情况是千变万化的，有各自特色的。成功企业的制度，其效果是使企业运行平稳、流畅、高效，并可基本上防患于未然。

可以说规章制度的主要功能是：规范管理，能使企业经营有序，增强企业的竞争实力；制定规则，能使员工行为合矩，提高管理效率。它的意义就在于：制定企业规章制度是建立现代企业制度的需要；制定企业规章制度是规范指引企业部门工作与职工行为的需要；企业的规章制度是完善劳动合同制、解决劳动争议不可缺少的有力手段。

6.1.2　规章制度的法定生效条件是什么

一个合法有效的规章制度并不是只有内容合法那么简单，它还必须具备以下条件，才能生效。

1. 制定规章制度的主体必须合法。有权以用人单位名义制定劳动规章制度的，应该是该用人单位有权对单位的各个组成部分和全体职工实行全面和统一管理的机构。企业的车间、班组等其他组织虽然可以参与用人单位劳动规章制度的制定，但是无权以公司的名义发布，不具有用人单位劳动规章制度的制定主体资格。

2. 企业规章制度的制定必须经过民主程序表决。只有经过民主程序表决的规章制度才有生效的可能。规章制度必须出自企业的有权部门，或经其审查批准。此处的有权部门指的并非用人单位的厂长、总经理或者是董事会和监事会。

按照《中华人民共和国劳动合同法》第四条的规定，企业涉及职工切身利益的规章制度必须经过职工代表大会或全体职工大会以及法律规定的其他民主形式通过。如果规章制度没有经过民主程序，那它必然是无效的。当然，民主是相对的，并不是说所有的员工都同意，规章制度才能通过，大多数员工通过即可。

3. 用人单位制定的规章制度必须向员工明示之后才能生效，一套没有经过明示的规章制度是无效的。规章制度是企业对所聘员工的行为规范，作为用人单位内部的规章制度，更应该对其适用的人公示。未经公示的规章制度会导致员工无所适从，因此对职工不具有约束力。

很多企业都曾经向职工明示过规章制度，如张贴告示、发放劳动者手册等形式。但是很多企业都没有将其书面化，这样导致的后果就是一旦用人单位与劳动者发生纠纷，在负举证责任的时候，用人单位会显得非常被动。

案例

肖某是四川一家外资企业的职工。公司拥有 5 辆公车，主要用于载送经理开会等。肖某在这家公司里的岗位是公车司机。有时候经理工作不太忙，肖某便开着公司里的车办自己的事。

2016年10月，肖某趁国庆公司放假之际，偷偷将车开了出去，后被领导发现，肖某受到罚款处理。被处罚的肖某并没有吸取教训。第二年春节期间，他又偷偷把车开出去带全家旅游。

为了不让公司发现，他把汽车里的汽油加满，还把计程器往回调了调。不料想，在肖某快要把车送回单位时，碰上了经理。第二天，该用人单位以肖某偷开公车、屡教不改为由，与肖某解除了劳动合同。

肖某对此很不服气。他认为，公司从来没有向他宣传过规章制度。于是，肖某以公司从未向他明示过规章制度、处理过重为由，向当地的劳动争议仲裁委员会申请仲裁。

在仲裁的过程中，公司声称，公司有《业务规定》。入职培训的时候公司就曾经明确地告诉过劳动者，司机岗位的工作人员未经批准不得驾驶公车外出，但是肖某却对此置若罔闻，屡屡违反。因此，根据《中华人民共和国劳动法》第二十五条第二项的规定，公司解除了与肖某的劳动合同。

案例分析

本案例的核心在于该公司是否履行了明示规章制度的义务，该公司的规章制度是否能够约束肖某。当地劳动争议仲裁委员会的审理机关合议后认为，在用人单位和劳动者就规章制度的明示与否发生争议时，用人单位负主要举证责任。通过民主程序制定的规章制度，不违反国家法律、行政法规及政策规定，并已向劳动者公示的，可以作为人民法院审理劳动争议案件的依据。

但是该公司却拿不出双方签订了确定书或者是任何能够证明确实将规章制度明示给肖某的证据，因此该公司以肖某违纪而与其解除劳动合同缺乏明示程序，违反了我国的法律规定，故裁决公司败诉。

本来是劳动者违背了公司的纪律和规章，只因为缺乏有效的明示证据，用人单位就承担了解除劳动合同的损失。所以，用人单位在制定规章制度的时候，一定要严格地遵循法律规定的程序，做到程序合法。

连线法条

1.《中华人民共和国劳动合同法》

第四条　用人单位应当依法建立和完善劳动规章制度，保障劳动者享有劳动权利、履行劳动义务。

用人单位在制定、修改或者决定有关劳动报酬、工作时间、休息休假、劳动安全卫生、保险福利、职工培训、劳动纪律以及劳动定额管理等直接涉及劳动者切身利益的规章制度或者重大事项时，应当经职工代表大会或者全体职工讨论，提出方案和意见，与工会或者职工代表平等协商确定。

　　在规章制度和重大事项决定实施过程中，工会或者职工认为不适当的，有权向用人单位提出，通过协商予以修改完善。

　　用人单位应当将直接涉及劳动者切身利益的规章制度和重大事项决定公示，或者告知劳动者。

　　2.《中华人民共和国劳动法》

　　第二十五条　劳动者有下列情形之一的，用人单位可以解除劳动合同：

　　（一）在试用期间被证明不符合录用条件的；

　　（二）严重违反劳动纪律或者用人单位规章制度的；

　　（三）严重失职，营私舞弊，对用人单位利益造成重大损害的；

　　（四）被依法追究刑事责任的。

6.1.3　规章制度的法定修改程序是什么

　　根据我国相关法律的规定，制定规章制度或者决定重大事项，应当经职工代表大会或者全体职工讨论，提出方案和意见，与工会或者职工代表平等协商确定。所以，规章制度的制定程序分为两个步骤：第一步是经职工代表大会或者全体职工讨论，提出方案和意见；第二步是与工会或者职工代表平等协商确定。

　　一般来说，企业建立了工会的，与企业工会协商确定；没有建立工会的，与职工代表协商确定。这种程序，可以说是"先民主，后集中"。

　　用人单位制定的规章制度，既要符合法律、法规的规定，也要符合社会道德。用人单位制定的规章制度不可能是完美无瑕的，或多或少都有不合理的地方存在。因此，在规章制度和重大事项规定实施的过程中，工会或者职工认为不适当的，有权向用人单位提出，通过协商予以修改。

　　综上，用人单位在制定或修改规章制度时，一定要召开职工代表大会或者全体职工大会，并且开会的决议结果要由参加会议的代表签字。

6.2　集体合同需要注意什么

　　集体合同是个别劳动生产关系发展到一定阶段的产物，是弥补个别劳动关系法律调整机制的缺陷，以均衡为目的重构劳动关系的重要法律依据。作为调整劳动关系的重要手段，集体合同已经被世界各国采用。在中国，集体合同不仅是市场经济下调整劳动关系的重要手段，也是促进社会和谐共生的重要保障。

6.2.1 什么是集体合同

集体合同，是指企业职工一方与用人单位就劳动报酬、工作时间、休息休假、劳动安全卫生、职业培训、保险福利等事项，通过集体协商达成的，以完成生产任务和改善职工的物质生活条件、劳动条件为中心内容的书面协议，称"劳动协议""团体协约""联合工作合同"等。

《中华人民共和国劳动合同法》第五十一条规定如下。

企业职工一方与用人单位通过平等协商，可以就劳动报酬、工作时间、休息休假、劳动安全卫生、保险福利等事项订立集体合同。集体合同草案应当提交职工代表大会或者全体职工讨论通过。

集体合同由工会代表企业职工一方与用人单位订立；尚未建立工会的用人单位，由上级工会指导劳动者推举的代表与用人单位订立。

集体合同首先具有的是一般合同的共同特征，即平等主体基于平等、自愿协商而订立的规范双方权利和义务的协议。除此以外，集体合同还具有其自身特征。

1. 集体合同是特定的当事人之间订立的协议。在集体合同中当事人一方是代表职工的工会组织或职工代表，另一方是用人单位。当事人中至少有一方是由多数人组成的团体。特别是职工方，必须有工会或职工代表参加，集体合同才能成立。

2. 集体合同内容包括劳动报酬、工作时间、休息休假、劳动安全卫生、保险福利等事项。在集体合同中，劳动标准是集体合同的核心内容，对个人劳动合同起制约作用。

3. 集体合同的双方当事人的权利义务不均衡。其基本上都是强调用人单位的义务，如为劳动者提供合法的劳动设施和劳动条件。

4. 集体合同采取要式合同的形式，需要报送劳动行政部门登记、审查、备案方为有效。

5. 集体合同受到国家宏观调控计划的制约，就效力来说，集体合同效力高于劳动合同，劳动合同规定的职工个人劳动条件和劳动报酬标准，不得低于集体合同的规定。

6. 集体合同是一项劳动法律制度。

7. 集体合同适用于各类不同所有制企业。

8. 集体合同的订立，主要通过劳动关系双方的代表或双方的代表组织自行交涉解决。

9. 集体合同制度的运作十分灵活，没有固定模式，并且经法定程序订立的集体合同，对劳动关系双方具有约束力。

10. 集体合同制度必须遵循的一项重要原则，就是劳动关系双方在平等自愿的基础上相互理解和相互信任。

6.2.2 如何依法制定集体合同

集体合同的制定程序是怎样的呢？

1. 形成草案。集体合同应由工会代表职工与企业签订，没有建立工会的企业，由职工推举的代表与企业签订。一般情况下，各个企业应当成立集体合同起草委员会或者起草小组，主持起草集体合同。

起草委员会或者起草小组由企业行政部门和工会各派代表若干人，推举工会和企业行政代表各一人为主席或组长和副主席或副组长。起草委员会或者起草小组应当深入调查研究，广泛征求各方面的意见和要求，提出集体合同的初步草案。

2. 审议。将集体合同草案文本提交职工大会或职工代表大会审议。职工大会或职工代表大会审议时，由企业经营者和工会主席分别就协议草案的产生过程、依据及涉及的主要内容做说明，然后由职工大会或职工代表大会对协议草案文本进行讨论，做出审议决定。

劳动和社会保障部于2004年公布的《集体合同规定》第三十六条规定：经双方协商代表协商一致的集体合同草案或专项集体合同草案应当提交职工代表大会或者全体职工讨论。

职工代表大会或者全体职工讨论集体合同草案或专项集体合同草案，应当有2/3以上职工代表或者职工出席，且须经全体职工代表半数以上或者全体职工半数以上同意，集体合同草案或专项集体合同草案方获通过。

3. 签字。集体合同草案经职工大会或职工代表大会审议通过后，由双方首席代表签字。

4. 登记备案。集体合同签订后，应自双方首席代表签字之日起10日内，由用人单位一方将集体合同的文本及其各部分附件一式三份提请县级以上劳动保障行政部门审查。劳动保障行政部门有审查集体合同内容是否合法的责任，如果发现集体合同中的项目与条款有违法、失实等情况，可不予登记或暂缓登记，发回企业对集体合同进行修正。

如果劳动保障行政部门在收到集体合同文本之日起15日内，没有提出意见，集体合同即发生法律效力，企业行政、工会组织和职工个人均应切实履行。

5. 公布。集体合同一经生效，企业应及时向全体职工公布。

通过上述程序可以看出，集体合同的产生除要经过双方代表协商、职代会审议通过、首席代表签字程序以外，劳动保障行政部门依法对集体合同进行审查，是集体合同生效的必经程序。

劳动保障行政部门在收到集体合同文本后15日内未提出异议的，集体合同即日生效。报送单位应以适当方式予以公布。劳动保障行政部门提出异议，用人单位就异议事项经协商重新签订集体合同的，应按照报送程序重新报送劳动保障行政部门审查。

此外，就变更和解除集体合同的程序而言，《集体合同规定》第四十一条规定：变更或解除集体合同或专项集体合同适用本规定的集体协商程序。

集体合同的终止，是指双方当事人约定的集体合同期满或者集体合同终止条件出现，以及集体合同一方当事人不存在，无法继续履行劳动合同时，立即终止劳动合同的法律效力。

《集体合同规定》第三十八条规定：集体合同或专项集体合同期限一般为1至3年，期满或双方约定的终止条件出现，即行终止。

案例

2017年4月，北京某外资地暖设备有限公司准备在企业内建立工会，并借此契机建立集体协商机制。经公司管理部推荐和所在地总工会协调指导，小王被选举为企业工会主席。此后他着手准备启动集体协商程序并签订公司的第一份集体合同。他为双方协商挑选好了合适的平等协商代表，但是他一直不清楚从哪一个环节启动集体协商程序。

现在，小王作为公司的工会主席，这些问题还是得由他来处理。于是他找到当地总工会征询意见，总工会的相关负责人热情接待了他，并向他详细讲解了平等协商和签订集体合同的流程。回到公司以后，按照总工会的说法和本公司已有的实践，小王顺利地主持了集体协商程序，并且最终如其所愿签订了该公司的第一份集体合同。

案例分析

集体合同生效的前提就是用人单位和劳动者协商一致，达成合意。而想要签订集体合同，就必须启动集体合同协商机制。因此，就集体合同的制定来说，用人单位应该首先召开协商会议，其次形成集体合同草案后需要经过职工代表大会的讨论，最后集体合同草案要经由当地劳动保障行政部门的备案式审查后才能生效。

在本案例中，小王从谋划集体协商，到最后集体合同的签订，均符合法律的规定。其签订的集体合同，也属于一份有效、合法的集体合同。

连线法条

1.《中华人民共和国劳动合同法》

第五十一条　企业职工代表与用人单位通过平等协商，可以就劳动报酬、工作时间、休息休假、劳动安全卫生、保险福利等事项订立集体合同。集体合同草案应当提交职工代表大会或者全体职工讨论通过。

集体合同由工会代表企业职工一方与用人单位订立；尚未建立工会的用人单位，由上级工会指导劳动者推举的代表与用人单位订立。

第五十二条　企业职工一方与用人单位可以订立劳动安全卫生、女职工权益保护、工资调整机制等专项集体合同。

第五十三条　在县级以下区域内，建筑业、采矿业、餐饮服务业等行业可以由工会与企业方面代表订立行业性集体合同，或者订立区域性集体合同。

第五十四条　集体合同订立后，应当报送劳动行政部门；劳动行政部门自收到集体合同文本之日起十五日之内未提出异议的，集体合同即行生效。

依法订立的集体合同对用人单位和劳动者具有约束力。行业性、区域性集体合同对当地本地行业、本区域的用人单位和劳动者具有约束力。

第五十五条　集体合同中劳动报酬和劳动条件等标准不得低于当地人民政府规定的最低标准；用人单位与劳动者订立的劳动合同中劳动报酬和劳动条件等标准不得低于集体合同规定的标准。

第五十六条　用人单位违反集体合同，侵犯职工劳动权益的，工会可以依法要求用人单位承担责任；因履行集体合同发生争执，经协商解决不成的，工会可以依法申请仲裁、提起诉讼。

2.《集体合同规定》

第三十八条　集体合同或专项集体合同期限一般为1至3年，期满或双方约定的终止条件出现，即行终止。

集体合同或专项集体合同期满前3个月内，任何一方均可向对方提出重新签订或续订的要求。

第四十二条　集体合同或专项集体合同签订或变更后，应当自双方首席代表签字之日起10日内，由用人单位一方将文本一式三份报送劳动保障行政部门审查。

…………

第四十七条 劳动保障行政部门自收到文本之日起15日内未提出异议的，集体合同或专项集体合同即行生效。

6.2.3 集体合同的主要内容有哪些

根据《中华人民共和国劳动合同法》第五十一条和《集体合同规定》第八条的规定，集体合同应当包括以下内容。

（1）劳动报酬；

（2）工作时间；

（3）休息休假；

（4）劳动安全卫生；

（5）保险福利；

（6）职工培训；

（7）劳动纪律；

（8）劳动定额；

（9）集体合同期限；

（10）变更、解除、终止集体合同的协商程序；

（11）双方履行集体合同的权利和义务；

（12）履行集体合同发生争议时协商处理办法；

（13）违反集体合同的责任；

（14）法律法规规定的其他内容。

6.2.4 集体合同和劳动合同的区别是什么

集体合同和劳动合同的区别主要在于以下5点。

1. 主体不同。集体合同的当事人一方是企业，另一方是工会组织或劳动者按照合法程序推举的代表；劳动合同的当事人是企业和劳动者个人。

2. 内容不同。集体合同的内容是关于企业的一般劳动条件标准的约定，以全体劳动者共同权利和义务为内容；劳动合同的内容只涉及单个劳动者的权利义务。

3. 功能不同。协商订立集体合同的目的是规定企业的一般劳动条件，为劳动关系的各个方面设定具体标准，并作为单个劳动合同的基础和指导原则；劳动合同的目的是确立劳动者和企业的劳动关系。

4. 法律效力不同。集体合同规定企业的最低劳动标准，凡劳动合同约定的标准低于集体合同的标准一律无效，故集体合同的法律效力高于劳动合同。

5. 签订程序不同。集体合同需要由职工代表与用人单位先行协商合同草案，经职工代表大会或者全体职工讨论通过后方可签订；而劳动合同是由职工本人与用人单位直接签订。

在适用范围以及高效性上，与劳动合同相比，集体合同有以下9点优势。

1. 在签订劳动合同时，单个劳动者处于弱势而不足以同用人单位相抗衡，因而难以争取到公平合理的劳动条件。由工会代表全体劳动者同用人单位签订集体合同，就可以规定集体劳动条件，集体劳动条件是本单位内的最低个人劳动条件。因此，集体合同能够纠正和防止劳动合同对于劳动者的过分不公平，使之比较公平合理，也使劳动关系双方取得基本的平衡。

2. 许多在劳动合同中难以涉及的职工整体利益问题，可通过集体合同进行约定，如企业工资水平的确定、劳动条件的改善、集体福利的提高等。根据工资方面的法律规定，用人单位在制定工资分配和工资支付制度时应当听取工会和职工代表大会的意见，这实际上就是工资集体协商的基础。

3. 在劳动合同的有效期内，如果企业经营状况和社会经济形势等因素发生了较大变化，那么可以通过集体合同调整和保障劳动者的利益。根据劳动法的有关规定，用人单位需要裁减人员，应当征求全体职工意见。因此，在集体合同中明确规定这方面的内容，实际上是将经济性裁员规范化，有利于社会的稳定。

4. 劳动关系的内容涉及方方面面，如果事无巨细均由劳动合同规定，那么每份劳动合同都将成为一本具有相当篇幅的小册子，订立一份劳动合同将成为一件很不容易的事情。

通过集体合同对劳动关系的内容进行全面规定之后，劳动合同只需就单个劳动者的特殊情况做出规定即可，这样就会大大简化劳动合同的内容，也会大大降低签订劳动合同的成本。由于集体合同和劳动合同具有上述作用，集体合同被认为是劳动合同的"母合同"。

5. 实行集体合同制度，有利于从整体上维护职工的劳动权益，更好地保护劳动者个人的合法权益，调动职工生产劳动的积极性、主动性和创造性，增强职工的企业主人翁意识，实现劳动法维护职工合法权益的根本立法宗旨，体现中国社会主义市场经济制度的优越性。

6. 实行集体合同制度，在劳动关系的调整上可以在国家劳动法律法规的调整与劳动合同的调整中间增加集体合同的调整这一层次，实现对劳动关系的多方位、多层次调整。

集体合同对劳动关系的调整，同一般的劳动法律法规相比对不同企业劳动关系的针对性比较强，同时也有利于消除或弥补劳动合同存在的某些随意性，给企业劳动关系的调整提供一种新机制，从而使企业劳动关系更和谐、更稳定、更巩固，更有利于促进企业发展。

7. 实行集体合同制度，有利于更好地发挥工会在稳定企业劳动关系中的积极作用，使工会协调劳动关系和维护职工劳动权益的职能发挥得更直接、更生动、更有效，使工会的"维权"职能实现法治化。

8. 实行集体合同制度，有利于缓和和解决劳动争议和劳动矛盾，有利于劳动争议案件的减少和处理，有利于职工和企业之间的沟通和理解，有利于维护和发展企业生产经营的良好秩序，促进企业的稳定和发展。

9. 实行集体合同，有利于政府从"救火队"到"裁决者"的角色转变。当前很多劳动纠纷，劳动者权益受到侵害，社会容易把矛头都指向政府。如果国家有健全的集体合同法律制度，如果用人单位实行集体合同制度，劳动者完全可以通过自己的力量维护自身权益，政府居中裁决，政府的压力也将大大减轻。

6.2.5 集体合同具有什么样的法律效力

集体合同的法律效力是指集体合同的法律约束力。

《中华人民共和国劳动法》第三十五条规定："依法签订的集体合同对企业和企业全体职工具有约束力。职工个人与企业订立的劳动合同中劳动条件和劳动报酬等标准不得低于集体合同的规定。"《中华人民共和国劳动合同法》第五十四条第二款规定："依法订立的集体合同对用人单位和劳动者具有约束力。行业性、区域性集体合同对当地本行业、本区域的用人单位和劳动者具有约束力。"

可见，凡符合法律规定的集体合同，一经签订就具有法律效力。集体合同的法律效力包括以下几个方面。

1. 集体合同对人的法律效力。集体合同对人的法律效力是指集体合同对什么人具有法律约束力。根据《中华人民共和国劳动法》的规定，依法签订的集体合同对用人单位和用人单位全体劳动者具有约束力。这种约束力表现在：集体合同双方当事人必须全面履行集体合同规定的义务，任何一方都不得擅自变更或解除集体合同。

集体合同的当事人如果违反集体合同的规定，就要承担相应的法律责任。劳动者个人与用人单位订立的劳动合同中有关劳动条件和劳动报酬等标准不得低于集体合同的规定。

2. 集体合同的时间效力。集体合同的时间效力是指集体合同从什么时间开始发生效力，什么时间终止其效力。集体合同的时间效力通常以其存续时间为标准，一般从集体合同成立之日起生效。当事人另有约定的，应在集体合同中明确规定。集体合同的期限（一般为 1～3 年）届满，其效力终止。

3. 集体合同的空间效力。集体合同的空间效力是指集体合同规定的对于哪些地域，哪些从事同一产业的劳动者、用人单位所具有的约束力。

6.2.6　集体合同的生效条件有哪些

集体合同的生效条件有以下 4 点。

1. 集体合同的签订应建立在集体协商的基础上。集体协商是指企业工会或职工代表与相应的企业代表为签订集体合同进行商谈的行为。集体协商应遵守法律、法规的规定和平等、合作的原则。

2. 集体协商的内容、时间、地点应由双方共同商定。在不违反有关保密规定和不涉及企业商业秘密的前提下，协商双方有义务向对方提供与集体协商有关的情况说明或资料。

3. 集体合同的期限为 1～3 年，合同期限内，双方代表可对集体合同内容进行变更或解除。由于签订集体合同的环境和条件发生变化，集体合同难以履行时，集体合同任何一方均可提出变更或解除集体合同的要求。一方提出变更或修订或解除集体合同时，另一方应给予答复，并在 7 天内双方进行协商。

4. 集体合同的签订应建立在集体协商的基础上，由企业工会（未建立工会的由职工民主推举的代表或上级工会组织委派代表）代表职工一方与用人单位指派的代表，就劳动条件、劳动报酬、福利待遇等进行协商，达成一致后形成集体合同草案，提交职工代表大会或全体职工讨论。

经讨论通过，由协商双方首席代表签字，并在签字后 10 日内将集体合同文本报劳动保障行政部门审查，劳动保障行政部门自收到集体合同之日起 15 日内未提出异议的，集体合同即行生效。

案例

小张是海南省某乡镇企业的工会主席。2017 年 1 月，他代表全体职工与公司签订了一份集体合同。经过公示等一系列程序，这份集体合同开始在这家公司被使用。

1 个月后，公司新招聘的员工小海因工资报酬的事情对集体合同提出了质疑。事情的经过是这样的：小海是该公司新招聘进来的一名员工，与公司签订了 3 年的劳动合同，约定小海每月的工资为 1 300 元（允许额外兼职），每天工作 8 小时。

1个月之后，小海看到了当地最新公布的最低工资标准为1 509元。小海认为，自己的工资应该至少为1 509元，要求公司与自己变更劳动合同，将工作报酬更改为每月1 509元。而公司则称集体合同中有规定：允许额外兼职的员工其工资不得高于1 300元，因此公司付给小海的工资明显符合集体合同的规定。但是小海却说集体合同并没有交由当地劳动行政部门审核备案，并没有生效。

协商不成，于是小海立即向当地劳动争议仲裁委员会申请仲裁，要求该公司提高自己的工资。仲裁委员会经审理，发现该公司的集体合同确实没有上报当地劳动保障行政部门。按照我国法律的规定，不上报的集体合同无效。

除此之外，该集体合同中关于工资的限制侵犯了劳动者的权利，违反了我国规定的最低工资的要求，因此，这份集体合同不对任何员工产生效力。最终，仲裁委员会责令该公司立即给小海补发工资，并且变更劳动合同中关于报酬的约定。

连线法条

《中华人民共和国劳动合同法》

第五十五条 集体合同中劳动报酬和劳动条件等标准不得低于当地人民政府规定的最低标准；用人单位与劳动者订立的劳动合同中劳动报酬和劳动条件等标准不得低于集体合同规定的标准。

第五十六条 用人单位违反集体合同，侵犯职工劳动权益的，工会可以依法要求用人单位承担责任；因履行集体合同发生争议，经协商解决不成的，工会可以依法申请仲裁、提起诉讼。

第 7 章

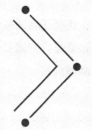

员工保险福利管理的法律风险防控

随着人才竞争的日趋激烈，用人单位除了想方设法给劳动者提供有吸引力的工资报酬之外，保险福利也成了用人单位竞争的一种方式。保险福利的发放，体现的是企业的人性化关怀，比普通的工资报酬更能凝聚人心、增强劳动者的归属感和认同感。

但是，在发放福利的同时，不能放松对法律风险的防控。在设置保险福利的时候，用人单位首先应该研究福利的功能以及设置福利后所产生的效果，同时还必须注意防止公司掉入保险福利管理的泥沼中。

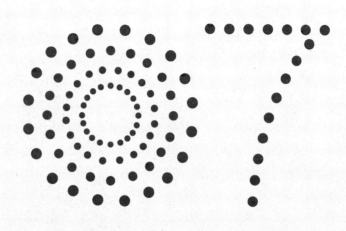

7.1 社会保险需要注意什么

国家依法建立社会保险制度，设立社会保险基金，使劳动者在失业、疾病、工伤、年老、生育等情况下获得帮助和经济补偿，以保障他们的基本生活和医疗。社会保险具有强制性、保障性、福利性和普遍性等特点，对保障广大劳动者的合法权益、维护社会安定、促进社会经济发展具有重要作用。

7.1.1 什么是社会保险

社会保险是国家通过立法建立起的一种社会保障制度，其目的是为丧失劳动能力、暂时失去劳动岗位或因健康原因造成损失的人口提供收入或补偿。

社会保险的主要项目包括养老保险、医疗保险、失业保险、工伤保险、生育保险。社会保险制度强制某一群体将其收入的一部分作为社会保险税（费）形成社会保险基金，在满足一定条件的情况下，被保险人可从基金获得固定的收入或损失的补偿。它是一种再分配制度，它的目标是保证物质及劳动力的再生产和社会的稳定。

在我国，社会保险是社会保障体系的重要组成部分，其在整个社会保障体系中居于核心地位。另外，社会保险是一种缴费性的社会保障，资金主要由用人单位和劳动者本人缴纳，政府财政给予补贴并承担最终的责任。但是劳动者只有履行了法定的缴费义务，并在符合法定条件的情况下，才能享受相应的社会保险待遇。

7.1.2 社会保险有哪些特点

社会保险具有以下几个特点。

1. 社会保险的客观基础，是劳动领域中存在的风险，保险的标的是劳动者的人身。

2. 社会保险的主体是特定的。包括劳动者（含其亲属）与用人单位。

3. 社会保险属于强制性保险。

4. 社会保险的目的是维持劳动力的再生产。

5. 保险基金来源于用人单位和劳动者的缴费及财政的支持。

保险对象范围限于职工，不包括其他社会成员。保险内容范围限于劳动风险中的各种风险，不包括此外的财产、经济等风险。

之所以设置社会保险，主要是因为社会保险不同于商业保险，它可以稳定社会生活，促进社会资源的再分配，促进社会经济发展。

现实中，越是发达的地区，员工对于社保的重视程度越高。尤其是一线城市，因为和买房买车资格挂钩，社会保险已经成为找工作的重要标准。

个人缴纳社会保险和单位缴纳的社会保险是不同的，主要有两种不同。

1. 缴费险种不同。以个人身份缴纳的社会保险只有养老保险和医疗保险两种。按照规定，灵活就业的人员，以个人名义自愿参加基本医疗保险和基本养老保险，不纳入失业、工伤和生育保险的参保人群范围。

而且，单位为职工缴纳社保是带有强制性的，《中华人民共和国劳动法》第七十二条规定："社会保险基金按照保险类型确定资金来源，逐步实行社会统筹。用人单位和劳动者必须依法参加社会保险，缴纳社会保险费。"

2. 缴费比例不同。养老、医疗和失业保险是由个人和企业分别缴纳的，一般企业占大头。工伤保险和生育保险是不需要个人缴纳的，全部由企业缴纳。而以个人身份缴纳社会保险费则需要全部由个人负担。

7.1.3　社会保险和商业保险有什么不同

社会保险和商业保险有什么不同呢？

1. 二者的实施目的不同。社会保险是为社会成员提供必要时的基本保障，不以营利为目的；商业保险则是保险公司的商业化运作，以营利为目的。

2. 二者的实施方式不同。社会保险是根据国家立法强制实施；商业保险是遵循"契约自由"原则，由企业和个人自愿投保。

3. 二者的实施主体和对象不同。社会保险由国家成立的专门性机构进行基金的筹集、管理及发放，其对象是法定范围内的社会成员；商业保险是保险公司来经营管理的，被保险人可以是符合承保条件的任何人。

4. 二者的保障水平不同。社会保险为被保险人提供的保障是最基本的，其水平高于社会贫困线，低于社会平均工资的50%，保障程度较低；商业保险提供的保障水平完全取决于保险双方当事人的约定和投保人所缴保费的多少，只要符合投保条件并有一定的缴费能力，被保险人可以获得高水平的保障。

7.1.4　用人单位逃避缴纳社会保险有什么后果

不缴纳或者少缴纳社会保险，是很多用人单位与劳动者发生劳动争议最常见的情形之一。不少用人单位为了节省公司开支，不给员工缴纳社会保险或者少缴纳社会保险，这些做法都是错误的，是要承担法律后果的。

案例

小陈是宁夏某公司的业务员，由于业务流动性比较大，而公司为了节省开支，索性就没有给小陈缴纳社会保险。初入职场的小陈不敢得罪公司，便没有说什么。

在小陈工作了一年半之后，又有一家公司以高薪聘请小陈，于是小陈便以该公司未依法缴纳社会保险为由，向当地的劳动争议仲裁委员会申请仲裁，要求与该公司解除劳动合同，并且要求用人单位依法向自己支付经济补偿金，补缴社会保险。

最后，仲裁委员会经审查，责令该公司立即给小陈补缴社会保险，解除劳动合同，并支付给小陈1个月的经济补偿金。

案例分析

在这个案例中，公司最开始不缴纳社会保险的初衷是节省开支，但是到最后，开支不但没有节省下，还多支付了经济补偿金，失去了一名优秀的员工，败坏了公司的名声，真是得不偿失。如果公司根据法律的规定，依法为小陈缴纳了社会保险，那么如果小陈想要主动离职，公司是不需要支付任何费用的。

在我国，如果用人单位不为劳动者依法缴纳社会保险，那么根据《中华人民共和国劳动合同法》第三十八条的规定，劳动者有权解除劳动合同，要求支付经济补偿金，同时，劳动者还可以到劳动监察部门投诉，要求补缴。

连线法条

《中华人民共和国社会保险法》

第八十四条　用人单位不办理社会保险登记的，由社会保险行政部门责令限期改正；逾期不改正的，对用人单位处应缴社会保险费数额一倍以上三倍以下的罚款，对其直接负责的主管人员和其他直接责任人员处五百元以上三千元以下的罚款。

第八十五条　用人单位拒不出具终止或者解除劳动关系证明的，依照《中华人民共和国劳动合同法》的规定处理。

第八十六条　用人单位未按时足额缴纳社会保险费的，由社会保险费征收机构责令限期缴纳或者补足，并自欠缴之日起，按日加收万分之五的滞纳金；逾期仍不缴纳的，由有关行政部门处欠缴数额一倍以上三倍以下的罚款。

第八十七条　社会保险经办机构以及医疗机构、药品经营单位等社会保险服务机构以欺诈、伪造证明材料或者其他手段骗取社会保险基金支出的，由社会保险行政部门责令退回骗取的社会保险金，处骗取金额二倍以上五倍以下的罚款；属于社会保险服务机构的，解除服务协议；直接负责的主管人员和其他直接责任人员有执业资格的，依法吊销其执业资格。

第八十八条　以欺诈、伪造证明材料或者其他手段骗取社会保险待遇的，由社会保险行政部门责令退回骗取的社会保险金，处骗取金额二倍以上五倍以下的罚款。

第八十九条　社会保险经办机构及其工作人员有下列行为之一的，由社会保险行政部门责令改正；给社会保险基金、用人单位或者个人造成损失的，依法承担赔偿责任；对直接负责的主管人员和其他直接责任人员依法给予处分：

（一）未履行社会保险法定职责的；

（二）未将社会保险基金存入财政专户的；

（三）克扣或者拒不按时支付社会保险待遇的；

（四）丢失或者篡改缴费记录、享受社会保险待遇记录等社会保险数据、个人权益记录的；

（五）有违反社会保险法律、法规的其他行为的。

第九十条　社会保险费征收机构擅自更改社会保险费缴费基数、费率，导致少收或者多收社会保险费的，由有关行政部门责令其追缴应当缴纳的社会保险费或者退还不应当缴纳的社会保险费；对直接负责的主管人员和其他直接责任人员依法给予处分。

第九十一条　违反本法规定，隐匿、转移、侵占、挪用社会保险基金或者违规投资运营的，由社会保险行政部门、财政部门、审计机关责令追回；有违法所得的，没收违法所得；对直接负责的主管人员和其他直接责任人员依法给予处分。

第九十二条　社会保险行政部门和其他有关行政部门、社会保险经办机构、社会保险费征收机构及其工作人员泄露用人单位和个人信息的，对直接负责的主管人员和其他直接责任人员依法给予处分；给用人单位或者个人造成损失的，应当承担赔偿责任。

7.1.5　试用期内是否需要缴纳社会保险

在实务中，不少用人单位在试用期内不为劳动者缴纳社会保险，而是转正以后才开始为员工缴纳社会保险，其实这样的做法是错误的，是违反我国法律规定的。

企业与员工签订劳动合同正式用工之日起，就应当为员工缴纳各种保险，如果确实由于员工自身的原因导致社会保险手续一时无法转过来，用人单位也应该及时将该情况告知员工，并让其出具书面的确认书，还要不断督促员工尽早办理好社会档案手续。

案例

2015 年 1 月，小江到江苏省南京市一家刚成立的化妆品公司做销售。双方口头约定试用期半年。由于公司刚刚成立，公司与小江约定，小江先以个人身份缴纳社会保险，然后再由公司给小江报销。试用期间，由于该公司对市场需求的分析不到位，导致进货出现了问题，销售也很不理想。

除此之外，公司发现小江的简历有虚假成分，其自称的毕业于上海市某高校的毕业证是假的，并且在工作中屡屡违反公司规定（规章制度），给公司带来了一定的损失。试用期结束时，该公司以不符合录用条件为由将小江辞退。小江不服，于是向当地的劳动争议仲裁委员会申请仲裁，要求公司补缴 6 个月的社会保险。

案例分析

当地的劳动争议仲裁委员会审理后认为，根据《中华人民共和国劳动法》的明确规定，劳动关系双方在订立合同时，可以约定试用期，试用期包含在劳动合同期内，用人单位应该为试用期员工缴纳社会保险。

在本案中，用人单位误导小江签订了具有不平等条款的劳动合同，同时，因为迫于公司的压力，小江又错误地按照自谋职业缴纳了社会保险。但是，根据目前我国缴纳社会保险的政策，本人按照自谋职业缴费后，无法责令用人单位补缴。因此仲裁庭做通了双方的工作，最终公司向小江赔偿了 4 个月的社会保险费。当地的劳动监察部门也对该公司进行了问责和批评。

这是一个值得用人单位和劳动者都注意的案件，用人单位为了逃避缴纳劳动者的社会保险最终受到了应有的惩罚，劳动者由于不懂法而被用人单位欺骗。双方都有忽视和错误的地方。劳动者主张的权利，从经济上看显得微不足道，也可能在过程中比较烦琐，但是现在越来越多的劳动者懂得利用法律合法地维护自己的权益。所以到最后，用人单位还是必须为职工补齐社会保险。

7.1.6　是否需要为非全日制员工缴纳社会保险

一般来说，非全日制用工需要单位交社会保险，但不是全部都需要由用人单位缴纳。

根据《中华人民共和国劳动法》保护劳动者合法权益的宗旨，按照我国劳动者社会保险的参保原则，不管是全日制用工还是非全日制用工，单位必须为劳动者购买社会保险，尤其是工伤保险和生育保险，否则出现需要社会保险报销事宜，用人单位要承担相应责任。

从事非全日制工作的劳动者应当参加基本养老保险，原则上参照个体工商户的参保办法执行。对于已参加过基本养老保险和建立个人账户的人员，前后缴费年限合并计算，跨统筹地区转移的，应办理基本养老保险关系和个人账户的转移、接续手续。符合退休条件时按国家规定计发基本养老金。

从事非全日制工作的劳动者可以以个人身份参加基本医疗保险，并按照待遇水平与缴费水平相挂钩的原则，享受相应的基本医疗保险待遇。参加基本医疗保险的具体办法由各地劳动保障部门研究制定。

用人单位应当按照国家有关规定为建立劳动关系的非全日制劳动者缴纳工伤保险费。从事非全日制工作的劳动者发生工伤，依法享受工伤保险待遇；被鉴定为伤残 5 ～ 10 级的，经劳动者与用人单位协商一致，可以一次性结算伤残待遇及有关费用。

也就是说，劳动者可以以个人身份购买养老保险和医疗保险，但用人单位应当按照国家有关规定为建立劳动关系的非全日制劳动者缴纳工伤保险费。

7.1.7　如何确定社会保险的缴费基数和比例

社会保险必须根据各种风险事故的发生概率，并按照给付标准事先估计的给付支出总额，求出被保险人所负担的一定比率，作为厘定保险费率的标准。而且，与商业保险不同，社会保险费率的计算，除风险因素外，还需要考虑更多的社会经济因素，求得公平合理的费率。

社会保险费的征集方式主要有两种。

1. 比例保险费制。这种方式是以被保险人的工资收入为准，规定一定的百分率，从而计收保险费。采用比例制的主要目的，是补偿被保险人遭遇风险事故期间所丧失的收入，以维持其最低的生活，因此必须参照其平时赖以为生的收入，一方面作为衡量给付的标准，另一方面又作为保费计算的根据。

以工作为基准的比例保险费制最大的缺陷是社会保险的负担直接与工资相联系，不管是雇主雇员双方负担社会保险费还是其中一方负担社会保险费，社会保险的负担都表现为劳动力成本的增加，其结果会导致资本排挤劳动，从而引起失业增加。

2. 均等保险费制。即不论被保险人或其雇主收入的多少，一律计收同额的保险费。这一制度的优点是计算简便，易于普遍实施；而且采用此种方法征收保险费的国家，在其给付时，一般也采用均等制，具有收支一律平等的意义。但其缺陷是，低收入者与高收入者缴纳相同的保费，在负担能力方面明显不公平。

社会保险费的分担主体是国家、企业和个人。这三个主体的不同组合就产生了许多费用的分担方式。即使同一国家，在不同的社会保险项目中也可能使用不同的保险费用分担方式，其中以雇主雇员双方供款、政府负最后责任最为普遍。

那么社会保险的费用究竟应该如何计算？根据我国现阶段实施的政策，社会保险费的收缴遵循以下这个公式：缴费金额 = 缴费基数 × 缴费比例。

社保的缴费基数，是指企业或者职工个人用于计算缴纳社会保险费的工资基数，用此基数乘以规定的费率，就是企业或者个人应该缴纳的社会保险费的金额。

各地的社保缴费基数与当地的平均工资数据相挂钩。它是按照职工上一年度1月至12月的所有工资性收入所得的月平均额来确定的。每年确定一次，且确定以后，1年内不再变动，社保基数申报和调整的时间，一般是在7月。

企业一般以企业职工的工资总额作为缴费基数，职工个人一般则以本人上一年度的月平均工资为个人缴纳社会保险费的工资基数。在我国，缴费基数由社会保险经办机构根据用人单位的申报，依法对其进行核定。

缴费比例，即社会保险费的征缴费率。《中华人民共和国社会保险法》对社会保险的征缴费率并未做出具体明确的规定。按照我国现行的社会保险相关政策的规定，对不同的社会保险险种，我们实行不同的征缴比例。

7.2 养老保险需要注意什么

养老保险，全称社会基本养老保险，是国家和社会根据一定的法律和法规，为解决劳动者在达到国家规定的解除劳动义务的劳动年龄界限，或因年老丧失劳动能力退出劳动岗位后的基本生活而建立的一种社会保险制度。

7.2.1 养老保险有什么作用

养老保险是社会保障制度的重要组成部分，是社会保险五大险种中最重要的险种之一。其目的是保障老年人的基本生活需求，为其提供稳定可靠的生活来源。

基本养老保险以保障离退休人员的基本生活为原则。它具有强制性、互济性和社会性。它的强制性体现在由国家立法并强制实行，企业和个人都必须参加而不得违背；互济性体现在养老保险费用来源，一般由国家、企业和个人三方共同负担，统一使用、支付，使企业职工得到生活保障并实现广泛的社会互济；社会性体现在养老保险影响很大，享受人多且时间较长，费用支出庞大。

国有企业、集体企业、外商投资企业、私营企业和其他城镇企业及其职工，实行企业化管理的事业单位及其职工必须参加基本养老保险。

养老保险是以老年人的生活保障为指标的，通过再分配手段或者储蓄方式建立保险基金，支付老年人生活费用。它的实施具有以下作用。

1.有利于保证劳动力再生产。建立养老保险的制度，有利于劳动力群体的正常代际更替，老年人年老退休，新成长劳动力顺利就业，保证就业结构的合理化。

2.有利于社会的安全稳定。养老保险为老年人提供了基本生活保障，使老年人老有所养。随着人口老龄化的到来，老年人口的比例越来越大，人数也越来越多，养老保险保障了老年劳动者的基本生活，等于保障了社会相当部分人口的基本生活。对于在职劳动者而言，参加养老保险，意味着对将来年老后的生活有了预期，免除了后顾之忧，从社会心态来说，人们多了些稳定、少了些浮躁，这有利于社会的稳定。

3.有利于促进经济的发展。各国设计养老保险制度多将公平与效率挂钩，尤其是部分积累和完全积累的养老金筹集模式。劳动者退休后领取养老金的数额，与其在职劳动期间的工资收入、缴费多少有直接的联系，这无疑能够激励劳动者在职期间积极劳动，提高效率。

此外，由于养老保险涉及面广，参与人数众多，其运作中能够筹集到大量的养老保险金，能为资本市场提供巨大的资金来源。尤其是实行基金制的养老保险模式，个人账户中的资金积累以数十年计算，使得养老保险基金规模更大，可为市场提供更多的资金。通过对规模资金的运营和利用，有利于国家对国民经济的宏观调控。

7.2.2　养老保险有哪些特点

养老保险作为社会保险的一种，它具有以下特点。

1.由国家立法，强制实行，企业单位和个人都必须参加，符合养老条件的人，可向社会保险部门领取养老金。

2.养老保险费用来源，一般由国家、单位和个人三方或单位和个人双方共同负担，并实现广泛的社会互济。

3.养老保险具有社会性，影响很大，享受人多且时间较长，费用支出庞大。因此，必须设置专门机构，实行现代化、专业化、社会化的统一规划和管理。

建立养老保险制度，有利于新老更替、实现就业结构的合理化，有利于为老年人提供基本生活保障，使老年人老有所养，是应对人口老龄化的一项重要措施，有利于社会稳定；能够激励年轻人奋进，提升工资标准，为退休后的生活提供保障，有利于从侧面促进经济发展。

7.2.3 如何确定养老保险的缴费基数和比例

基本养老保险费由企业和被保险人按不同缴费比例共同缴纳。所谓社会保险的缴费基数，是指企业或者职工个人用于计算缴纳社会保险费的工资基数，用此基数乘以规定的费率，就是企业或者个人应该缴纳的社会保险费的金额。

企业一般以企业职工的工资总额作为缴费基数，职工个人则一般以上一年度的月平均工资为个人缴纳社会保险费的工资基数。城镇个体工商户、灵活就业人员和国有企业下岗职工以个人身份参加基本养老保险的，以所在省区市上年度社会平均工资为缴费基数，按 20% 的比例缴纳基本养老保险费，全部由自己负担。在我国，缴费基数由社会保险经办机构根据用人单位的申报，依法对其进行核定。

一般来说，职工缴费工资如果高于所在省区市上年度社会平均工资 300% 的，以上年度社会平均工资的 300% 作为缴费基数；职工缴费工资低于所在省区市上年度社会平均工资 60% 的，以所在省区市上年度社会平均工资的 60% 作为缴费基数。（最高和最低缴费基数的计算比例，各城市可能不同，以各城市人力资源和社会保障局公布的计算比例和基数为准。）

【连线法条】

《国务院关于完善企业职工基本养老保险制度的决定》

三、扩大基本养老保险覆盖范围。城镇各类企业职工、个体工商户和灵活就业人员都要参加企业职工基本养老保险。当前及今后一个时期，要以非公有制企业、城镇个体工商户和灵活就业人员参保工作为重点，扩大基本养老保险覆盖范围。要进一步落实国家有关社会保险补贴政策，帮助就业困难人员参保缴费。城镇个体工商户和灵活就业人员参加基本养老保险的缴费基数为当地上年度在岗职工平均工资，缴费比例为 20%，其中 8% 记入个人账户，退休后按企业职工基本养老金计发办法计发基本养老金。

7.2.4 养老保险的适用范围及发生作用的时间点

根据我国相关法律的规定，国有企业、集体企业、外商投资企业、私营企业和其他城镇企业及其职工、实行企业化管理的事业单位及其职工都必须参加基本养老保险。

养老保险是在法定范围内的老年人"完全"或"基本"退出社会劳动生活后才自动发生作用的。所谓"完全"，是以劳动者与生产资料的脱离为特征；所谓"基本", 指的是参加生产活动已不成为主要社会生活内容。其中法定的年龄界限才是切实可行的衡量标准。

中国的企业职工法定退休年龄为: 男职工 60 周岁; 从事管理和科研工作的女干部 55 周岁, 女工人 50 周岁。

7.2.5　如何确定退休日期

在现实中, 常常遇到职工身份证上的记录与职工档案记载的出生年月不一致, 那此时职工的退休日期应该如何确定?

【案例】

毛先生是广东省某农产品贸易公司的一名普通员工, 其身份证上记录的出生年月日是 1960 年 9 月 24 日, 但在职工档案登记表上记载的出生年月日却是 1956 年 9 月 24 日。2016 年 9 月 24 日, 公司认为, 按照职工档案登记表上记载的出生年月计算, 毛先生已满 60 周岁, 应当办理退休手续。

但毛先生不同意, 他认为应该按照其身份证上记录的出生年月日计算, 2020 年 9 月 24 日才退休, 现在公司无权为自己办理退休手续。

与毛先生协商不成后, 用人单位立即向当地的劳动争议仲裁委员会申请仲裁, 要求立即为毛先生办理退休等手续。

【案例分析】

一边是公司要求为毛先生办理退休手续, 一边是劳动者要求继续工作。根据劳动和社会保障部发布的《关于制止和纠正违反国家规定办理企业职工提前退休有关问题的通知》的规定, 对于职工出生时间的认定, 实行居民身份证和职工档案相结合的办法, 当本人身份证与档案记载的出生时间不一致时, 应以本人档案最先记载的时间为准。

因此, 该农产品贸易公司在 2016 年 9 月 24 日为毛某办理退休手续, 符合该规定, 是正确的。

【连线法条】

《关于制止和纠正违反国家规定办理企业职工提前退休有关问题的通知》

二、规范退休审批程序, 健全审批制度

……(二)对职工出生时间的认定, 实行居民身份证与职工档案相结合的办法。当本人身份证与档案记载的出生时间不一致时, 以本人档案最先记载的出生时间为准。要加强对居民身份证和职工档案的管理，严禁随意更改职工出生时间和编造档案。

7.2.6 提前退休的条件是什么

不少劳动者由于自身的或者是外在的原因会选择提前退休。一旦提前退休，那么养老保险的缴纳年限就会缩短。用人单位是否可以随意批准劳动者提前退休？提前退休的条件又是什么呢？

案例

小张是某制药厂的制药员工，出生于1974年3月。2017年1月，小张在工作中突发疾病晕倒，经医院抢救后脱离危险，医院的诊断为脑溢血。小张在这次突发疾病后下肢瘫痪，经劳动能力鉴定委员会鉴定，为2级伤残。小张向制药厂提出办理提前退休的手续，厂方的人事部门工作人员不知道小张的情形是否符合办理提前退休的条件。

案例分析

根据我国《国务院关于工人退休、退职的暂行办法》以及《企业职工患病或非因工负伤医疗期规定》的规定，职工虽然不符合办理退休的条件，但因患病和非因工负伤，医疗期满后，经劳动能力鉴定委员会鉴定完全丧失劳动能力的，也是可以办理提前退休的。

因此，小张有提前退休的权利，该制药厂的人事部门工作人员应该依法为小张办理提前退休手续。

连线法条

1.《国务院关于工人退休、退职的暂行办法》

第一条 全民所有制企业、事业单位和党政机关、群众团体的工人，符合下列条件之一的，应该退休。

……

（三）男年满50周岁，女年满45周岁，连续工龄满10年，由医院证明，并经劳动鉴定委员会确认，完全丧失劳动能力的。……

2.《企业职工患病或非因工负伤医疗期规定》

第七条 企业职工非因工致残和经医生或医疗机构认定患有难以治疗的疾病，医疗期满，应当由劳动鉴定委员会参照工伤与职业病致残程度鉴定标准进行劳动能力的鉴定。被鉴定为一级至四级的，应当退出劳动岗位，解除劳动关系，并办理退休、退职手续，享受退休、退职待遇。

7.2.7　如何计算基本养老金

被保险人只有满足以下两个条件，即达到国家规定的退休条件已办理相关手续、按规定缴纳基本养老保险费累计缴费年限满 15 年，经劳动保障行政部门核准后的次月起，方可按月领取基本养老金。

那么基本养老金究竟应该如何计算呢？

基本养老金由基础养老金和个人账户养老金组成。职工达到法定退休年龄且个人缴费满 15 年的，基础养老金月标准为省（自治区、直辖市）或市（地）上年度职工月平均工资的 20%。个人账户养老金由个人账户基金支付，月发放标准为本人账户储存额除以计发月数。个人账户基金用完后，由社会统筹基金支付。

一般来说，基础养老金 $A=$ 全省上年度在岗职工月平均工资（1+ 本人平均缴费指数）$\div 2 \times$ 缴费年限 $\times 1\%$，个人账户养老金 $B=$ 个人账户储存额 $\div$ 个人账户养老金计发月数。以上两项 $A+B$ 之和为每月领取的基本养老金数额。

7.3　医疗保险需要注意什么

医疗保险是国家和社会根据一定的法律法规，为向保障范围内的劳动者提供患病时基本医疗需求保障而建立的社会保险制度。基本医疗保险制度的建立和实施集聚了单位和社会成员的经济力量，再加上政府的资助，可以使患病的社会成员从社会获得必要的物质帮助，减轻医疗费用负担，防止患病的社会成员"因病致贫"。

7.3.1　医疗保险有什么作用

医疗保险作为社会保险的一种具有以下作用。

1. 有利于提高劳动生产率，促进生产的发展。医疗保险是社会进步、生产发展的必然结果。反过来，医疗保险制度的建立和完善又会进一步促进社会的进步和生产的发展。一方面，医疗保险解除了劳动者的后顾之忧，使其安心工作，从而可以提高劳动生产率，促进生产的发展；另一方面，医疗保险也保证了劳动者的身心健康，保证了劳动力正常再生产。

2. 调节收入差别，体现社会公平性。医疗保险通过征收医疗保险费和偿付医疗保险服务费用来调节收入差别，是政府一种重要的收入再分配的手段。

3. 维护社会安定的重要保障。医疗保险对患病的劳动者给予经济上的帮助，有助于消除因疾病带来的社会不安定因素，是调整社会关系和社会矛盾的重要社会机制。

4. 促进社会文明和进步的重要手段。医疗保险是社会互助共济的社会制度，通过在参保人之间分摊疾病费用风险，体现出了"一方有难，八方支援"的新型社会关系，有利于促进社会文明和进步。

5. 推进经济体制改革特别是国有企业改革的重要保证。

7.3.2　医疗保险有哪些特点

医疗保险，一般指基本医疗保险，是为了补偿劳动者因疾病风险造成的经济损失而建立的一项社会保险制度。通过用人单位与个人缴费，建立医疗保险基金，参保人员患病就诊发生医疗费用后，由医疗保险机构对其给予一定的经济补偿。基本医疗保险基金由统筹基金和个人账户构成。职工个人缴纳的基本医疗保险费全部记入个人账户；用人单位缴纳的基本医疗保险费分为两部分，一部分划入个人账户，另一部分用于建立统筹基金。

医疗保险同其他类型的保险一样，也是以合同的方式预先向受疾病威胁的人收取医疗保险费，建立医疗保险基金；在被保险人患病并去医疗机构就诊而发生医疗费用后，由医疗保险机构给予一定的经济补偿。因此，医疗保险也具有保险的两大职能：风险转移和补偿转移。即把个体身上的由疾病风险所致的经济损失分摊给所有受同样风险威胁的成员，用集中起来的医疗保险基金来补偿由疾病所带来的经济损失。

城镇职工基本医疗保险制度，是根据财政、企业和个人的承受能力所建立的保障职工基本医疗需求的社会保险制度。所有用人单位，包括企业（国有企业、集体企业、外商投资企业和私营企业等）、机关、事业单位、社会团体、民办非企业单位及其职工，都要参加基本医疗保险，城镇职工基本医疗保险基金由基本医疗保险社会统筹基金和个人账户构成。基本医疗保险费由用人单位和职工个人共同负担。

7.3.3　如何确定医疗保险的缴费基数和比例

基本医疗保险是社会保险中最为重要的组成部分。基本医疗保险费由用人单位和职工个人按月共同缴纳。基本医疗保险的缴费基数是用人单位以国家规定的职工工资总额为缴费基数，职工个人以本人上年度月平均工资收入为月缴费基数。

用人单位缴纳比例为 8% 左右，职工个人缴纳比例为 2% 左右，各地的缴费比例有所不同。

单位和职工个人月缴费基数低于上年度本市职工月平均工资的 60%，以本地职工月平均工资的 60% 为缴费基数；高于本地职工月平均工资 300% 以上部分，不计入缴费基数。

用人单位所缴纳的医疗保险费一部分用于建立基本医疗保险社会统筹基金，这部分基金主要用于支付参保职工住院和特殊慢性病门诊及抢救、急救。发生的基本医疗保险起付标准以上、最高支付限额以下符合规定的医疗费，其中个人也要按规定负担一定比例的费用。

个人账户资金主要用于支付参保人员在定点医疗机构和定点零售药店就医购药符合规定的费用，个人账户资金用完或不足部分，由参保人员个人用现金支付，个人账户可以结转使用和依法继承。参保职工因病住院先自付住院起付额，再进入统筹基金和职工个人共付段。参加基本医疗保险的单位及个人，必须同时参加大额医疗保险，并按规定按时足额缴纳基本医疗保险费和大额医疗保险费，才能享受医疗保险的相关待遇。

7.3.4 退休员工的医疗保险费由谁缴纳

在职员工的医疗保险费由用人单位每月按时缴纳，那退休员工的医疗保险应该如何支付？根据《国务院关于建立城镇职工基本医疗保险制度的决定》的规定，退休人员参加基本医疗保险，个人不缴纳基本医疗保险费，由原用人单位缴纳。

【案例】

成先生于 2016 年 1 月从一家外企公司退休，退休后在一次患病中才发现自己已经不再享有基本医疗保险。向经办机构查询后才知道用人单位在其退休后，就已经停止为其缴纳基本医疗保险费。

成先生因此向原公司提出要求，要求用人单位为其补缴基本医疗保险费，并赔偿此次治疗疾病所花的医疗费。而公司则表示，成先生已经在该公司退休了，双方之间不再存在劳动关系，故公司无须再承担为其缴纳基本医疗保险费的义务，成先生此次生病所花的费用也应该自行承担。

【案例分析】

根据《国务院关于建立城镇职工基本医疗保险制度的决定》的规定，退休人员参加基本医疗保险，个人不缴纳基本医疗保险费，由原用人单位缴纳。所以该外企应该在成先生退休后，继续为其缴纳基本医疗保险费。

正是由于该公司没有及时为成先生缴纳基本医疗保险费，此次成先生生病的医疗费无法报销，因此，该公司应该承担成先生这次治疗所花的医疗费，并且应该及时为成先生补缴基本医疗保险费。

连线法条

《国务院关于建立城镇职工基本医疗保险制度的决定》

六、妥善解决有关人员的医疗待遇

……退休人员参加基本医疗保险，个人不缴纳基本医疗保险费。对退休人员个人账户的计入金额和个人负担医疗费的比例给予适当照顾。……

7.4 失业保险需要注意什么

各类企业及其职工、事业单位及其职工、社会团体及其职工、民办非企业单位及其职工、国家机关与之建立劳动合同关系的职工都应该办理失业保险。失业保险基金主要是用于保障失业人员的基本生活。当前中国失业保险参保职工的范围包括：在岗职工；停薪留职、请长假、外借外聘、内退等在册不在岗职工；进入再就业服务中心的下岗职工；其他与本单位建立劳动关系的职工（包括建立劳动关系的临时工和农民合同制工人）。

7.4.1 失业保险有什么作用

失业保险是指国家通过立法强制实行的，由社会集中建立基金，对因失业而暂时中断生活来源的劳动者提供物质帮助，进而保障失业人员失业期间的基本生活、促进其再就业的制度。失业保险基金是社会保险基金中的一种专项基金。

失业保险具有以下 3 个特点。

1. 强制性。国家以法律规定的形式，向规定范围内的用人单位、个人征缴社会保险费。缴费义务人必须履行缴费义务，否则构成违法行为，承担相应的法律责任。也就是说，哪些单位、哪些人员要缴费，如何缴费都是由国家规定的，单位或个人没有选择的自由。

2. 无偿性。国家征收社会保险费后，不需要偿还，也不需要向缴费义务人支付任何代价。

3.固定性。国家根据社会保险事业的需要，事先规定社会保险费的缴费对象、缴费基数和缴费比例。在征收时，不因缴费义务人的具体情况而随意调整。固定性还体现在社会保险基金的使用上，实行专款专用。

7.4.2 如何确定失业保险的缴费基数和比例

城镇企业、事业单位、社会团体和民办非企业单位按照本单位工资总额的2%缴纳失业保险费，其职工按照本人工资的1%缴纳失业保险费。无固定工资额的单位以统筹地区上年度社会平均工资为基数缴纳失业保险费。单位招用农民合同制工人本人不缴纳失业保险费。

案例

江苏某公司在为职工办理失业保险费缴纳的过程中，社会保险经办机构发现该公司按职工的基本工资缴纳失业保险费，并且没有把公司招用的农民合同制工人的工资计算在缴纳失业保险费的基数中。社会保险机构发现后指出了该公司的错误，并要求该公司为职工足额缴纳失业保险费。

案例分析

在本案例中，该公司的的行为是错误的。社会保险经办机构发现此种行为后，可以依法据相关的法律规定要求该公司纠正其错误行为。

根据《失业保险条例》的明确规定，用人单位按其工资总额的2%缴纳失业保险费，用人单位向职工代扣代缴的失业保险费应当为职工本人工资的1%。

根据《关于工资总额组成的规定》的规定，"工资总额"应当包括：计时工资、计件工资、奖金、津贴和补贴、加班加点工资、特殊情况下支付的工资。所以用人单位不能仅以职工的基本工资为基数缴纳失业保险费。

除此之外，《失业保险条例》虽然规定农民合同制工人本人无须缴纳失业保险费，但并没有免除用人单位为农民合同制工人缴纳失业保险费的责任，所以用人单位应当把农民合同制工人的工资也计算在公司缴纳失业保险费的基数中。

连线法条

《失业保险条例》

第六条 城镇企业事业单位按照本单位工资总额的2%缴纳失业保险费。城镇企业事业单位职工按照本人工资的1%缴纳失业保险费。城镇企业事业单位招用的农民合同制工人本人不缴纳失业保险费。

7.4.3 员工领取失业保险金必须具备哪些条件

在我国，失业人员在满足下述三个条件后方可享受失业保险待遇：非因本人意愿中断就业；已办理失业登记，并有求职要求；按照规定参加失业保险，所在单位和本人已按照规定履行缴费义务满1年。

案例

小田在2015年8月成为北京市一家连锁超市的业务员，公司按月为其缴纳失业保险费。2016年4月，经双方协商一致解除劳动合同关系。小田在解除劳动合同后，向社会保险经办机构申领失业保险金。社会保险机构的工作人员告知其无法享有领取失业保险金的权利。小田感到非常迷惑，解除劳动关系是双方协商一致的结果，为什么不能享有领取失业保险金的权利？

案例分析

如果劳动者想知道自己是否有条件领取失业保险金，那么首先要知道在什么情况下，劳动者可以领取失业保险金。根据《失业保险条例》的规定，领取失业保险金必须符合以下3个条件。

（1）按照规定参加失业保险，所在单位和个人已经按照规定履行缴费义务满1年的；

（2）非因本人意愿中断就业的；

（3）已办理失业登记，并有求职要求的。

根据上述规定，本案中的小田与用人单位解除劳动合同，虽然是协商一致的结果，但是由于小田工作未满1年，缴纳失业保险费未满1年，因此不能享有此项权利。

连线法条

《失业保险条例》

第十四条　具备下列条件的失业人员，可以领取失业保险金：

（一）按照规定参加失业保险，所在单位和本人已按照规定履行缴费义务满1年的；

（二）非因本人意愿中断就业的；

（三）已办理失业登记，并有求职要求的。

失业人员在领取失业保险金期间，按照规定同时享受其他失业保险待遇。

第十五条　失业人员在领取失业保险金期间有下列情形之一的，停止领取失业保险金，并同时停止享受其他失业保险待遇：

（一）重新就业的；

（二）应征服兵役的；

（三）移居境外的；

（四）享受基本养老保险待遇的；

（五）被判刑收监执行或者被劳动教养的；

（六）无正当理由，拒不接受当地人民政府指定的部门或者机构介绍的工作的；

（七）有法律、行政法规规定的其他情形的。

7.4.4 员工领取失业保险金需要办理哪些手续

在员工失业后，城镇企业、事业单位应该及时为失业人员出具终止或者解除劳动关系的证明，告知其按照规定享受失业保险待遇的权利，并将失业人员的名单自终止或者解除劳动关系之日起 7 日内报送社会保险经办机构备案。

案例

胡某是天津某纺织公司的一名普通员工，在该公司已经工作了 3 年，公司按月为其缴纳了失业保险费。2016 年 3 月，劳动合同到期，公司没有与其再续签劳动合同。但是公司并没有告知其应该如何获得失业保险金。小胡顿时陷入了迷茫。

案例分析

用人单位在解除了与胡某的劳动关系后，应该依据《失业保险条例》的规定，及时为胡某出具终止劳动关系的证明，告知其按照规定享受失业保险金待遇的权利，并将其名单自终止劳动关系之日起 7 日内，报送当地社会保险经办机构备案。而胡某，应该在失业之日起 60 日内，持用人单位出具的终止劳动关系的证明和失业、求职登记凭证，到公司所在地的社会保险经办机构办理失业保险金申领手续。

连线法条

1.《失业保险条例》

第十六条　城镇企业事业单位应当及时为失业人员出具终止或者解除劳动关系的证明，告知其按照规定享受失业保险待遇的权利，并将失业人员的名单自终止或者解除劳动关系之日起 7 日内报社会保险经办机构备案。

城镇企业事业单位职工失业后，应当持本单位为其出具的终止或者解除劳动关系的证明，及时到指定的社会保险经办机构办理失业登记。失业保险金自办理失业登记之日起计算。

失业保险金由社会保险经办机构按月发放。社会保险经办机构为失业人员开具领取失业保险金的单证，失业人员凭单证到指定银行领取失业保险金。

2.《失业保险金申领发放办法》

第五条　失业人员失业前所在单位，应将失业人员的名单自终止或者解除劳动合同之日起 7 日内报受理其失业保险业务的经办机构备案，并按要求提供终止或解除劳动合同证明、参加失业保险及缴费情况证明等有关材料。

第六条　失业人员应在终止或者解除劳动合同之日起 60 日内到受理其单位失业保险业务的经办机构申领失业保险金。

第七条　失业人员申领失业保险金应填写《失业保险金申领表》，并出示下列证明材料：

（一）本人身份证明；

（二）所在单位出具的终止或者解除劳动合同的证明；

（三）失业登记及求职证明；

（四）省级劳动保障行政部门规定的其他材料。

第八条　失业人员领取失业保险金，应由本人按月到经办机构领取，同时应向经办机构如实说明求职和接受职业指导、职业培训情况。

7.5　生育保险需要注意什么

生育保险是国家通过社会保险立法，对生育职工给予经济、物质等方面帮助的一项社会政策。其宗旨在于通过向生育女职工提供生育津贴、产假以及医疗服务等方面的待遇，保障她们因生育而暂时丧失劳动能力时的基本经济收入和医疗保健，帮助生育女职工恢复劳动能力，重返工作岗位，从而体现国家和社会对妇女在这一特殊时期给予的支持和爱护。

7.5.1　生育保险有什么作用

生育保险是国家通过立法，在职业妇女因生育而暂时中断劳动时由国家和社会及时给予生活保障和物质帮助的一项社会保险制度。主要包括两项：一是生育津贴；二是生育医疗待遇。生育保险待遇不受户籍限制，参加生育保险的人员，如果在异地生育，其相关待遇按照参保地政策标准执行。

生育保险是针对生育行为的生理特点，根据法律规定设立的，在职女性因生

人力资源法律风险防控从入门到精通（第 2 版）

育而导致暂时中断工作、失去正常收入来源时，由国家或社会提供生活保障和物质帮助的一项社会保险制度。生育保险基金由用人单位缴纳的生育保险费及其利息以及滞纳金组成。女职工产假期间的生育津贴、生育发生的医疗费用、职工计划生育手术费用及国家规定的与生育保险有关的其他费用都应该按照规定从生育保险基金中支出。

所有用人单位（包括各类机关、社会团体、企业、事业、民办非企业单位）及其职工都要参加生育保险。生育保险费由用人单位统一缴纳，职工个人不缴纳生育保险费。生育保险费总额不大于本单位上年度职工工资总额的 1%。

享受生育保险待遇的职工，必须符合以下 3 个条件。

（1）用人单位参加生育保险满规定的年限（各地规定有所不同），并按时足额缴纳了生育保险费；

（2）符合计划生育政策有关规定生育或流产的；

（3）在本市城镇生育保险定点医疗服务机构，或经批准转入有产科医疗服务机构生产或流产的（包括自然流产和人工流产）。

7.5.2　生育保险有哪些特点

作为一种比较特殊的社会保险，生育保险具有以下几个特点。

1. 享受生育保险的对象主要是女职工，因而待遇享受人群相对比较窄。随着社会进步和经济发展，有些地区允许在女职工生育后，给予配偶一定假期以照顾妻子，并发给假期工资，还有些地区为男职工的配偶提供经济补助。

2. 待遇享受条件各国不一致。有些国家要求享受者有参保记录、工作年限、本国公民身份等方面的要求。我国生育保险要求享受对象必须是合法婚姻者，即必须符合法定结婚年龄、按婚姻法规定办理了合法手续，并符合国家计划生育政策等。

3. 女职工无论妊娠结果如何，均可以按照规定得到补偿。也就是说无论胎儿存活与否，产妇均可享受有关待遇，并包括流产、引产以及胎儿和产妇发生意外等情况，都能享受生育保险待遇。

4. 生育期间的医疗服务主要以保健、咨询、检查为主，与医疗保险提供的医疗服务以治疗为主有所不同。怀孕期间的医疗服务侧重于指导孕妇处理好工作与修养、保健与锻炼的关系，使她们能够顺利地度过孕期。产前检查以及分娩时的接生和助产，则是通过医疗手段帮助产妇顺利生产。分娩属于自然现象，正常情况下不需要特殊治疗。

5. 产假有固定要求。产假要根据产期来安排，分产前和产后。产前假期不能提前或推迟使用。产假也必须在分娩前后享受，不能积攒到其他时间享受。各国

· 164 ·

规定的产假期限不同。我国规定的正常产假为 98 天，其中产前假期为 15 天。

6. 生育保险待遇有一定的福利色彩。生育期间的经济补偿高于养老、医疗等保险。生育保险提供的生育津贴，一般为生育女职工的原工资水平，也高于其他保险项目。另外，在我国，职工个人不缴纳生育保险费，而是由参保单位按照其工资总额的一定比例缴纳。

7.5.3 如何确定生育保险的缴费基数和比例

生育保险是否像养老保险、医疗保险一样，需要用人单位和劳动者同时缴纳呢？女职工本人需要自己缴纳生育保险费吗？

【案例】

河南省某公司女职工的工资总额为 4 万元，用人单位每月从女职工工资中扣除生育保险费 20 元。小刘是该公司的员工，想要了解公司缴纳生育保险费的具体标准，用人单位每月从女职工工资中扣除 20 元的生育保险费是否合理。

【案例分析】

我国《企业职工生育保险试行办法》规定：……由企业按照其工资总额的一定比例向社会保险经办机构缴纳生育保险费……但最高不得超过工资总额的百分之一……职工个人不缴纳生育保险费。

若以 1% 的缴费比例计算，那用人单位为女职工缴纳的生育保险应该是 40 000×0.01=400 元，而不是 20 元。所以，在本案例中，用人单位缴纳女职工生育保险的方式是违法的。

【连线法条】

《企业职工生育保险试行办法》

第四条　生育保险根据"以支定收，收支基本平衡"的原则筹集资金，由企业按照其工资总额的一定比例向社会保险经办机构缴纳生育保险费，建立生育保险基金。生育保险费的提取比例由当地人民政府根据计划内生育人数和生育津贴、生育医疗费等项费用确定，并可根据费用支出情况适时调整，但最高不得超过工资总额的百分之一。企业缴纳的生育保险费作为期间费用处理，列入企业管理费用。

职工个人不缴纳生育保险费。

7.6 工伤保险需要注意什么

工伤，是指与用人单位存在劳动关系的劳动者在工作时间、工作地点因工作原因发生人身伤害事故、急性中毒事故。员工即使不在工作岗位上，但是由于用人单位设施不安全或者劳动条件、作业环境不良而引起的人身伤害事故，也属于工伤。在现实生活中，不少工作岗位都存在着不安全因素，工伤的发生处处可见。所以一份工伤保险对于劳动者来说是非常重要的。

7.6.1 工伤保险有什么作用

工伤保险，也称职业伤害保险，是指劳动者由于工作原因并在工作过程中受意外伤害，或因接触粉尘、放射线、有毒害物质等职业危害因素引起职业病后，由国家和社会给负伤、致残者以及死亡者生前供养亲属提供必要物质帮助的一种社会保险制度。

工伤保险费由用人单位缴纳，对于工伤事故发生率较高的行业，工伤保险费的征收费率高于一般标准。这一方面是为了保障这些行业的职工发生工伤时，工伤保险基金可以足额支付工伤职工的工伤保险待遇；另一方面，通过高费率征收，增强企业的风险意识，加强工伤预防工作，使伤亡事故率降低。

职工上了工伤保险后，职工住院治疗工伤的，由所在单位按照本单位因公出差伙食补助标准的 70% 发给住院伙食补助费；经医疗机构出具证明，报经办机构同意，工伤职工到统筹地区以外就医的，所需交通、食宿费用由所在单位按照本单位职工因公出差标准报销。

另外，工伤职工因日常生活或者就业需要，经劳动能力鉴定委员会确认可以安装假肢、矫形器、假眼、假牙和配置轮椅等辅助器具，所需费用按照国家规定的标准从工伤保险基金中支付。

工伤参保职工的工伤医疗费、一至四级工伤人员伤残津贴、一次性伤残补助金、生活护理费、丧葬补助金、供养亲属抚恤金、辅助器具费、工伤康复费、劳动能力鉴定费都应从工伤保险基金中支付。

案例

周某是某环卫公司的临时工，双方之间并没有签订劳动合同。周某于 2015 年 5 月 8 日工作时间内，在从事本职工作时因交通事故身亡。周某的亲属向劳动保障行政部门提出了工伤认定申请，提供的证明材料有同事的证言、工资卡、工作服等。劳动保障行政部门经审核调查做出认定为工伤的结论。

但该环卫公司则认为王某是临时工，并且没有与本公司签订劳动合同，不属于企业的正式员工，因而不能被认定为工伤。环卫公司立即向当地人民政府提出行政复议，行政复议维持了劳动保障行政部门的工伤认定结论。环卫公司对此不服，向人民法院起诉。法院的一审、二审均维持了劳动保障行政部门的工伤认定结论。

案例分析

本案的核心是如何认定工伤。工伤，是指与用人单位存在劳动关系的劳动者在工作时间、工作地点因工作原因发生的人身伤害事故、急性中毒事故。员工即使不在工作岗位上，但是由于用人单位设施不安全或者劳动条件、作业环境不良而引起的人身伤害事故，也属于工伤。

根据我国的工伤保险法律规定，用人单位应当承担为职工缴纳工伤保险的责任。这里的"用人单位"不仅仅指事业单位，根据《工伤保险条例》的规定，用人单位还包括企业以及雇有员工的个体工商户。

从工伤的定义可以看出，是否属于工伤应该满足两个条件：（1）劳动者是否与用人单位存在劳动关系；（2）劳动者所受到的伤害是否是在工作时间、工作地点因工作原因所受到的伤害。

本案中环卫公司认为周某是临时工，双方不存在劳动关系，用人单位不应当承担工伤保险待遇支付的责任。环卫公司的这种认识是错误的。虽然双方之间没有签订劳动合同，但是根据《关于确立劳动关系有关事项的通知》的规定，双方之间存在事实劳动关系。因此，该公司应当为周某缴纳工伤保险费，并做出相应的赔偿。

连线法条

《工伤保险条例》

第二条　中华人民共和国境内的企业、事业单位、社会团体、民办非企业单位、基金会、律师事务所、会计师事务所等组织和有雇工的个体工商户（以下称用人单位）应当依照本条例规定参加工伤保险，为本单位全部职工或者雇工（以下称职工）缴纳工伤保险费。

中华人民共和国境内的企业、事业单位、社会团体、民办非企业单位、基金会、律师事务所、会计师事务所等组织的职工和个体工商户的雇工，均有依照本条例的规定享受工伤保险待遇的权利。

7.6.2 企业如何为职工申请劳动能力鉴定

想回答这个问题，首先得知道什么是劳动能力鉴定。

劳动能力鉴定是指劳动功能障碍程度和生活自理障碍程度的等级鉴定。劳动障碍分为十个伤残等级，最重的为一级，最轻的为十级；生活自理障碍分为三个等级：生活完全不能自理、生活大部分不能自理和生活部分不能自理。根据《工伤保险条例》的规定，在工伤职工病情稳定时即可以申请劳动能力鉴定。

案例

赵小姐是某家电公司的部门经理，在一次工作中，因与下属起了冲突，遭到下属的暴力伤害。经由劳动保障行政部门认定为工伤。公司人力资源部的工作人员打算为其申请劳动能力鉴定，但不知该如何申请。

案例分析

申请劳动能力鉴定一般需要提交以下材料。

1. 工伤职工的身份证复印件、劳动保障行政部门的工伤认定结论、提交劳动能力鉴定申请。

2. 职工工伤医疗的有关材料，包括职工受到事故伤害或患职业病，在医疗机构进行治疗过程中，由医疗机构记载的有关负伤职工的病情的诊断证明、病历、CT片等资料。

劳动能力鉴定委员会在收到劳动能力鉴定申请后，应当从其建立的医疗卫生专家库中随机抽取3名或者5名相关专家组成专家组，由专家组提出鉴定意见。

市级劳动能力鉴定委员会根据专家组的鉴定意见做出工伤职工劳动能力鉴定结论。必要时，可以委托具备资格的医疗机构协助进行有关的诊断。

市级劳动能力鉴定委员会应当自收到劳动能力鉴定申请之日起60日内做出劳动能力鉴定结论。必要时，做出劳动能力鉴定结论的期限可以延长30日。

劳动能力鉴定结论应当及时送达申请鉴定的单位和个人。

值得注意的是，用人单位在申请劳动能力鉴定的过程中，若认为劳动能力鉴定委员会的组成人员或参加鉴定的专家与当事人有利害关系，可以申请回避。

连线法条

《工伤保险条例》

第二十一条　职工发生工伤，经治疗伤情相对稳定后存在残疾、影响劳动能力的，应当进行劳动能力鉴定。

第二十二条　劳动能力鉴定是指劳动功能障碍程度和生活自理障碍程度的等级鉴定。

　　劳动功能障碍分为十个伤残等级,最重的为一级,最轻的为十级。

　　生活自理障碍分为三个等级:生活完全不能自理、生活大部分不能自理和生活部分不能自理。

　　劳动能力鉴定标准由国务院社会保险行政部门会同国务院卫生行政部门等部门制定。

　　第二十三条　劳动能力鉴定由用人单位、工伤职工或者其近亲属向设区的市级劳动能力鉴定委员会提出申请,并提供工伤认定决定和职工工伤医疗的有关资料。

　　第二十四条　省、自治区、直辖市劳动能力鉴定委员会和设区的市级劳动能力鉴定委员会分别由省、自治区、直辖市和设区的市级社会保险行政部门、卫生行政部门、工会组织、经办机构代表以及用人单位代表组成。

　　劳动能力鉴定委员会建立医疗卫生专家库。列入专家库的医疗卫生专业技术人员应当具备下列条件:

　　(一)具有医疗卫生高级专业技术职务任职资格;

　　(二)掌握劳动能力鉴定的相关知识;

　　(三)具有良好的职业品德。

　　第二十五条　设区的市级劳动能力鉴定委员会收到劳动能力鉴定申请后,应当从其建立的医疗卫生专家库中随机抽取 3 名或者 5 名相关专家组成专家组,由专家组提出鉴定意见。设区的市级劳动能力鉴定委员会根据专家组的鉴定意见作出工伤职工劳动能力鉴定结论;必要时,可以委托具备资格的医疗机构协助进行有关的诊断。

　　设区的市级劳动能力鉴定委员会应当自收到劳动能力鉴定申请之日起 60 日内作出劳动能力鉴定结论,必要时,作出劳动能力鉴定结论的期限可以延长 30 日。劳动能力鉴定结论应当及时送达申请鉴定的单位和个人。

　　第二十六条　申请鉴定的单位或者个人对设区的市级劳动能力鉴定委员会作出的鉴定结论不服的,可以在收到该鉴定结论之日起 15 日内向省、自治区、直辖市劳动能力鉴定委员会提出再次鉴定申请。省、自治区、直辖市劳动能力鉴定委员会作出的劳动能力鉴定结论为最终结论。

　　第二十七条　劳动能力鉴定工作应当客观、公正。劳动能力鉴定委员会组成人员或者参加鉴定的专家与当事人有利害关系的,应当回避。

7.6.3　交通事故导致的工伤如何享受工伤待遇

　　由于交通事故所造成的工伤牵扯到第三人的侵权行为,因此在认定是否是工伤以及如何享受工伤待遇方面都存在着争议。当涉及的工伤与第三人侵权竞合时,劳动者应该如何获得赔偿?

案例

林先生出生于 1970 年 5 月，是山东省某木材加工厂的一名员工。2015 年 9 月，杨某在驾驶运输车上班时与骑自行车上班的林先生相撞，致使林先生死亡。公安机关交通管理部门认定，杨某负有主要责任。经公安机关交通管理部门主持协调，因林先生死亡造成的损失为 20 万元，按照责任 7∶3 的比例，林先生的家属应该获得赔偿款 14 万元。

2015 年 11 月，林先生的亲属提出工伤认定申请。该木材加工厂在 12 月将保险公司赔偿的 6 万元的人身意外伤害保险金支付给了林先生的妻子。

2015 年 11 月 20 日，劳动和社会保障行政部门根据《工伤保险条例》的规定，认定林先生因工死亡。对此认定，该木材加工厂未在法定期限内申请行政复议或者提起行政诉讼。后林先生的妻子提出劳动争议仲裁申请，要求该木材加工厂支付工伤待遇 16 万元，以及因工伤治疗所花的医疗费 2.5 万元。

2016 年 2 月，劳动争议仲裁委员会做出裁决：

（1）该木材加工厂支付工伤死亡待遇 6 万元、一次性支付补助金 10 万元；

（2）该木材加工厂按月支付亲属抚恤金；

（3）要求支付工伤医疗待遇的主张不予支持。

林先生的妻子不服，遂向当地法院提起诉讼。

法院判决：

（1）该木材加工厂支付工伤待遇 16 万元；

（2）该木材加工厂按月支付亲属抚恤金；

（3）要求支付工伤医疗待遇的主张不予支持。

案例分析

本案例属于典型的交通事故导致的工伤，其中就存在着肇事方杨某即第三人的侵权行为。对于当工伤涉及与第三人侵权竞合时劳动者应该如何获得赔偿，这个问题我国法律并没有完全统一的、明确的规定。

由于该案例发生在山东，因此，根据《山东省高级人民法院关于印发全省民事审判工作座谈会纪要的通知》（鲁高法〔2005〕201 号），因第三人侵权导致的工伤，劳动者或其亲属在向侵权人主张赔偿后，并不因此减轻用人单位承担支付工伤待遇的责任，受害者可获得双倍赔偿，但因工伤事故直接产生的费用，不予重复计算。

所以在本案中，林先生的家属在获得肇事者杨某的赔偿后，仍可以向木材加工厂主张工伤待遇。该木材加工厂仍应该向林先生的家属支付工伤待遇16万元，但对于因工伤治疗所花医疗费，就不能够主张二次报销了。

连线法条

《山东省高级人民法院关于印发全省民事审判工作座谈会纪要的通知》

一、关于劳动争议案件的处理问题。

（六）……如果劳动者的工伤系第三人侵权所致，按照我国现行法律和最高人民法院司法解释的规定，用人单位仍应承担劳动者的工伤保险待遇，但劳动者也可追究第三人的侵权赔偿责任，即劳动者可以在工伤事故中获得双倍赔偿，但因工伤事故产生的直接费用，原则上不予重复计算。

7.7 住房公积金需要注意什么

城镇在职职工，无论其工作单位性质如何、家庭收入高低、是否已有住房，都必须缴存住房公积金。单位不办理住房公积金缴存登记或者不为本单位职工办理住房公积金账户设立的，住房公积金的管理中心有权力责令限期办理，逾期不办理的，可以对其进行处罚，并可申请人民法院强制执行。

除职工缴存的住房公积金外，单位也要为职工交纳一定的金额，而且住房公积金贷款的利率低于商业性贷款，当职工离休、退休，或完全丧失劳动能力并与单位终止劳动关系，户口迁出或出境定居等，缴存的住房公积金将返还职工个人。

7.7.1 什么是住房公积金

住房公积金，是指国家机关、国有企业、城镇集体企业、外商投资企业、城镇私营企业及其他城镇企业、事业单位、民办非企业单位、社会团体及其在职职工缴存的长期住房储金。

住房公积金的定义有以下5个方面的含义。

1. 住房公积金只在城镇建立，农村不建立住房公积金制度。

2. 只有在职职工才建立住房公积金制度。无工作的城镇居民、离退休职工不实行住房公积金制度。

3. 住房公积金由两部分组成，一部分由职工所在单位缴存，另一部分由职工个人缴存。职工个人缴存部分由单位代扣后，连同单位缴存部分一并缴存到住房公积金个人账户内。

4.住房公积金缴存的长期性。住房公积金制度一经建立，职工在职期间必须不间断地按规定缴存，除职工离退休或发生《住房公积金管理条例》规定的其他情形外，不得中止和中断。这体现了住房公积金的稳定性、统一性、规范性和强制性。

5.住房公积金是职工按规定存储起来的专项用于住房消费支出的个人住房储金，具有两个特征。

（1）积累性，即住房公积金虽然是职工工资的组成部分，但不以现金形式发放，并且必须存入住房公积金管理中心在受委托银行开设的专户内，实行专户管理。

（2）专用性，住房公积金实行专款专用，存储期间只能按规定用于购、建、大修自住住房，或支付房租。职工只有在离退休、死亡、完全丧失劳动能力并与单位终止劳动关系或户口迁出原居住城市时，才可提取本人账户内的住房公积金。

建立职工住房公积金制度，为职工较快、较好地解决住房问题提供了保障，能够有效地建立和形成有房职工帮助无房职工的机制和渠道，而住房公积金在资金方面为无房职工提供了帮助，体现了职工住房公积金的互助性。

住房公积金缴存主体主要有：机关、事业单位；国有企业，城镇集体企业，外商投资企业，港澳台商投资企业，城镇私营企业及其他城镇企业或经济组织；民办非企业单位、社会团体；境外投资企业和其他经济组织常驻代表机构。城镇个体工商户、自由职业人员，可以申请缴存住房公积金。

职工和单位住房公积金的缴存比例均不得低于职工上一年度月平均工资的5%；有条件的城市，可以适当提高缴存比例。具体缴存比例由住房公积金管理委员会拟订，经本级人民政府审核后，报省、自治区、直辖市人民政府批准。城镇个体工商户、自由职业人员住房公积金的月缴存基数原则上按照缴存人上一年度月平均纳税收入计算。

单位不办理住房公积金缴存登记或者不为本单位职工办理住房公积金账户设立手续的，由住房公积金管理中心责令限期办理；逾期不办理的，处1万元以上5万元以下的罚款。单位逾期不缴或者少缴住房公积金的，由住房公积金管理中心责令限期缴存；逾期仍不缴存的，可以申请人民法院强制执行。

一般来说，根据我国法律规定，申请住房公积金还应该满足以下这些条件。

1.城镇职工个人与所在单位必须连续缴纳住房公积金满1年。

2.借款人购买商品房的，必须有不少于总房价30%以上的自筹资金作为房屋首付款。

3.借款人有稳定的经济收入、信用良好、有偿还贷款本息的能力。

4.夫妻双方都正常足额缴存住房公积金的，只允许一方申请住房公积金贷款。

5. 一个家庭同一时间只能申请一次住房公积金贷款购买一处住房。

6. 贷款人须有本省（市）城镇常住户口或有效居留身份。

7. 同意用所购住房做抵押。

7.7.2 如何缴存住房公积金

根据《住房公积金管理条例》以及《关于住房公积金管理若干具体问题的指导意见》的规定，一般应该按照职工本人上年度平均工资为基数缴存住房公积金，缴存住房公积金的比例应为：不低于5%，原则上不高于12%。但对于新参加工作的职工缴存住房公积金的基数做出特别规定。

新参加工作的职工从参加工作的第二个月开始缴存住房公积金，应以其当月的工资为缴存基数。同时《关于住房公积金管理若干具体问题的指导意见》对于缴存住房公积金的基数上限也做出了规定，规定不应该超过职工工作地所在设区城市统计部门公布的上一年度职工月平均工资的2倍或3倍。

【案例】

小杨于2017年4月受聘于一家美容公司，工资为每个月8 000元。工作了3个月后，小杨想要去查询一下，看看用人单位究竟有没有为自己缴纳各项保险。不料想公司竟然完全没有进行住房公积金的缴存。

后小杨去找用人单位理论，而用人单位则认为小杨属于新进员工，住房公积金的缴存没有上一年度的平均月工资作为基数，因此无法缴存。小杨不服，于是向当地的劳动争议仲裁委员为申请仲裁，要求该公司将理应缴存的住房公积金补缴完毕。

【案例分析】

我国《住房公积金管理条例》对于新参加工作的职工缴存住房公积金的基数做出特别规定：新参加工作的职工从参加工作的第二个月开始缴存住房公积金，应以其当月的工资为缴存基数。因此，公司并不能以小杨没有缴存住房公积金的基数为由拒绝为小杨缴存住房公积金。

【连线法条】

《住房公积金管理条例》

第十六条 职工住房公积金的月缴存额为职工本人上一年度月平均工资乘以职工住房公积金缴存比例。

单位为职工缴存的住房公积金的月缴存额为职工本人上一年度月平均工资乘以

单位住房公积金缴存比例。

第十七条　新参加工作的职工从参加工作的第二个月开始缴存住房公积金，月缴存额为职工本人当月工资乘以职工住房公积金缴存比例。

单位新调入的职工从调入单位发放工资之日起缴存住房公积金，月缴存额为职工本人当月工资乘以职工住房公积金缴存比例。

第十八条　职工和单位住房公积金的缴存比例均不得低于职工上一年度月平均工资的5%；有条件的城市，可以适当提高缴存比例。具体缴存比例由住房公积金管理委员会拟订，经本级人民政府审核后，报省、自治区、直辖市人民政府批准。

第十九条　职工个人缴存的住房公积金,由所在单位每月从其工资中代扣代缴。

单位应当于每月发放职工工资之日起5日内将单位缴存的和为职工代缴的住房公积金汇缴到住房公积金专户内，由受委托银行计入职工住房公积金账户。

第二十条　单位应当按时、足额缴存住房公积金，不得逾期缴存或者少缴。

对缴存住房公积金确有困难的单位，经本单位职工代表大会或者工会讨论通过，并经住房公积金管理中心审核，报住房公积金管理委员会批准后，可以降低缴存比例或者缓缴；待单位经济效益好转后，再提高缴存比例或者补缴缓缴。

7.7.3　如何处理终止劳动关系后的住房公积金

在劳动者与用人单位终止劳动关系之后，用人单位应该及时办理住房公积金的变更登记，并持住房公积金管理中心的审核文件，到受委托银行办理职工住房公积金账户转移或封存手续。

【案例】

马先生是上海市某销售公司的一名普通员工。2016年7月12日，用人单位和马先生的劳动合同到期，双方之间并没有续签的意思表示。终止劳动关系后，马先生暂时并没有新的工作，一时间不知道如何缴存住房公积金。

【案例分析】

根据我国《住房公积金管理条例》的规定，该用人单位在与马先生终止劳动关系时,应当自终止劳动关系之日起30日内到住房公积金管理中心办理变更登记，将马先生的住房公积金账户转入市住房公积金管理中心封存管理。

在马先生找到新的工作之后，新的用人单位应该自录用之日起30日内日为马先生办理住房公积金账户启封和转移手续。用人单位不办理或者逾期不办理的，劳动者可以向住房公积金管理中心投诉，住房公积金管理中心还可以依据相应的法律法规对用人单位做出处罚决定。

连线法条

《住房公积金管理条例》

第十三条 住房公积金管理中心应当在受委托银行设立住房公积金专户。

单位应当到住房公积金管理中心办理住房公积金缴存登记，经住房公积金管理中心审核后，到受委托银行为本单位职工办理住房公积金账户设立手续。每个职工只能有一个住房公积金账户。

住房公积金管理中心应当建立职工住房公积金明细账，记载职工个人住房公积金的缴存、提取等情况。

第十四条 新设立的单位应当自设立之日起30日内到住房公积金管理中心办理住房公积金缴存登记，并自登记之日起20日内持住房公积金管理中心的审核文件，到受委托银行为本单位职工办理住房公积金账户设立手续。

单位合并、分立、撤销、解散或者破产的，应当自发生上述情况之日起30日内由原单位或者清算组织到住房公积金管理中心办理变更登记或者注销登记，并自办妥变更登记或者注销登记之日起20日内持住房公积金管理中心的审核文件，到受委托银行为本单位职工办理住房公积金账户转移或者封存手续。

第十五条 单位录用职工的，应当自录用之日起30日内到住房公积金管理中心办理缴存登记，并持住房公积金管理中心的审核文件，到受委托银行办理职工住房公积金账户的设立或者转移手续。

单位与职工终止劳动关系的，单位应当自劳动关系终止之日起30日内到住房公积金管理中心办理变更登记，并持住房公积金管理中心的审核文件，到受委托银行办理职工住房公积金账户转移或者封存手续。

第 8 章

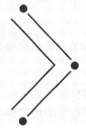

特殊员工的相关法律风险防控

职工劳动保护工作进展得好坏，是衡量社会文明程度高低的一个重要标准。从某种意义上来讲，特殊员工的劳动权益是关系到用人单位生存发展的根本权益。用人单位保护特殊员工的权益，不仅能保护某个群体，更能彰显用人单位独特的企业文化。

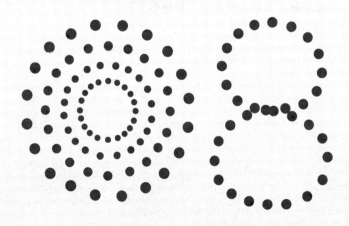

8.1 "三期"女职工需要注意什么

"三期"女职工主要是指女职工的三个特殊时期，即孕期、产期和哺乳期。孕期法律中并没有明确的定义，一般作为医学概念来表达，指从末次月经的第一天（并不是从同房的那天）算起，到分娩结束的期间；产期严格来说并非一段时间，而是对女职工预产期及分娩时间的表述；哺乳期，根据《中华人民共和国劳动法》第六十三条，一般认为是从婴儿出生至满1周岁期间。

法律设定"三期"的目的是基于女职工的特殊性，为女职工设定的特殊保护期间，体现了对女职工的倾斜性立法规定。

8.1.1 女职工的劳动禁忌有哪些

女职工的劳动保护是根据妇女生理特点对其所采取的各项保护措施，也就是在劳动过程中的安全和卫生的特殊保护措施。由于妇女生理条件的特殊性，法律以明文的方式规定禁止妇女从事一些不利于身体健康的工作。

【案例】

小王今年26岁，被湖南某电镀厂招收为正式员工时已经怀孕2个月。进入工厂后，厂里安排她从事与有毒有害物质有关的工作，但是从没有告知过她，并且没有进行过相关的教育工作，没有发过相应的津贴和补助。

在工作了2个月后，小王产生了严重的不适感，经检查确认，这种现象与她从事的工作中所接触的化学物质有关。医生对其进行了特别的嘱咐，告诉她已经怀孕的女工是不得从事这项工作的。

小王向厂里提出疑问，厂领导却说公司的物质没有问题，让她安心干活。小王不放心，经向劳动部门询问之后，小王提出了调换工作岗位，并且给予自己有毒有害岗位津贴的请求。厂里不仅不解决这件事，而且以辞退来威胁她。小王遂向当地的劳动争议仲裁委员会申请仲裁，请求得到公正的裁决，维护自己的合法权益。

当地的劳动争议仲裁庭经审理后，支持了小王的请求，裁决该用人单位为小王调换工作岗位，并且补发之前的岗位津贴费用。

案例分析

我国法律对女职工的保护分为两种：一般保护和特殊保护。一般保护是指在劳动就业、劳动报酬、职业培训、劳动保险福利等方面享有与男子平等的权利。特殊保护主要是在劳动保护方面，由于女职工的特殊需要而给予的特殊权益的法律保障，主要涉及女职工在生产中的安全和健康。

《女职工劳动保护特别规定》第二条明确规定："中华人民共和国国境内的国家机关、企业、事业单位、社会团体、个体经济组织以及其他社会组织等用人单位及其女职工，适用本规定。"由此可见，"女职工"不仅包括通常意义上的工厂女工，还包括一切参加工作的妇女。

目前，对妇女产生职业危害的主要是生产性有毒物质、振动性作业、过重的负重和低温、冷水作业，这些工作环境都会对妇女的身体健康产生特殊的影响。

本案中，该工厂严重违反了孕期保护的法律规定，安排已怀孕的女工在有害物质周围工作，给女性职工的身心健康带来了严重的危害。这是属于生产性毒物对女职工造成危害的典型案例。

该工厂未经培训便安排女职工进行危险工作，并且拒绝依法调换岗位，其行为是违反我国法律规定的。因此，劳动争议仲裁委员会支持了小王的一系列合法请求。

连线法条

《女职工禁忌从事的劳动范围》（《女职工劳动保护特别规定》附录）

一、女职工禁忌从事的劳动范围：

（一）矿山井下作业；

（二）体力劳动强度分级标准中规定的第四级体力劳动强度的作业；

（三）每小时负重6次以上、每次负重超过20千克的作业，或者间断负重、每次负重超过25千克的作业。

二、女职工在经期禁忌从事的劳动范围：

（一）冷水作业分级标准中规定的第二级、第三级、第四级冷水作业；

（二）低温作业分级标准中规定的第二级、第三级、第四级低温作业；

（三）体力劳动强度分级标准中规定的第三级、第四级体力劳动强度的作业；

（四）高处作业分级标准中规定的第三级、第四级高处作业。

三、女职工在孕期禁忌从事的劳动范围：

（一）作业场所空气中铅及其化合物、汞及其化合物、苯、镉、铍、砷、氰化物、氮氧化物、一氧化碳、二硫化碳、氯、己内酰胺、氯丁二烯、氯乙烯、环氧乙烷、苯胺、甲醛等有毒物质浓度超过国家职业卫生标准的作业；

（二）从事抗癌药物、己烯雌酚生产，接触麻醉剂气体等的作业；

（三）非密封源放射性物质的操作，核事故与放射事故的应急处置；

（四）高处作业分级标准中规定的高处作业；

（五）冷水作业分级标准中规定的冷水作业；

（六）低温作业分级标准中规定的低温作业；

（七）高温作业分级标准中规定的第三级、第四级的作业；

（八）噪声作业分级标准中规定的第三级、第四级的作业；

（九）体力劳动强度分级标准中规定的第三级、第四级体力劳动强度的作业；

（十）在密闭空间、高压室作业或者潜水作业，伴有强烈振动的作业，或者需要频繁弯腰、攀高、下蹲的作业。

四、女职工在哺乳期禁忌从事的劳动范围：

（一）孕期禁忌从事的劳动范围的第一项、第三项、第九项；

（二）作业场所空气中锰、氟、溴、甲醇、有机磷化合物、有机氯化合物等有毒物质浓度超过国家职业卫生标准的作业。

8.1.2 "三期"女职工依法受哪些保护

妇女经历怀孕期、产期和哺乳期等特殊时期时，其身体状况、身体各系统的负荷在增长、免疫机能下降，需要用人单位给予更多的特殊保护。

案例

小莫于2013年11月应聘到河南省某冷冻厂做技术工作。2015年3月，为了赶货，该冷冻厂把技术人员以及上层管理干部下派到某冷藏室里分割冷冻物。小莫正值怀孕期间，她交给工厂一份医院的检查报告，说自己已怀孕2个月，不能从事冷藏室的工作。

厂长接到该报告后说："才怀孕2个月就不能工作了吗？现在厂里人员少，工作任务又重，怎么就不能克服一下呢？"于是没有批准小莫的病假，强行安排其进冷藏室工作。

2015年3月20日，在冷藏室工作了4天之后，小莫突然出血不止。经医生检查，确诊为先兆流产，肚子里的孩子没有保住。为此，小莫向当地法院提起诉讼，要求该工厂支付赔偿金。

当地劳动争议仲裁委员会经审理确认相关事实后，支持了小莫的请求。

案例分析

女职工在孕期、产期和哺乳期期间，抵抗力、免疫力降低，身体虚弱无力，稍有不当，便会引起各种疾病。根据我国相关法律法规的规定，女职工在特殊时期受特殊保护，任何单位均应该根据本单位的生产工作特点，依法保护妇女在工作和劳动时的安全与健康，不得安排不适合妇女从事的工作和劳动。

本案例中，用人单位不顾及女职工的身体情况，强行让女职工在孕期进入冷藏室工作，严重伤害了女职工的健康，违反了我国法律对于女职工保护的规定。

连线法条

《女职工禁忌从事的劳动范围》

三、女职工在孕期禁忌从事的劳动范围：

……（二）低温作业分级标准中规定的第二级、第三级、第四级低温作业。

（三）体力劳动强度分级标准中规定的第三级、第四级体力劳动强度的作业。……

8.1.3　女职工产期期间享受什么待遇

根据我国《女职工劳动保护特别规定》的规定，女职工在产期享受以下待遇。

1. 女职工生育享受 98 天产假，其中产前可以休假 15 天；难产的，增加产假 15 天；生育多胞胎的，每多生育 1 个婴儿，增加产假 15 天。

2. 女职工怀孕未满 4 个月流产的，享受 15 天产假；怀孕满 4 个月流产的，享受 42 天产假。

3. 女职工产假期间的生育津贴，对已经参加生育保险的，按照用人单位上年度职工月平均工资的标准由生育保险基金支付；对未参加生育保险的，按照女职工产假前工资的标准由用人单位支付。

4. 女职工生育或者流产的医疗费用，按照生育保险规定的项目和标准，对已经参加生育保险的，由生育保险基金支付；对未参加生育保险的，由用人单位支付。

8.1.4　"三期"女职工能解除或终止劳动合同吗

根据《中华人民共和国劳动合同法》第四十二条的规定，女职工在孕期、产期、哺乳期的，用人单位不得依照本法第四十条、第四十一条的规定解除劳动合同。也就是说，女职工在"三期"内，用人单位不得以非过失性辞退和经济性裁员的理由解除劳动合同，但如果是女职工符合《中华人民共和国劳动合同法》第三十九条规定的情形，用人单位是可以单方面解除劳动合同的。

案例

小赵是一家上市公司分公司的出纳，2017年1月，在享受完产假后，她立即回到公司上班，女儿则由自己的父母照顾。在恢复上班的当月，因为女儿生病，她连续3次在不办理任何请假手续的情况下离开公司赶往家中照顾女儿。

在小赵第3次未经请假离开公司后，她接到了公司人事部主任的电话，称因小赵连续3次在未办理请假手续的情况下擅自离开公司，这属于旷工。根据早已送达给小赵的《员工手册》中的规定，员工在1个月内连续3次旷工属于严重过失，公司可以予以辞退。

同时，主任还告诉小赵，要其尽快回公司办理离职手续。但是小赵认为自己还在哺乳期内，公司不能辞退她，并称如果公司要辞退她，她就会去劳动争议仲裁委员会申请仲裁。

案例分析

在本案中，小赵的行为属于《中华人民共和国劳动合同法》第三十九条中严重违反用人单位的规章制度的行为。虽然小赵尚在哺乳期内，但是这并不能成为小赵任意违反公司规章制度的借口，该公司完全可以根据《中华人民共和国劳动合同法》第三十九条的规定，解除与小赵的合同。

案例

姚女士于2016年4月8日到某房地产公司上班，合同期限为2年，试用期为2个月。在姚女士工作的第二个月，该公司提出要与姚女士解除劳动合同，理由是姚女士经常早退、无故旷工等，违反了公司的考勤制度。姚女士也承认其确实无法正常按时上下班，对违反公司的规章制度和解除劳动合同没有表示异议，并按照公司的要求办理了交接手续。

但是，在姚女士离开公司后，她发现自己已经怀孕2个月了。于是她找到公司，要求公司撤销与她解除劳动合同的决定，恢复双方的劳动合同关系。可是公司认为，姚女士已经与公司解除了劳动合同，并且办理了离职交接手续，所以不同意继续履行与其的劳动合同。

案例分析

根据《中华人民共和国劳动合同法》第四十二条所规定的不能解除劳动合同的情形，仅限于不得按照《中华人民共和国劳动合同法》第四十条、第四十一条的规定解除劳动合同，而如果用人单位按照本法第三十九条的规定解除劳动合同，并没有违反我国的法律规定。

在本案例中，姚女士的情况属于《中华人民共和国劳动合同法》第三十九条中规定的，在试用期间被证明不符合录用条件以及劳动者严重违反用人单位的规章制度。因此，该公司完全可以根据第三十九条的规定与姚女士解除劳动合同。

连线法条

《中华人民共和国劳动合同法》

第三十九条　劳动者有下列情形之一的，用人单位可以解除劳动合同：

（一）在试用期间被证明不符合录用条件的；

（二）严重违反用人单位的规章制度的；

（三）严重失职，营私舞弊，给用人单位造成重大损害的；

（四）劳动者同时与其他用人单位建立劳动关系，对完成本单位的工作任务造成严重影响，或者经用人单位提出，拒不改正的；

（五）因本法第二十六条第一款第一项规定的情形致使劳动合同无效的；

（六）被依法追究刑事责任的。

第四十条　有下列情形之一的，用人单位提前三十日以书面形式通知劳动者本人或者额外支付劳动者一个月工资后，可以解除劳动合同：

（一）劳动者患病或者非因工负伤，在规定的医疗期满后不能从事原工作，也不能从事由用人单位另行安排的工作的；

（二）劳动者不能胜任工作，经过培训或者调整工作岗位，仍不能胜任工作的；

（三）劳动合同订立时所依据的客观情况发生重大变化，致使劳动合同无法履行，经用人单位与劳动者协商，未能就变更劳动合同内容达成协议的。

8.1.5　"三期"女职工的工资应该如何计算

女职工在"三期"期间，由于各种原因，正常上班有困难的，企业应该根据有关规定给予特殊的待遇，并且不得扣除其正常工资。

案例

小方是海南省某机械厂的员工，2015年经应聘进入该公司。2016年3月，小方育有一女。在小方怀孕和生产期间，用人单位以小方工作质量下降为由降了三级工资。小方不满意，要求该公司对此做出解释。公司认为小方在怀孕和生产期间工作质量有所下降，不值得公司再按照原来的工资支付。小方不服，遂向当地劳动争议仲裁委员会提出仲裁申请。

案例分析

在本案例中，当地的劳动争议仲裁委员会经审理后认为，根据《女职工劳动保护特别规定》第五条"用人单位不得因女职工怀孕、生育、哺乳降低其工资、予以辞退、与其解除劳动或者聘用合同"，该用人单位在小方怀孕期间任意降低其工资是违反我国法律规定的。

连线法条

《女职工劳动保护特别规定》

第五条　用人单位不得因女职工怀孕、生育、哺乳降低其工资、予以辞退、与其解除劳动或者聘用合同。

8.2 医疗期员工需要注意什么

劳动关系管理的问题最终是人本管理的问题，只有实行人性化的管理，尊重员工的健康权利，企业才能在收获经济利益的同时，实现企业与职工的双赢与发展。用人单位应该以一种公平公正且体现用人单位人文情怀的方式对待医疗期员工。

8.2.1 什么是医疗期

根据《企业职工患病或非因工负伤医疗期规定》第二条的规定，医疗期是指企业职工因患病或非因工负伤停止工作治病休息不得解除劳动合同的时限。

8.2.2 如何计算医疗期的期限

劳动部发布的《企业职工患病或非因工负伤医疗期规定》第三条规定如下。

企业职工因患病或非因工负伤，需要停止工作医疗时，根据本人实际参加工作年限和在本单位工作年限，给予3个月到24个月的医疗期。

（一）实际工作年限10年以下的，在本单位工作年限5年以下的为3个月；5年以上的为6个月。

（二）实际工作年限10年以上的，在本单位工作年限5年以下的为6个月；

5 年以上 10 年以下的为 9 个月；10 年以上 15 年以下的为 12 个月；15 年以上 20 年以下的为 18 个月；20 年以上的为 24 个月。

除此之外，医疗期 3 个月的，按 6 个月内累计病休时间计算；6 个月的，按 12 个月内累计病休时间计算；9 个月的，按 15 个月内累计病休时间计算；12 个月的，按 18 个月内累计病休时间计算；18 个月的，按 24 个月内累计病休时间计算；24 个月的，按 30 个月内累计病休时间计算。

在《劳动部关于贯彻〈企业职工患病或非因工负伤医疗期规定〉的通知》（劳部发〔1995〕236 号）中，对医疗期的计算做了进一步的规定，具体如下。

（1）医疗期计算应从病休第一天开始，累计计算；

（2）病休期间，公休、假日和法定节日包括在内；

（3）根据目前的实际情况，对某些患特殊疾病（如癌症、精神病、瘫痪等）的职工，在 24 个月内尚不能痊愈的，经企业和劳动主管部门批准，可以适当延长医疗期。

8.2.3　如何处理员工医疗期满

《企业职工患病或非因工负伤医疗期规定》第六条规定："企业职工非因工致残和经医生或医疗机构认定患有难以治疗的疾病，在医疗期内医疗终结，不能从事原工作，也不能从事用人单位另行安排的工作的，应当由劳动鉴定委员会参照工伤与职业病致残程度鉴定标准进行劳动能力的鉴定。被鉴定为一至四级的，应当退出劳动岗位，终止劳动关系，办理退休、退职手续，享受退休、退职待遇；被鉴定为五至十级的，医疗期内不得解除劳动合同。"

《企业职工患病或非因工负伤医疗期规定》第七条规定："企业职工非因工致残和经医生或医疗机构认定患有难以治疗的疾病，医疗期满，应当由劳动鉴定委员会参照工伤与职业病致残程度鉴定标准进行劳动能力的鉴定。被鉴定为一至四级的，应当退出劳动岗位，解除劳动关系，并办理退休、退职手续，享受退休、退职待遇。"

8.2.4　如何发放医疗期工资

根据《劳动部关于贯彻执行〈中华人民共和国劳动法〉若干问题的意见》第 59 条的规定，职工患病或非因工负伤治疗期间，在规定的医疗期内由企业按照有关规定支付其病假工资或疾病救济费，病假工资或疾病救济费可以低于当地最低工资标准支付，但是不能低于最低工资标准的 80%。

8.3　外籍员工需要注意什么

近年来，外国人来我国就业的人数日益增多。一些优秀的外国人对我国经济建设做出了贡献。但是，并非所有外国人都可以在我国就业。外籍员工必须在取得一些条件、满足一些要求后才可以在我国合法就业。如果用人单位招用未经批准就业的外国人作为职工，将承担被经济处罚的法律风险。

8.3.1　聘用外籍员工须具备哪些条件

外国人，是指依照《中华人民共和国国籍法》规定不具有中国国籍的人员。外国人在中国就业，是指没有取得定居权的外国人在中国境内依法从事社会劳动并获取劳动报酬的行为。因此，聘用的外籍员工应该具备以下条件。

1. 在中国就业的外国人必须办理就业手续。而办理就业手续还需要满足以下6个条件。

（1）年满 18 周岁，身体健康；

（2）具有从事其工作所必需的专业技能和相应的工作履历；

（3）无犯罪记录；

（4）有确定的聘用单位；

（5）持有有效护照或能代替护照的其他国际旅行证件；

（6）入境后取得外国人就业证和外国人居留证件。

2. 用人单位聘用外国人必须报批。根据我国《外国人在中国就业管理规定》的规定，外国人在中国就业由各省、自治区、直辖市人民政府劳动保障行政部门及其授权的地市级劳动保障行政部门负责管理。

如果用人单位要聘用外籍员工，就必须填写《聘用外国人就业申请表》，向与劳动行政主管部门同级的行业主管部门提出申请，并提供以下有效文件。

（1）拟聘用的外籍员工的履历证明；

（2）聘用意向书；

（3）拟聘用外国人原因的报告；

（4）拟聘用的外国人从事该项工作的资格证明；

（5）拟聘用的外国人健康状况证明；

（6）法律、法规规定的其他文件。

3. 得到许可证书后方可就业。未取得居留证件的外国人和来中国留学的外国人，未经中国政府主管机关允许，不得在中国就业。经与劳动行政管部门同级的行业主管部门批准后，用人单位应持《聘用外国人就业申请表》到本单位所在地区的省、自治区、直辖市劳动行政部门或其授权的地市级劳动行政部门办理核准手续。

省、自治区、直辖市劳动行政部门或授权的地市级劳动行政部门应指定专门机构（发证机关）具体负责签发许可证书工作。发证机关应该根据行业主管部门的意见和劳动市场的需求状况进行核准，并在核准后向人单位签发许可证书。

但是，符合下列条件之一的外国人，可免办就业许可证和就业证。

1. 由我国政府直接出资聘请的外籍专业技术和管理人员，或由国家机关和事业单位出资聘请，具有本国或国际权威技术管理部门或行业协会确认的高级技术职称或特殊技能资格证书的外籍专业技术和管理人员，并持有外国专家局签发的《外国专家证》的外国人。

2. 持有《外国人在中华人民共和国从事海上石油作业工作准证》从事海上石油作业、不需登陆、有特殊技能的外籍劳务人员。

3. 经文化部批准持《临时营业演出许可证》进行营业性文艺演出的外国人。

中央级用人单位、无行业主管部门的用人单位聘用外国人，可直接到劳动行政部门发证机关提出申请和办理就业许可手续。外商投资企业聘用外国人，无须行业主管部门审批，可凭合同、规章制度、批准证书、营业执照和《外国人在中国就业管理规定》第十一条所规定的文件直接到劳动行政部门发证机关申领许可证书。

除此之外，在中国定居的外国人和取得永久居留资格的外国人可以就业或谋职。外国人应聘工作后，应履行聘雇合同或协议，不得私自接受其他单位的聘雇。如协议终止雇员另寻工作，应重新提出申请并获得批准，否则将视为非法谋职。

外国人在一单位任职期满后转到另一单位时，应持原单位终止任职证明和新单位的聘雇证明到公安机关出入境管理部门办理变更手续。

8.3.2 外籍员工如何依法交税

根据《外国人在中国就业管理规定》，用人单位支付在中国就业的中国人的工资和福利待遇，应按我国有关法律、法规的规定办理。按照《财政部 国家税务总局关于个人所得税若干政策问题的通知》（财税字〔1994〕20 号），对于外籍员工个人以下所得暂免征收个人所得税。

1. 外籍个人以非现金形式或实报实销形式取得的住房补贴、伙食补贴、搬迁费、洗衣费。

2. 外籍个人按合理标准取得的境内、外出差补贴。

3. 外籍个人取得的探亲费、语言训练费、子女教育费等，经当地税务机关审核批准为合理的部分。

4.外籍个人从外商投资企业取得的股息、红利所得。

对于这些所得，用人单位在发放其工资时不得代扣代缴。

8.3.3　非法聘用外籍员工的后果

在我国，聘用外籍员工需要满足上述所说的条件，否则，非法聘用外籍员工会受到行政处罚。

案例

2016年4月，江苏省部分学生家长向某主管部门反映，几名外国人在江苏省开办了一个英语学习班。其开设的培训课程收费高昂，但是教学质量却难以保证，还经常出现打骂学生的情况，他们怀疑这些外国人的身份不合法，请主管部门进行调查审核。

在接到学生家长的举报之后，该主管部门联合当地的公安局、教育局和劳动局组成联合调查小组。经过他们调查发现，位于该省的这所教育机构属于某著名的教育服务有限公司，其中有多名外国人在该教育机构授课。

这些外国人数量较多，居住分散，就业情况复杂。外管民警通过逐一对分散居住的外国人和公司法人代表以及财务人员进行传唤取证，查实了6名外国人非法就业的事实。

案例分析

这是外国人在中国境内非法就业的典型案例。根据《中华人民共和国出境入境管理法》的相关规定，警方依法终止了双方的非法雇用，并对该公司和6名外国人分别给予20 000元和各3 000元的罚款处罚，同时对6名外国人采取缩短签证停留期限的处理。

连线法条

1.《外国人在中国就业管理规定》

第十一条　用人单位聘用外国人，须填写《聘用外国人就业申请表》（以下简称申请表），向其与劳动行政主管部门同级的行业主管部门（以下简称行业主管部门）提出申请，并提供下列有效文件：

（一）拟聘用外国人履历证明；

（二）聘用意向书；

（三）拟聘用外国人原因的报告；

（四）拟聘用的外国人从事该项工作的资格证明；

（五）拟聘用的外国人健康状况证明；

（六）法律、法规规定的其他文件。

行业主管部门应按照本规定第六条、第七条及有关法律、法规的规定进行审批。

2.《中华人民共和国出境入境管理法》

第三十七条 外国人在中国境内停留居留，不得从事与停留居留事由不相符的活动，并应当在规定的停留居留期限届满前离境。

3.《中华人民共和国外国人入境出境管理条例》

第十五条 居留证件分为以下种类：

（一）工作类居留证件，发给在中国境内工作的人员；……

第十六条 外国人申请办理外国人居留证件，应当提交本人护照或者其他国际旅行证件以及符合规定的照片和申请事由的相关材料，本人到居留地县级以上地方人民政府公安机关出入境管理机构办理相关手续，并留存指纹等人体生物识别信息。

（一）工作类居留证件，应当提交工作许可等证明材料；属于国家需要的外国高层次人才和急需紧缺专门人才的，应当按照规定提交有关证明材料。……

8.4 未成年工需要注意什么

按照我国相关法律、法规的规定，未成年工是指年满 16 周岁，未满 18 周岁的劳动者。未成年工的特殊保护是针对未成年工处于生长发育期的特点，以及接受义务教育的需要，而由国家强制采取的一些特殊劳动保护措施。

8.4.1 如何计算未成年工的工资待遇

未成年工作为一种特殊的劳动者，用人单位要从思想上重视其劳动权益保护工作，建立源头维护机制，强化特殊职工权益维护的法律保障。未成年工的劳动保护工作的进展，是衡量社会文明程度的一个重要标准和参考依据。重视并加强未成年工劳动保护工作，是现代企业义不容辞的社会职责。用人单位应该从未成年工的角度出发，为其提供充分的保护。

根据《中华人民共和国劳动合同法》和《中华人民共和国劳动法》的相关规定，未成年工的工资与同岗位的成年人工资相同，并没有区别，但是在履行劳动义务时，用人单位应该以保护未成年工的健康和安全为前提。

8.4.2 未成年工应承担什么样的劳动义务

作为一类特殊的劳动主体，未成年工是否应该在工作中承担相应的义务？

案例

张先生是湖北某化工厂的职工，在2016年2月的一次化学毒气泄漏事故中身亡。他已经在这家化工厂连续工作了20余年，家庭生活也全靠他一个人支撑。当他因工死亡之后，家庭经济陷入了极度贫困的境地。于是，该化工厂决定录用张先生16周岁的儿子小张到化工厂工作，同时还可以帮助其解决家庭困难的问题。

因此，小张与用人单位签订了为期2年的劳动合同。最初，小张做的是后勤保障工作，后来由于化工制造工作任务紧，于是工厂就安排小张从事与化工生产密切相关的工作，而且经常性加班加点甚至上夜班。

小张觉得自己的体力不足以承担如此繁重的工作，因此向公司的上级领导提出自己属于未成年工，请求享受不同于成年工的劳动保护待遇。工厂则以厂里工作任务重、人手少为由拒绝了小张的申请。同时领导还表示，其所领的工资与成年工一样，根据同工同酬的原则，理应做这么多的工作。

小张不服，于是向当地的劳动争议仲裁委员会申请仲裁。

案例分析

根据《中华人民共和国劳动法》第五十八条的相关规定，国家对未成年工实行特殊劳动保护。未成年工正处于生长、发育时期，人体器官尚未成熟，身材一般不高，体力比较弱，且一般抵抗力和耐力差。

所以对未成年工，首要保护其安全和健康，其次才是尽相应的劳动义务。在本案例中，该工厂要求小张加班加点甚至上夜班，严重地损害了小张的健康。用人单位违反了我国法律的规定。

连线法条

1.《未成年工特殊保护规定》

第二条 未成年工是指年满16周岁，未满18周岁的劳动者。

未成年工的特殊保护是针对未成年工处于生长发育期的特点，以及接受义务教育的需要，采取的特殊劳动保护措施。

第三条 用人单位不得安排未成年工从事以下范围的劳动：

（一）《生产性粉尘作业危害程度分级》国家标准中第一级以上的接尘作业；

（二）《有毒作业分级》国家标准中第一级以上的有毒作业；

（三）《高处作业分级》国家标准中第二级以上的高处作业；

（四）《冷水作业分级》国家标准中第二级以上的冷水作业；

（五）《高温作业分级》国家标准中第三级以上的高温作业；

（六）《低温作业分级》国家标准中第三级以上的低温作业；

（七）《体力劳动强度分级》国家标准中第四级体力劳动强度的作业；

（八）矿山井下及矿山地面采石作业；

（九）森林业中的伐木、流放及守林作业；

（十）工作场所接触放射性物质的作业；

（十一）有易燃易爆、化学性烧伤和热烧伤等危险性大的作业；

（十二）地质勘探和资源勘探的野外作业；

（十三）潜水、涵洞、涵道作业和海拔3 000米以上的高原作业（不包括世居高原者）；

（十四）连续负重每小时在6次以上并每次超过20千克，间断负重每次超过25千克的作业；

（十五）使用凿岩机、捣固机、气镐、气铲、铆钉机、电锤的作业；

（十六）工作中需要长时间保持低头、弯腰、上举、下蹲等强迫体位和动作频率每分钟大于50次的流水线作业；

（十七）锅炉司炉。

2.《中华人民共和国劳动法》

第六十四条　不得安排未成年工从事矿山井下、有毒有害、国家规定的第四级体力劳动强度的劳动和其他禁忌从事的劳动。

第六十五条　用人单位应当对未成年工定期进行健康检查。

第九十五条　用人单位违反本法对女职工和未成年工的保护规定，侵害其合法权益的，由劳动行政部门责令改正，处以罚款；对女职工或者未成年工造成损害的，应当承担赔偿责任。

8.5　劳务派遣员工需要注意什么

劳务派遣一般在临时性、辅助性或者替代性的工作岗位上实施。《中华人民共和国劳动合同法》第六十六条明确规定"劳动合同用工是我国的企业基本用工形式。劳务派遣用工是补充形式，只能在临时性、辅助性或者替代性的工作岗位上实施"。但不少用工单位在各种类型、各种时间长度的工作岗位上都实施了劳务派遣，甚至在其主营业务岗位大量使用劳务派遣工。

8.5.1　什么是劳务派遣

劳务派遣又称人力派遣、人才租赁、劳动派遣、劳动力租赁、雇员租赁，是指由劳务派遣机构与派遣劳工订立劳动合同，把劳动者派向其他用工单位，再由其用工单位向派遣机构支付一笔服务费用的一种用工形式。

劳动力给付的事实发生于派遣劳工与要派企业（实际用工单位）之间，要派企业向劳务派遣机构支付服务费，劳务派遣机构向劳动者支付劳动报酬。劳务派遣起源于20世纪的美国，后传至法国、德国、日本等国。

20世纪90年代在我国国有企业劳动制度改革中，出现了为安置下岗职工而产生的劳务派遣，可跨地区、跨行业进行。年薪通常为2万~3万元。派遣工一般从事的多为低技术含量工作，如保洁员、保安员、营业员等工作，劳动者一旦年老体弱，劳动能力下降，劳务派遣单位就会在劳动合同到期后拒绝与其续签。

劳务派遣主要集中在公有制企业和机关事业单位，部分央企甚至有超过2/3的员工属于劳务派遣。

8.5.2　劳务派遣有什么作用

作为一种特殊的用工方式，劳务派遣除了可以简化管理程序，减少劳动争议，分担风险和责任，降低成本费用，自主灵活用工，规范用工行为，还具有以下3个优势。

1. 不求所有，但求有用。在中国市场经济条件下，知识经济正在兴起，工人要流动，用工单位只需与劳务派遣单位签订一份劳务派遣协议，然后由劳务派遣单位把合适人员派到用工单位工作。

用工单位只负责对工人的使用，不与工人本人发生任何隶属关系。应当说，以"不求所有，但求所用"为特征的劳务派遣制，特别适合于那些非公有制企业、国企改制企业和那些经营发展变化比较快、不同发展阶段或不同发展时期对人才需求又不尽相同的单位。

2. "你用人，我管人"。人才派遣制的用人模式实际上形成的是三种关系. 也就是以人才派遣单位为中间行为主体形成的派遣单位与被派遣人才之间的隶属关系、派遣单位与用工单位之间的合作关系，以及被派遣人才与用工单位之间的工作关系。

很显然，用工单位对人才只管使用和使用中的工作考核，剩下的一切管理工作，包括工资薪酬的发放，社会保险的代收代缴，合同的签订、续订和解除，相关问题和争议的处理，日常一系列的人事管理等，全部由人才的派遣单位负责。

这样，用工单位用人，派遣单位管人，这种用工方式对用工单位来说省了很多事，减少了因管理工作带来的工作量和相关的麻烦，可以使用工单位的经营管理者更专心于事业的发展和企业的生产经营。

3.劳务派遣单位"一手托两家"，更有利于劳务供需双方的双向选择和有关各方责、权、利的保障，这是劳务派遣制的一个带有根本性的好处，也是这种用工方式独特的机制。除此之外，我国还对适用劳务派遣的主体进行了限制。有资格进行劳务派遣的单位，必须是经政府主管部门审核批准具有法人资质、被特许经营劳务派遣业务的单位。

劳务派遣单位介于劳务供需双方中间，一方面要根据用工单位对工人的需求，履行与用工单位签订的劳务派遣协议，向用工单位及时选拔派遣所需的适用工人，并管理好所派遣的工人，另一方面要确保接受劳务派遣的用工单位相关责、权、利得到有效的保障。

在对选定的人才实施人才派遣前，劳务派遣单位要与被派遣人才签订劳动合同确立双方的隶属关系，确保被派遣人才在派出工作期间相关的责、权、利能够得到有效的保障。这就是劳务派遣单位有别于其他企业法人所经营的特殊职能。

劳务派遣单位经营服务的四大基本原则是：雇员租赁、同工同酬、拒绝垫付、收益归责。

现行法律制度规定劳务派遣用工单位应当实行同工同酬制度，但2013年，人力资源和社会保障部相关负责人明确表示，虽然劳务派遣职工享有与用工单位的劳动者同工同酬的权利，但同工同酬不包括福利和社会保险。同工同酬可以简单地理解为，相同岗位、相同等级的员工，应该执行同等工资待遇标准。但这样就容易被异化为用工单位应对同工同酬的一种对策。

现行法律制度明确了劳务派遣三方法律关系中，用工单位应当实际承担派遣员工工资和社保费用。这就是劳务派遣单位不垫付原则的法律基础，也就是说派遣单位不为用工单位垫付派遣员工工资和社保费用。一旦派遣单位不能坚持原则，为用工单位垫付上述费用，也就意味着无形中增加了自身的经营风险。

8.5.3 劳务派遣单位和用工单位对劳动者的责任

所谓连带赔偿责任是指给被派遣劳动者造成损害后，不管损害是由于劳务派遣单位的原因造成的还是由于用工单位的原因造成的，劳动者都有权要求劳务派遣单位和用工单位同时承担赔偿责任，用工单位不能以不是自己的责任为抗辩理由，用工单位承担责任后，如果确实是由于劳务派遣单位的原因造成的，可以向劳务派遣单位追偿。

法律规定由劳务派遣单位和用工单位承担连带责任，对于解决用工单位不实际承担责任、劳务派遣单位实际承担不了责任的问题以及最大限度地保护被派遣劳动者的权益，都具有重要的意义。

案例

湖南某服装生产工厂为了规避用工风险，与某劳务派遣单位签订劳务派遣协议，约定由劳务派遣单位向该工厂派遣工人。小田被该劳务派遣单位派遣到该工厂做货运工人。在一次工作中，小田发生了车祸，当场死亡。

小田的家人于是要求该工厂赔偿，该工厂却拿出了工厂与劳务派遣单位签订的劳务派遣协议，协议中明确约定小田的工伤以及其他社会保险费由劳务派遣单位承担，发生任何事故，都由劳务派遣单位承担责任。但是经过调查之后发现，该劳务派遣单位并没有为小田缴纳工伤保险费。因此，小田的家人将劳务派遣单位和该工厂一起告上了法庭。

案例分析

法院经审理，最后判决劳务公司赔偿小田家人各种损失60万元，该工厂承担连带赔偿责任。

我们可以看出，该工厂原本是想通过劳务派遣的用工方式规避用工风险，结果不但没有规避风险，反而给自己惹上了麻烦。所以，用工单位想要通过劳务派遣的方式完全转移用工风险是不可能的。

在采用劳务派遣的方式时，用工单位一定要注意与渠道正规、信誉较好的公司签订劳务派遣协议。同时，还要审查劳务派遣单位与劳动者的合同以及缴纳保险费情况等，以免给劳动者造成损失时，自己的企业承担连带风险。

连线法条

《中华人民共和国劳动合同法》

第五十七条　经营劳务派遣业务应当具备下列条件：

（一）注册资本不得少于人民币二百万元；

（二）有与开展业务相适应的固定的经营场所和设施；

（三）有符合法律、行政法规规定的劳务派遣管理制度；

（四）法律、行政法规规定的其他条件。

经营劳务派遣业务，应当向劳动行政部门依法申请行政许可；经许可的，依法办理相应的公司登记。未经许可，任何单位和个人不得经营劳务派遣业务。

第五十八条　劳务派遣单位是本法所称用人单位，应当履行用人单位对劳动者的义务。劳务派遣单位与被派遣劳动者订立的劳动合同，除应当载明本法第十七条规定的事项外，还应当载明被派遣劳动者的用工单位以及派遣期限、工作岗位等情况。

劳务派遣单位应当与被派遣劳动者订立二年以上的固定期限劳动合同，按月支付劳动报酬；被派遣劳动者在无工作期间，劳务派遣单位应当按照所在地人民政府规定的最低工资标准，向其按月支付报酬。

第五十九条　劳务派遣单位派遣劳动者应当与接受以劳务派遣形式用工的单位（以下称用工单位）订立劳务派遣协议。劳务派遣协议应当约定派遣岗位和人员数量、派遣期限、劳动报酬和社会保险费的数额与支付方式以及违反协议的责任。

用工单位应当根据工作岗位的实际需要与劳务派遣单位确定派遣期限，不得将连续用工期限分割订立数个短期劳务派遣协议。

第六十条　劳务派遣单位应当将劳务派遣协议的内容告知被派遣劳动者。

劳务派遣单位不得克扣用工单位按照劳务派遣协议支付给被派遣劳动者的劳动报酬。

劳务派遣单位和用工单位不得向被派遣劳动者收取费用。

第六十一条　劳务派遣单位跨地区派遣劳动者的，被派遣劳动者享有的劳动报酬和劳动条件，按照用工单位所在地的标准执行。

第六十二条　用工单位应当履行下列义务：

（一）执行国家劳动标准，提供相应的劳动条件和劳动保护；

（二）告知被派遣劳动者的工作要求和劳动报酬；

（三）支付加班费、绩效奖金，提供与工作岗位相关的福利待遇；

（四）对在岗被派遣劳动者进行工作岗位所必需的培训；

（五）连续用工的，实行正常的工资调整机制。

用工单位不得将被派遣劳动者再派遣到其他用人单位。

第六十三条　被派遣劳动者享有与用工单位的劳动者同工同酬的权利。用工单位应当按照同工同酬原则，对被派遣劳动者与本单位同类岗位的劳动者实行相同的劳动报酬分配办法。用工单位无同类岗位劳动者的，参照用工单位所在地相同或者相近岗位劳动者的劳动报酬确定。

劳务派遣单位与被派遣劳动者订立的劳动合同和与用工单位订立的劳务派遣协议，载明或者约定的向被派遣劳动者支付的劳动报酬应当符合前款规定。

第六十四条　被派遣劳动者有权在劳务派遣单位或者用工单位依法参加或者组织工会，维护自身的合法权益。

第六十五条　被派遣劳动者可以依照本法第三十六条、第三十八条的规定与劳务派遣单位解除劳动合同。

　　被派遣劳动者有本法第三十九条和第四十条第一项、第二项规定情形的，用工单位可以将劳动者退回劳务派遣单位，劳务派遣单位依照本法有关规定，可以与劳动者解除劳动合同。

　　第六十六条　劳动合同用工是我国的企业基本用工形式。劳务派遣用工是补充形式，只能在临时性、辅助性或者替代性的工作岗位上实施。

　　前款规定的临时性工作岗位是指存续时间不超过六个月的岗位；辅助性工作岗位是指为主营业务岗位提供服务的非主营业务岗位；替代性工作岗位是指用工单位的劳动者因脱产学习、休假等原因无法工作的一定期间内，可以由其他劳动者替代工作的岗位。

　　用工单位应当严格控制劳务派遣用工数量，不得超过其用工总量的一定比例，具体比例由国务院劳动行政部门规定。

　　第六十七条　用人单位不得设立劳务派遣单位向本单位或者所属单位派遣劳动者。

第 9 章

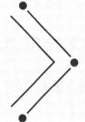

劳动争议处理过程的
法律风险防控

　　一个企业在发生劳动争议后应该怎样应对？是应该直接准备证据和劳动者将官司打到底，还是在正确分析后与劳动者协商解决？本章主要针对劳动争议的处理过程进行法律风险防控的分析，让用人单位明白如何用最低的成本和风险处理劳动争议。

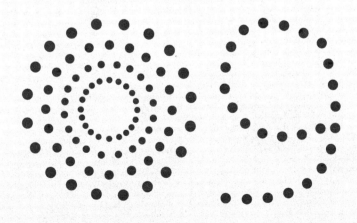

9.1　处理劳动争议第一步——协商调解

在用人单位与劳动者出现劳动争议之后，应当分析清楚各种处理方式的利弊。如果确实属于用人单位的原因，则应当尽量与员工协商调解，避免事态扩大给用人单位造成更坏的影响。

9.1.1　如何界定劳动争议

劳动争议，也称劳动纠纷，是指劳动关系的当事人之间因执行劳动法律、法规和履行劳动合同而发生的纠纷，即劳动者与所在单位之间因劳动关系中的权利义务而发生的纠纷。劳动争议的范围，在不同的国家有不同的规定。

根据《中华人民共和国劳动争议调解仲裁法》第二条的规定，劳动争议的范围如下。

（一）因确认劳动关系发生的争议；

（二）因订立、履行、变更、解除和终止劳动合同发生的争议；

（三）因除名、辞退和辞职、离职发生的争议；

（四）因工作时间、休息休假、社会保险、福利、培训以及劳动保护发生的争议；

（五）因劳动报酬、工伤医疗费、经济补偿或者赔偿金等发生的争议；

（六）劳动者与用人单位在履行劳动合同过程中发生的纠纷；

（七）劳动者与用人单位之间没有订立书面劳动合同，但已形成劳动关系后发生的纠纷；

（八）劳动者退休后，与尚未参加社会保险统筹的原用人单位因追索养老金、医疗费、工伤保险待遇和其他社会保险而发生的纠纷；

（九）法律、法规规定的其他劳动争议。

9.1.2　常见劳动争议发生的五种情况

在实务中，发生劳动争议的情况有很多种。

1. 调岗降薪

调岗调薪是实务中最容易引起劳动争议的一种行为。有的用人单位以劳动者请病假、身体不足以完成原岗位工作为由，调动劳动者的工作岗位，降低劳动者的工资。但是，如果调岗降薪不符合法律规定，劳动者就有权要求继续按照劳动合同的约定在原岗位履行劳动合同，或者主动要求解除劳动合同，并要求用人单位支付经济补偿金。

2. 不按时按额地支付加班加点工资

劳动者主张加班费的，应当就加班事实的存在承担举证责任。但劳动者有证据证明用人单位掌握加班事实存在的证据，用人单位不提供的，由用人单位承担不利后果。

除此之外，《工资支付暂行规定》第十三条明确规定，用人单位在劳动者完成劳动定额或规定的工作任务后，根据实际需要安排劳动者在法定标准工作时间以外工作的，应按以下标准支付工资：用人单位依法安排劳动者在法定标准工作时间以外延长工作时间的，按照不低于劳动合同规定的本人小时工资标准的150%支付劳动者工资。

但在实务中，一些中小企业为了减少人力成本，经常迟发少发甚至不发加班费，引起了劳动者强烈的不满。故劳动者诉用人单位不按时按额支付加班加点工资的案件比较多。

3. 离职不支付经济补偿金和经济赔偿金

用人单位在与劳动者解除劳动合同时不支付经济补偿金和经济赔偿金可能是劳动争议最常见的情形。原因就在于劳动者与用人单位解除劳动合同后，劳动者已经不再担心用人单位打击报复，会要求有关部门依法处理。

根据《中华人民共和国劳动合同法》的相关规定：终止固定期限劳动合同的，用人单位需要向劳动者支付经济补偿金；同时对于违法解除劳动合同的，用人单位需要支付双倍的经济赔偿金。

4. 女职工"三期"待遇无法保证

所谓"三期"，指的是女职工的孕期、产期和哺乳期。女职工怀孕后，需要在工作时间定期进行产前检查，工作效率不能保证。同时，因为怀孕，一些女职工可能不再适合从事当前的工作，因此很多用人单位借故调整孕妇的工作岗位，降低孕妇的工资，甚至采取种种措施逼迫孕妇离职。用人单位的这些做法都是不正确的。一旦"三期"女职工提起诉讼，败诉的往往是用人单位。

5. 不按时缴纳社会保险费

不缴纳或者少缴纳社会保险费，是很多用人单位与劳动者发生劳动争议最常见的情形之一。很多用人单位为了节省开支不为劳动者缴纳社会保险费的做法是完全不符合我国法律规定的。

如果用人单位不按时为员工缴纳社会保险费，根据《中华人民共和国劳动合同法》第三十八条的规定，劳动者有权解除劳动合同，有权要求支付经济补偿金。同时劳动者还可以到劳动监察部门投诉，要求补缴。

案例

2015 年 1 月，小刘到河南省一家刚成立的化妆品公司做销售。双方口头约定试用期半年。由于公司刚刚成立，公司与小刘约定，小刘先以个人身份缴纳社会保险费，之后再由公司给小刘报销。

试用期间，公司发现小刘的简历有虚假成分，并且在工作中屡屡违反公司规定（规章制度），给公司带来了一定的损失。试用期结束时，该公司以不符合录用条件为由将小刘辞退。小刘不服，于是向当地的劳动争议仲裁委员会申请仲裁，要求公司补缴 6 个月的社会保险费。

案例分析

当地的劳动争议仲裁委员会经审理后认为，根据《中华人民共和国劳动法》的明确规定，劳动关系双方在订立合同时，可以约定试用期，试用期包含在劳动合同期内，用人单位应该为试用期员工缴纳社会保险。

在本案中，用人单位误导小刘签订了具有不平等条款的劳动合同，同时，迫于公司的压力，小刘又错误地按照自谋职业缴纳了社会保险。

但是，根据目前我国缴纳社会保险的政策，本人按照自谋职业缴费后，无法责令用人单位补缴，但用人单位应该赔偿小刘社会保险费。无论是试用期员工还是正式员工，用人单位都应该严格按照我国法律的规定为其缴纳社会保险，否则只会得不偿失。

案例

2014 年 3 月，王女士与她所在的知名美妆产品公司签订了为期 3 年的劳动合同。工作了 2 年之后，由于王女士经常生病，承受不了公司的巨大压力，便准备向公司提交辞职申请。用人单位从日常考评中发现王女士消极怠工，便主动提出要与其解除劳动合同。

王女士同意了公司的要求，双方协商一致解除了劳动合同。劳动合同解除之后，王女士要求公司向其支付经济补偿金，但是公司认为，既然双方是协商一致解除劳动合同，就不应该再支付经济补偿金。王女士不服，遂向当地劳动争议仲裁委员会申请仲裁，要求该公司向其支付经济补偿金。

案例分析

在本案例中，虽然该用人单位与王女士协商一致解除了劳动合同，但由于是用人单位首先向王女士提出的解除劳动合同的要求，因此，按照《中华人民共和国劳动合同法》的规定，用人单位应当向王女士支付经济补偿金。

9.1.3 协商调解是解决争议的必经程序吗

所谓协商，是指劳动争议发生后，当事人就争议事项进行商量，协调双方的关系，消除矛盾，解决争议。

劳动争议为人民内部矛盾，可以也应当协商解决，但协商不是解决劳动争议的必经程序，只是国家对当事人自行协商解决劳动争议这种方式予以法律的认可。不愿协商或者协商不成的，当事人有权申请调解或者仲裁。

9.1.4 如何认定调解协议书的有效性

调解协议书是双方当事人经过协商，自愿处分其实体权利和诉讼权利的一种文书形式。

《最高人民法院关于审理涉及人民调解协议的民事案件的若干规定》第四、第五条分别规定了调解协议有效的条件和无效的情形。具备以下条件的调解协议有效。

（一）当事人具有完全民事行为能力；

（二）意思表示真实；

（三）不违反法律、行政法规的强制性规定或者社会公共利益。

具有下列情形之一的，调解协议无效：

（一）损害国家、集体或者第三人利益；

（二）以合法形式掩盖非法目的；

（三）损害社会公共利益；

（四）违反法律、行政法规的强制性规定。

除此之外，人民调解委员会强迫调解的，调解协议无效。

9.1.5 调解达成意见后可以反悔吗

调解书是否生效，直接关系到调节行为的成败。根据我国法律的相关规定，调解书应当直接送达当事人，当事人在调解书送达回执上签收的行为是调解书发生法律效力的必备条件。当事人不在送达回执单上签收的，视为拒绝，此时调解书不能发生法律效力。

案例

小沈是四川某民营企业的一名普通员工，与该用人单位签订了为期3年的劳动合同，因为劳动报酬的事情与用人单位的领导发生了争执，单位领导觉得很没有面子，于是单方面做出解除劳动合同的决定。

小沈在得到通知后，向当地劳动争议仲裁委员会提出了申诉，仲裁委员会受理此案后依法组成仲裁庭。在仲裁庭调解过程中，小沈提出，只要该公司支付经济赔偿金，自己可以同意与单位协商解除劳动合同。

该用人单位的领导表示接受小沈的提议，又经过双方进一步的协商之后，终于达成了调解协议，并各自在调解协议上签了字。可是，在仲裁庭送达调解书之前，小沈与朋友一商量，觉得自己吃亏了，不能同意调解协议的内容，想要反悔，要求恢复双方的劳动关系。但是遭到了用人单位的拒绝。小沈拒绝在调解书的送达回执单上签字。那么，小沈的调解协议到底有没有生效呢？

案例分析

调解是具有中国特色的纠纷解决机制，被普遍应用于仲裁和诉讼等程序中，很好地发挥了定纷止争的作用。

而根据我国法律的相关规定，调解书应当直接送达当事人，当事人在调解书送达回执单上签收的行为是调解书发生法律效力的必备条件。当事人不在送达回执单上签收的，视为拒绝，此时调解书不能发生法律效力。

因此，小沈的调解协议没有生效。

连线法条

《中华人民共和国劳动争议调解仲裁法》

第四十二条　仲裁庭在作出裁决前，应当先行调解。

调解达成协议的，仲裁庭应当制作调解书。

调解书应当写明仲裁请求和当事人协议的结果。调解书由仲裁员签名，加盖劳动争议仲裁委员会印章，送达双方当事人。调解书经双方当事人签收后，发生法律效力。

调解不成或者调解书送达前，一方当事人反悔的，仲裁庭应当及时作出裁决。

第五十一条　当事人对发生法律效力的调解书、裁决书，应当依照规定的期限履行。一方当事人逾期不履行的，另一方当事人可以依照民事诉讼的有关规定向人民法院申请执行。受理申请的人民法院应当依法执行。

9.2 处理劳动争议第二步——劳动争议仲裁

仲裁，是指由双方当事人协议将争议提交具有公认地位的第三者，由该第三者对争议的是非曲直进行评判并做出裁决的一种解决争议的方法。仲裁异于诉讼和审判，仲裁需要双方自愿，也异于强制调解，是一种特殊调解，是自愿型公断，区别于诉讼等强制型公断。仲裁活动和法院的审判活动一样，关乎当事人的实体权益，是解决民事争议的方式之一。

9.2.1 如何计算劳动争议仲裁时效和审理时限

为了更好地保护当事人尤其是劳动者的合法权益，《中华人民共和国劳动争议调解仲裁法》对《中华人民共和国劳动法》中规定的申请时效期间制度进行了完善。

1. 延长了申请时效期间。规定劳动争议申请仲裁的时效期间为1年，仲裁时效期间从当事人知道或者应该知道其权利被侵害之日起计算。

2. 针对实践中拖欠劳动报酬的问题比较突出而劳动者在劳动关系存续期间往往不敢申请仲裁的情况，做出特别规定：劳动关系存续期间因拖欠劳动报酬发生争议的，劳动者申请仲裁不受上述仲裁时效期间的限制；但是，劳动关系终止的，应当自劳动关系终止之日起1年内提出。

3. 补充规定了时效中断制度。规定仲裁时效因当事人一方向对方当事人主张权利，或者向有关部门请求权利救济，或者对方当事人同意履行义务而中断。从中断之日起，时效期间重新计算。

4. 完善了时效中止制度。规定因不可抗力或者有其他正当理由，当事人不能在时效期间内申请仲裁的，时效中止。从终止时效的原因消除之日起，时效期间继续计算。

同时，为了提高劳动争议仲裁效率，更好地保护当事人的合法权益，《中华人民共和国劳动争议调解仲裁法》缩短了劳动争议仲裁裁决的时限，规定仲裁庭裁决劳动争议案件，应当自劳动争议仲裁委员会受理仲裁申请之日起45日内结束。

案情复杂需要延期的，经劳动争议仲裁委员会主任批准，可以延期并书面通知当事人，但是延长期限不得超过15日。逾期未做出仲裁裁决的，当事人可以就该劳动争议事项向人民法院提出诉讼。

【案例】

2017年1月，东北某外资公司的设计工程师李某离职。而在此前2个月，和其一起共事的两名同事和好友陈某、刘某也曾先后从该公司离职。2017年7月，李某、陈某和刘某三人相约一起吃饭。

席间刘某和陈某谈及 2 个月前两人曾在原公司领取年终奖一事，而李某说自己根本就不知道这件事。于是次日，李某便向原公司询问年终奖事宜，公司认为李某已经离职，没有资格获得年终奖。而李某则指出其旧同事陈某、刘某均有年终奖。

公司不承认，李某不服，遂向当地劳动争议仲裁委员会申请仲裁。

案例分析

根据我国法律的相关规定，仲裁时效为 1 年，且在陈某、刘某告知其之前，李某没有得知其消息的渠道，不可能知道年终奖的发放事宜。其向公司询问之日也应当被视为"应当知道其权利被侵害之日"。如此说来，李某没有超过 1 年的仲裁时效，因此该公司应该给李某补发年终奖。

连线法条

《中华人民共和国劳动争议调解仲裁法》

第二十七条 劳动争议申请仲裁的时效期间为一年。仲裁时效期间从当事人知道或者应当知道其权利被侵害之日起计算。

前款规定的仲裁时效，因当事人一方向对方当事人主张权利，或者向有关部门请求权利救济，或者对方当事人同意履行义务而中断。从中断时起，仲裁时效期间重新计算。

因不可抗力或者有其他正当理由，当事人不能在本条第一款规定的仲裁时效期间申请仲裁的，仲裁时效中止。从中止时效的原因消除之日起，仲裁时效期间继续计算。

劳动关系存续期间因拖欠劳动报酬发生争议的，劳动者申请仲裁不受本条第一款规定的仲裁时效期间的限制；但是，劳动关系终止的，应当自劳动关系终止之日起一年内提出。

9.2.2 如何界定劳动争议仲裁中举证责任归属

根据《中华人民共和国劳动争议调解仲裁法》的规定，发生劳动争议，当事人对自己提出的主张，有责任提供证据。这是劳动争议举证责任的一般原则。

同时，考虑到用人单位作为用工主体方掌握和管理着劳动者的档案、工资发放、社会保险费缴纳、劳动保护提供等情况和材料，劳动者一般无法取得和提供，因此又对用人单位做出了特别的规定：与争议事项有关的证据属于用人单位掌握管理的，用人单位应当提供；用人单位不提供的，应当承担不利后果。

案例

北京某大型超市推行无纸化办公。在该公司，不仅上下级之间采取电子邮件的形式沟通，所有采购、物流、收发货、销售和人力的管理一律采用自动化的方式进行。

2016年5月，该公司一名销售主管因不服其总经理对其工作的批评，在当晚通过电子邮件的方式写了一封言辞激烈的辱骂信，并且利用公司信箱系统将该信发送给亚太区主管级以上的管理人员。

第二天，总经理发现之后，通过管理办公系统向该销售主管发出了解除劳动合同通知书，并且要求其即日办理手续离开公司。

后该主管向当地劳动争议仲裁部门提出申诉，指出该公司解除劳动合同的证据为IT部门提供的电子邮件，并非纸质证据，且不能证明其真实性。同时，该公司出具解除劳动合同通知书的方式也是电子邮件，不能产生送达的法律效力。所以，公司解除劳动合同的行为不仅证据不足，而且形式不合法。

案例分析

在本案例中，该名销售主管的违纪行为是通过网络做出的，尽管公司可以申请公证机关对电子邮件存在于公司电脑的事实进行公证，但这种公证只能证明某种结果事实，不能证明行为过程，而证据所需要证明的就是行为过程。

因此，公司的正确做法应该是先与员工谈话确认其违纪行为，并做好相应记录，而后方才可以据此解除劳动合同，并做出书面的解除劳动合同通知书交由本人签收或邮寄送达。

连线法条

《中华人民共和国劳动争议调解仲裁法》

第六条　发生劳动争议，当事人对自己提出的主张，有责任提供证据。与争议事项有关的证据属于用人单位掌握管理的，用人单位应当提供；用人单位不提供的，应当承担不利后果。

第三十九条　当事人提供的证据经查证属实的，仲裁庭应当将其作为认定事实的根据。

劳动者无法提供由用人单位掌握管理的与仲裁请求有关的证据，仲裁庭可以要求用人单位在指定期限内提供。用人单位在指定期限内不提供的，应当承担不利后果。

9.2.3 如何认定劳动争议仲裁管辖地

仲裁的管辖是指确定各个仲裁委员会受理案件的权限，它是对各个仲裁委员会审理案件的内部分工，对于劳动争议当事人而言，向哪里的仲裁委员会提出仲裁申请，直接关系到其请求是否能够被受理的问题，也直接关系到其合法权益能否及时得到保护。因此，仲裁委员会的地域管辖问题，对劳动争议当事人非常重要。

根据《中华人民共和国劳动争议调解仲裁法》第二十一条的规定，劳动争议由劳动合同履行地或者用人单位所在地的劳动争议仲裁委员会管辖。

此外，《劳动人事争议仲裁办案规则》第八条规定，劳动合同履行地为劳动者实际工作场所地，用人单位所在地为用人单位注册、登记地或者主要办事机构所在地。用人单位未经注册、登记的。其出资人、开办单位或者主管部门所在地为用人单位所在地。

综上，对劳动争议案件，企业所在地、劳动合同履行地的劳动争议仲裁委员会有管辖权。

连线法条

1.《中华人民共和国劳动争议调解仲裁法》

第十七条 劳动争议仲裁委员会按照统筹规划、合理布局和适应实际需要的原则设立。省、自治区人民政府可以决定在市、县设立；直辖市人民政府可以决定在区、县设立。直辖市、设区的市也可以设立一个或者若干个劳动争议仲裁委员会。劳动争议仲裁委员会不按行政区划层层设立。

第十九条 劳动争议仲裁委员会由劳动行政部门代表、工会代表和企业方面代表组成。劳动争议仲裁委员会组成人员应当是单数。

劳动争议仲裁委员会依法履行下列职责：

（一）聘任、解聘专职或者兼职仲裁员；

（二）受理劳动争议案件；

（三）讨论重大或者疑难的劳动争议案件；

（四）对仲裁活动进行监督。

劳动争议仲裁委员会下设办事机构，负责办理劳动争议仲裁委员会的日常工作。

第二十一条 劳动争议仲裁委员会负责管辖本区域内发生的劳动争议。

劳动争议由劳动合同履行地或者用人单位所在地的劳动争议仲裁委员会管辖。双方当事人分别向劳动合同履行地和用人单位所在地的劳动争议仲裁委员会申请仲裁的，由劳动合同履行地的劳动争议仲裁委员会管辖。

2.《劳动人事争议仲裁办案规则》

第八条　劳动合同履行地为劳动者实际工作场所地，用人单位所在地为用人单位注册、登记地或者主要办事机构所在地。用人单位未经注册、登记的，其出资人、开办单位或者主管部门所在地为用人单位所在地。

双方当事人分别向劳动合同履行地和用人单位所在地的仲裁委员会申请仲裁的，由劳动合同履行地的仲裁委员会管辖。有多个劳动合同履行地的，由最先受理的仲裁委员会管辖。劳动合同履行地不明确的，由用人单位所在地的仲裁委员会管辖。

案件受理后，劳动合同履行地或者用人单位所在地发生变化的，不改变争议仲裁的管辖。

第九条　仲裁委员会发现已受理案件不属于其管辖范围的，应当移送至有管辖权的仲裁委员会，并书面通知当事人。

对上述移送案件，受移送的仲裁委员会应当依法受理。受移送的仲裁委员会认为移送的案件按照规定不属于其管辖，或者仲裁委员会之间因管辖争议协商不成的，应当报请共同的上一级仲裁委员会主管部门指定管辖。

第十条　当事人提出管辖异议的，应当在答辩期满前书面提出。仲裁委员会应当审查当事人提出的管辖异议，异议成立的，将案件移送至有管辖权的仲裁委员会并书面通知当事人；异议不成立的，应当书面决定驳回。

当事人逾期提出的，不影响仲裁程序的进行。

9.2.4　能否不申请仲裁直接起诉

根据《中华人民共和国劳动法》第七十九条的规定，劳动争议仲裁是进入劳动争议诉讼的必经程序。也就是说，当事人如果想要向人民法院提起劳动争议诉讼，必须首先向劳动争议仲裁委员会提出仲裁申请。

案例

小方是某公司职工，2016年1月中旬突发重病，在医院接受治疗。在此期间，该厂以小方身体状况不适合本单位工作为由，做出了辞退小方的决定。3月1日，小方在医院收到了公司发来的《辞退证明书》。

2017年3月10日，小方的病好了之后，在家属的陪同下向当地劳动争议仲裁委员会提出了仲裁申请，要求该公司撤销辞退决定。劳动争议仲裁委员会以他未在收到《辞退证明书》1年之内申请仲裁，申诉时效已超过为理由，不予受理。

小方此时能否直接向当地人民法院起诉呢？

案例分析

根据我国法律规定，小方仍然可以向当地人民法院提起诉讼。根据《中华人民共和国劳动法》第七十九条的规定，劳动争议仲裁是进入劳动争议诉讼的必经程序。当事人如果想要向人民法院提起劳动争议诉讼，必须首先向劳动争议仲裁委员会提出仲裁申请。当事人对劳动争议仲裁裁决不服的，方可自收到裁决书之日起的15日内向人民法院提起民事诉讼。

连线法条

1.《中华人民共和国劳动法》

第七十九条 劳动争议发生后，当事人可以向本单位劳动争议调解委员会申请调解；调解不成，当事人一方要求仲裁的，可以向劳动争议仲裁委员会申请仲裁。当事人一方也可以直接向劳动争议仲裁委员会申请仲裁。对仲裁裁决不服的，可以向人民法院提起诉讼。

第八十二条 提出仲裁要求的一方应当自劳动争议发生之日起60日内向劳动争议仲裁委员会提出书面申请。仲裁裁决一般应在收到仲裁申请的60日内作出。对仲裁裁决无异议的，当事人必须履行。

第八十三条 劳动争议当事人对仲裁裁决不服的，可以自收到仲裁裁决书之日起十五日内向人民法院提起诉讼。一方当事人在法定期限内不起诉又不履行仲裁裁决的，另一方当事人可以申请人民法院强制执行。

2.《中华人民共和国劳动争议调解仲裁法》

第二十七条 劳动争议申请仲裁的时效期间为一年，仲裁时效期间从当事人知道或者应当知道其权利被侵害之日起计算。……

9.3 处理劳动争议第三步——诉讼

在《中华人民共和国劳动合同法》实施之后，全国各地劳动争议纠纷的数量就呈大幅度增长的趋势。这里讲述劳动争议诉讼的适用情况，使用人单位了解到劳动争议会引发的种种后果，从而能够有效地避免劳动争议的发生，减小用人单位的损失。

9.3.1 什么是诉讼

诉讼，是指司法机关即人民法院，依照法定程序，在当事人和其他诉讼参与人的参加下，解决讼争的活动。

劳动争议的诉讼，是指劳动争议当事人不服劳动争议仲裁委员会的裁决，在规定的期限内向人民法院起诉，人民法院受理后，依法对劳动争议案件进行审理的活动。此外，劳动争议的诉讼，还包括当事人一方不履行仲裁委员会已发生法律效力的裁决书或调解书，另一方当事人申请人民法院强制执行的活动。

实行劳动争议诉讼制度，从根本上将劳动争议处理工作纳入了法治轨道，以法律的强制性保证了劳动争议的彻底解决。同时，这一制度也初步形成了对劳动争议仲裁委员会的司法监督机制，对提高仲裁质量十分有利。此外，这一制度还较好地保护了当事人的诉讼权，给予不服仲裁裁决的当事人以求助于司法的权利。

劳动争议的诉讼，是解决劳动争议的最终程序。人民法院审理劳动争议案件适用《中华人民共和国民事诉讼法》所规定的诉讼程序。在审理劳动争议案件中，同样遵循司法审判中的一般诉讼原则，如以事实为依据、以法律为准绳的原则、独立行使审判权的原则、回避原则等。

此外，根据劳动争议案件的特殊性，还应体现密切与有关单位配合的原则。因为处理劳动争议案件要以法律为准绳，主要就是以《中华人民共和国劳动法》为依据。劳动行政部门是国家管理劳动工作的专门部门，了解和熟悉劳动法律政策。

另外，工会等有关部门都从事企业生产、安全、工资福利、劳动保护等各项管理和监督检查工作，对情况也比较熟悉。特别是劳动争议仲裁机关，是代表国家处理劳动争议的专职机构，负责直接受理和处理各种劳动争议案件，对争议的原因、过程等情况比较了解，且有办案经验。

因此，人民法院审理劳动争议案件时，会向这些单位调查，认真听取他们的意见，使案件的审理更加适合处理劳动争议的实际需要。

根据《中华人民共和国民事诉讼法》的有关规定，结合劳动争议案件的诉讼主体既有法人又有劳动者个人，以及劳动争议必须及时处理等特点和要求，人民法院的劳动争议案件管辖一般由劳动争议仲裁委员会所在地的人民法院受理。

具体讲，对于案情比较简单、影响不大的劳动争议案件，一般由劳动争议仲裁委员会所在地的基层人民法院做第一审；对于案情复杂、影响很大的劳动争议案件，基层人民法院审理有困难的，可由中级人民法院做第一审。

根据《中华人民共和国劳动法》和《中华人民共和国劳动争议调解仲裁法》的规定，劳动争议当事人对仲裁裁决不服的，自收到裁决书之日起15日内，可以向人民法院起诉。一方当事人在法定期限内既不起诉又不履行仲裁裁决的，另一方当事人可以申请人民法院强制执行。

9.3.2 劳动争议诉讼和劳动争议仲裁的区别是什么

劳动争议仲裁，是指劳动争议仲裁机构根据劳动争议当事人的请求，对劳动争议的事实和责任依法做出判断和裁决，并对当事人具有法律约束力的一种劳动争议处理方式。劳动争议诉讼，是指人民法院对当事人不服劳动争议仲裁机构的裁决或决定而起诉的劳动争议案件，依照法定程序进行审理和判决，并对当事人具有强制执行力的一种劳动争议处理方式。

劳动争议仲裁是劳动争议诉讼的法定前置程序，即"先裁后审"制，劳动争议当事人须首先将争议提交劳动争议仲裁机构进行仲裁。仲裁裁决后，如对仲裁裁决不服的，应在收到裁决书之日起15日内向人民法院起诉，未经仲裁而直接向人民法院起诉的，人民法院不予受理。

收到仲裁裁决后，当事人未在15日内起诉的，裁决发生法律效力，当事人应当履行该裁决，否则对方可申请人民法院强制执行；在15日内起诉的，仲裁裁决不发生法律效力，人民法院应当对该劳动争议进行全面审理，不受已完成的仲裁的影响。

劳动争议仲裁既有行政性质，又有法律保证履行的权威；劳动争议诉讼则是完全的司法性质，具有最终的司法裁判权。劳动争议仲裁程序的法律依据主要是《中华人民共和国劳动争议调解仲裁法》；劳动争议诉讼的法律依据主要是《中华人民共和国民事诉讼法》。劳动争议仲裁和劳动争议诉讼过程中对事实判断的法律依据主要是《中华人民共和国劳动法》和《中华人民共和国劳动合同法》等相关劳动法律法规。

劳动争议仲裁有如下原则。

（1）先行调解原则；

（2）少数服从多数原则；

（3）及时原则。

劳动争议诉讼有如下原则。

（1）以事实为依据；

（2）以法律为准绳。

劳动争议仲裁只有一审，仲裁裁决做出并送达后，仲裁程序即终结，如当事人对裁决不服，不能向上一级仲裁机构再行申请仲裁，而只能向人民法院起诉进入诉讼程序；劳动争议诉讼则有二审，诉讼一审结束后，如对一审的判决不服，当事人可向上一级法院上诉，二审法院应对一审法院判决所认定的事实和适用的法律进行全面审查。

9.4 集体合同争议的处理

除了个体劳动者会与用人单位发生合同争议，集体合同往往也会引起双方的争议。当出现集体合同争议的时候，用人单位应该如何做才能够规避法律风险、将损失降到最小呢？

9.4.1 什么是集体合同争议

集体合同争议，是劳动争议的一种，是集体合同当事人对合同的内容、履行情况和不履行后果产生的争议。

对集体合同内容的争议，是指当事人在集体合同协商时就确定合同的标准条件、义务条款产生的争议或对已签订的合同的标准条件、义务条款在理解和解释上产生的分歧。

在我国，由于集体合同当事人之间没有根本的利害冲突，大多数合同争议通过当事人双方协商、政府协调、劳动争议仲裁机构仲裁便可得到解决。少数经协调、仲裁仍不能解决和当事人直接提起诉讼的案件，可由人民法院判决解决。

9.4.2 如何处理集体合同争议

对于集体合同的争议，主要有以下4种解决办法。

1.协商解决集体合同争议。协商解决集体合同争议是指企业与工会在自愿的基础上，互谅互让，按照法律、法规规定，解决双方争议。

协商解决集体合同争议的原则如下。

（1）在国家法律、法规允许的范围内协商解决。协议内容不得违反国家法律、法规，不得损害第三者的利益，即国家利益、社会利益和其他人的利益。对于违约责任的处理，只要集体合同中约定的违约责任条款是合法的，就应追究违约者的责任。不能借协商之名，对违法行为姑息迁就。

（2）在平等的前提下协商解决。集体合同当事人双方的法律地位是平等的，在协商解决集体合同争议时，都应以平等的态度对待对方，决不允许给对方施加压力，或以某种手段要挟。协商解决集体合同争议，简便易行，能够及时解决争议，且有利于双方团结，防止矛盾扩大。

2.协调解决集体合同争议。协调解决集体合同争议是指在当地人民政府劳动行政部门会同有关部门通过调解，使集体合同当事人双方解决争议。一般来讲，由当地人民政府出面协调，有利于企业内部的集体合同争议的解决。

为此，《中华人民共和国劳动法》第八十四条规定：因签订集体合同发生争议，当事人协商解决不成的，当地人民政府劳动行政部门可以组织有关各方协调处理。

当地人民政府劳动行政部门协调解决集体合同争议，应查清事实，分清责任，耐心听取双方意见，宣传国家有关法律、法规和政策，并明确指出当事人的过错、责任。只有这样，才能促使双方在自愿的基础上达成协议。

当地人民政府劳动行政部门协调解决争议，要秉公办事，不徇私情，不要以势压人，否则将不利于解决争议。集体合同争议，经协调达成协议，应制定协议书，作为解决集体合同争议的根据。当事人双方和主持协调部门应在协议书上签名盖章。

3. 仲裁解决集体合同争议。集体合同争议的仲裁是指劳动争议仲裁机关对集体合同争议的仲裁。它既不同于当地人民政府行政部门协调解决，也不同于法院的审判，它是具有法律效力的行政措施。通过仲裁，对不遵守集体合同的有过错的一方，采取强制措施，追究违约责任，以保护集体合同的全面履行。

4. 审判解决集体合同争议。集体合同争议的审判是指人民法院审理集体合同争议案件的活动。目前我国集体合同争议案件，一般通过行政手段加以解决。通过司法手段解决行政手段不能解决的那部分集体合同争议案件，有利于集体合同制度的推行和生产、工作秩序的稳定。

第 10 章

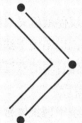

本书法律法规等的适用版本

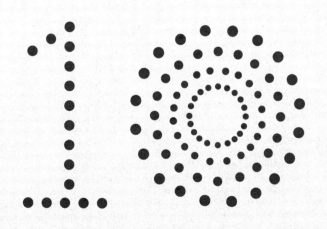

本书中所提到的法律法规等的具体版本如下。

● 法律

《中华人民共和国劳动法》

（1994 年 7 月 5 日第八届全国人民代表大会常务委员会第八次会议通过，自 1995 年 1 月 1 日起施行。根据 2009 年 8 月 27 日第十一届全国人民代表大会常务委员会第十次会议《关于修改部分法律的决定》修正。根据 2018 年 12 月 29 日第十三届全国人民代表大会常务委员会第七次会议《关于修改〈中华人民共和国劳动法〉等七部法律的决定》修正）

《中华人民共和国劳动合同法》

（2007 年 6 月 29 日第十届全国人民代表大会常务委员会第二十八次会议通过，自 2008 年 1 月 1 日起施行。根据 2012 年 12 月 28 日第十一届全国人民代表大会常务委员会第三十次会议《关于修改〈中华人民共和国劳动合同法〉的决定》修正）

《中华人民共和国民法典》

（2020 年 5 月 28 日第十三届全国人民代表大会第三次会议表决通过了《中华人民共和国民法典》，自 2021 年 1 月 1 日起施行）

《中华人民共和国劳动争议调解仲裁法》

（2007 年 12 月 29 日第十届全国人民代表大会常务委员会第三十一次会议通过，自 2008 年 5 月 1 日起施行）

《中华人民共和国民事诉讼法》

（1991 年 4 月 9 日第七届全国人民代表大会第四次会议通过，自公布之日起施行。2021 年 12 月 24 日，中华人民共和国第十三届全国人民代表大会常务委员会第三十二次会议通过《全国人民代表大会常务委员会关于修改〈中华人民共和国民事诉讼法〉的决定》，自 2022 年 1 月 1 日起施行。）

《中华人民共和国社会保险法》

（2010 年 10 月 28 日第十一届全国人民代表大会常务委员会第十七次会议通过，自 2011 年 7 月 1 日起施行。根据 2018 年 12 月 29 日第十三届全国人民代表大

会常务委员会第七次会议《关于修改〈中华人民共和国社会保险法〉的决定》修正）

《中华人民共和国职业教育法》

（1996年5月15日第八届全国人民代表大会常务委员会第十九次会议通过，自1996年9月1日起施行）

《中华人民共和国刑法》

（1979年7月1日第五届全国人民代表大会第二次会议通过，自1980年1月1日起施行。2020年12月26日，中华人民共和国第十三届全国人民代表大会常务委员会第二十四次会议通过《中华人民共和国刑法修正案（十一）》，自2021年3月1日起施行）

《中华人民共和国国籍法》

（1980年9月10日第五届全国人民代表大会第三次会议通过，自公布之日起施行）

《中华人民共和国出境入境管理法》

（2012年6月30日第十一届全国人民代表大会常务委员会第二十七次会议通过，自2013年7月1日起施行）

● 行政法规及文件

《劳动保障监察条例》

（2004年10月26日国务院第68次常务会议通过，2004年11月1日中华人民共和国国务院令第423号发布，自2004年12月1日起施行）

《中华人民共和国劳动合同法实施条例》

（2008年9月3日国务院第25次常务会议通过，2008年9月18日中华人民共和国国务院令第535号公布，自公布之日起施行）

《失业保险条例》

（1998年12月16日国务院第11次常务会议通过，1999年1月22日中华人民共和国国务院令第258号发布，自发布之日起施行）

《工伤保险条例》

（2003年4月27日中华人民共和国国务院令第375号公布，自2004年1月1日起施行。根据2010年12月20日《关于修改〈工伤保险条例〉的决定》修订，自2011年1月1日起施行）

《住房公积金管理条例》

（1999年4月3日中华人民共和国国务院令第262号发布，自发布之日起施行。根据2002年3月24日《国务院关于修改〈住房公积金管理条例〉的决定》修订。根据2019年3月24日《国务院关于废止和修改部分行政法规的决定》修订）

《人力资源市场暂行条例》

（2018年5月2日国务院第7次常务会议通过，2018年6月29日中华人民共和国国务院令第700号公布，自2018年10月1日起施行）

《中华人民共和国外国人入境出境管理条例》

（2013年7月3日国务院第15次常务会议通过，2013年7月12日中华人民共和国国务院令第637号公布，自2013年9月1日起施行）

《职工带薪年休假条例》

（2007年12月7日国务院第198次常务会议通过，2007年12月14日中华人民共和国国务院令第514号公布，自2008年1月1日起施行）

《国务院关于建立城镇职工基本医疗保险制度的决定》

（1998年12月14日国发〔1998〕44号颁布，自颁布之日起实施）

《国务院关于完善企业职工基本养老保险制度的决定》

（2005年12月3日国发〔2005〕38号发布，自发布之日起实施）

《国务院关于大力推进职业教育改革与发展的决定》

（2002年8月24日国发〔2002〕16号发布）

《国务院关于工人退休、退职的暂行办法》

（1978年5月24日第五届全国人民代表大会常务委员会第二次会议原则批准，国发〔1978〕104号颁布）

《关于工资总额组成的规定》

（1989年9月30日国务院批准，1990年1月1日国家统计局令第1号发布，自发布之日起施行）

《女职工劳动保护特别规定》

（2012年4月18日国务院第200次常务会议通过，2012年4月28日中华人民共和国国务院令第619号公布，自公布之日起施行）

《国务院关于职工工作时间的规定》

（1994年2月3日中华人民共和国国务院令第146号发布。根据1995年3月25日《国务院关于修改〈国务院关于职工工作时间的规定〉的决定》修订，修订版本自1995年5月1日起施行）

《国务院关于职工探亲待遇的规定》

（1981年3月6日第五届全国人民代表大会常务委员会第十七次会议批准，国务院1981年3月14日国发〔1981〕36号公布，自公布之日起施行）

《全国年节及纪念日放假办法》

（1949年12月23日政务院发布。根据2013年12月11日《国务院关于修改

〈全国年节及纪念日放假办法〉的决定》第三次修订，中华人民共和国国务院令第 644 号公布，自 2014 年 1 月 1 日起施行）

● 部门规章及文件

《关于贯彻执行〈中华人民共和国劳动法〉若干问题的意见》

（1995 年 8 月 4 日劳部发〔1995〕309 号发布）

《劳动部办公厅关于试用期内解除劳动合同处理依据问题的复函》

（1995 年 10 月 10 日劳办发〔1995〕264 号发布）

《劳动部办公厅对〈关于如何确定试用期内不符合录用条件可以解除劳动合同的请示〉的复函》

（1995 年 1 月 15 日劳办发〔1995〕16 号发布）

《劳动部办公厅对劳部发〔1996〕354 号文件有关问题解释的通知》

（1997 年 2 月 5 日劳办发〔1997〕18 号发布）

《违反和解除劳动合同的经济补偿办法》

（1994 年 12 月 3 日劳部发〔1994〕481 号发布。2017 年 11 月 24 日人社部发〔2017〕87 号宣布废止）

《劳动人事争议仲裁办案规则》

（2017 年 4 月 24 日人力资源和社会保障部第 123 次部务会审议通过，2017 年 5 月 8 日中华人民共和国人力资源和社会保障部令第 33 号发布，自 2017 年 7 月 1 日起施行）

《工资支付暂行规定》

（1994 年 12 月 6 日劳部发〔1994〕489 号发布，自 1995 年 1 月 1 日起执行）

《对〈工资支付暂行规定〉有关问题的补充规定》

（1995 年 5 月 12 日劳部发〔1995〕226 号发布）

《最低工资规定》

（2004 年 1 月 20 日中华人民共和国劳动和社会保障部令第 21 号公布，自 2004 年 3 月 1 日起施行）

《企业职工患病或非因工负伤医疗期规定》

（1994 年 12 月 1 日劳部发〔1994〕479 号发布，自 1995 年 1 月 1 日起施行）

《关于贯彻〈企业职工患病或非因工负伤医疗期规定〉的通知》

（1995 年 5 月 23 日劳部发〔1995〕236 号发布）

《就业服务与就业管理规定》

（2007 年 11 月 5 日劳动保障部令第 28 号公布，自 2008 年 1 月 1 日起施行。根据 2018 年 12 月 14 日人力资源和社会保障部令第 38 号《人力资源和社会保障

部关于修改部分规章的决定》第三次修订）

《外国人在中国就业管理规定》

（1996 年 1 月 22 日劳部发〔1996〕29 号公布，自 1996 年 5 月 1 日起施行。根据 2017 年 3 月 13 日《人力资源社会保障部关于修改〈外国人在中国就业管理规定〉的决定》第二次修订）

《未成年工特殊保护规定》

（1994 年 12 月 9 日劳部发〔1994〕498 号发布，自 1995 年 1 月 1 日起施行）

《失业保险金申领发放办法》

（2000 年 10 月 26 日劳动和社会保障部令第 8 号发布，2018 年 12 月 14 日《人力资源社会保障部关于修改部分规章的决定》修订）

《企业职工生育保险试行办法》

（1994 年 12 月 14 日劳部发〔1994〕504 号发布，自 1995 年 1 月 1 日起试行）

《劳动部办公厅对"关于国有企业和集体所有制企业能否参照执行劳部发〔1994〕118 号文件中有关规定的请示"的复函》

（1994 年 8 月 16 日劳办发〔1994〕256 号发布）

《关于贯彻执行〈中华人民共和国劳动法〉若干问题的意见》

（1995 年 8 月 4 日劳部发〔1995〕309 号）

《关于〈国务院关于职工工作时间的规定〉的实施办法》

（1995 年 3 月 25 日劳部发〔1995〕143 号发布）

《劳动部关于〈中华人民共和国劳动法〉若干条文的说明》

（1994 年 9 月 5 日劳办发〔1994〕289 号发布）

《劳动部办公厅关于职工因岗位变更与企业发生争议等有关问题的复函》

（1996 年 5 月 30 日劳办发〔1996〕100 号）

《集体合同规定》

（2004 年 1 月 20 日劳动和社会保障部令第 22 号公布，自 2004 年 5 月 1 日起施行）

《关于制止和纠正违反国家规定办理企业职工提前退休有关问题的通知》

（1999 年 3 月 9 日劳社部发〔1999〕8 号发布）

《劳动部关于企业职工流动若干问题的通知》

（1996 年 10 月 31 日劳部发〔1996〕355 号发布）

● 司法解释等

《最高人民法院知识产权案件年度报告（2009）》

（2010 年 4 月 23 日法〔2010〕173 号发布）

《山东省高级人民法院关于印发全省民事审判工作座谈会纪要的通知》

（2005 年 11 月 23 日鲁高法〔2005〕201 号发布）

《上海市企业工资支付办法》

（2016 年 6 月 27 日沪人社综发〔2016〕29 号）

10.1　《中华人民共和国劳动法》

（1994 年 7 月 5 日第八届全国人民代表大会常务委员会第八次会议通过，自 1995 年 1 月 1 日起施行。根据 2009 年 8 月 27 日第十一届全国人民代表大会常务委员会第十次会议《关于修改部分法律的决定》修正。根据 2018 年 12 月 29 日第十三届全国人民代表大会常务委员会第七次会议《关于修改〈中华人民共和国劳动法〉等七部法律的决定》修正）

第一章　总则

第一条　为了保护劳动者的合法权益，调整劳动关系，建立和维护适应社会主义市场经济的劳动制度，促进经济发展和社会进步，根据宪法，制定本法。

第二条　在中华人民共和国境内的企业、个体经济组织（以下统称用人单位）和与之形成劳动关系的劳动者，适用本法。

国家机关、事业组织、社会团体和与之建立劳动合同关系的劳动者，依照本法执行。

第三条　劳动者享有平等就业和选择职业的权利、取得劳动报酬的权利、休息休假的权利、获得劳动安全卫生保护的权利、接受职业技能培训的权利、享受社会保险和福利的权利、提请劳动争议处理的权利以及法律规定的其他劳动权利。

劳动者应当完成劳动任务，提高职业技能，执行劳动安全卫生规程，遵守劳动纪律和职业道德。

第四条　用人单位应当依法建立和完善规章制度，保障劳动者享有劳动权利和履行劳动义务。

第五条　国家采取各种措施，促进劳动就业，发展职业教育，制定劳动标准，调节社会收入，完善社会保险，协调劳动关系，逐步提高劳动者的生活水平。

第六条　国家提倡劳动者参加社会义务劳动，开展劳动竞赛和合理化建议活动，鼓励和保护劳动者进行科学研究、技术革新和发明创造，表彰和奖励劳动模范和先进工作者。

第七条　劳动者有权依法参加和组织工会。

工会代表和维护劳动者的合法权益，依法独立自主地开展活动。

第八条　劳动者依照法律规定，通过职工大会、职工代表大会或者其他形式，参与民主管理或者就保护劳动者合法权益与用人单位进行平等协商。

第九条　国务院劳动行政部门主管全国劳动工作。

县级以上地方人民政府劳动行政部门主管本行政区域内的劳动工作。

第二章　促进就业

第十条　国家通过促进经济和社会发展，创造就业条件，扩大就业机会。

国家鼓励企业、事业组织、社会团体在法律、行政法规规定的范围内兴办产业或者拓展经营，增加就业。

国家支持劳动者自愿组织起来就业和从事个体经营实现就业。

第十一条　地方各级人民政府应当采取措施，发展多种类型的职业介绍机构，提供就业服务。

第十二条　劳动者就业，不因民族、种族、性别、宗教信仰不同而受歧视。

第十三条　妇女享有与男子平等的就业权利。在录用职工时，除国家规定的不适合妇女的工种或者岗位外，不得以性别为由拒绝录用妇女或者提高对妇女的录用标准。

第十四条　残疾人、少数民族人员、退出现役的军人的就业，法律、法规有特别规定的，从其规定。

第十五条　禁止用人单位招用未满十六周岁的未成年人。

文艺、体育和特种工艺单位招用未满十六周岁的未成年人，必须遵守国家有关规定，并保障其接受义务教育的权利。

第三章　劳动合同和集体合同

第十六条　劳动合同是劳动者与用人单位确立劳动关系、明确双方权利和义务的协议。

建立劳动关系应当订立劳动合同。

第十七条　订立和变更劳动合同，应当遵循平等自愿、协商一致的原则，不得违反法律、行政法规的规定。

劳动合同依法订立即具有法律约束力，当事人必须履行劳动合同规定的义务。

第十八条　下列劳动合同无效：

（一）违反法律、行政法规的劳动合同；

（二）采取欺诈、威胁等手段订立的劳动合同。

无效的劳动合同，从订立的时候起，就没有法律约束力。确认劳动合同部分无效的，如果不影响其余部分的效力，其余部分仍然有效。

劳动合同的无效，由劳动争议仲裁委员会或者人民法院确认。

第十九条　劳动合同应当以书面形式订立，并具备以下条款：

（一）劳动合同期限；

（二）工作内容；

（三）劳动保护和劳动条件；

（四）劳动报酬；

（五）劳动纪律；

（六）劳动合同终止的条件；

（七）违反劳动合同的责任。

劳动合同除前款规定的必备条款外，当事人可以协商约定其他内容。

第二十条　劳动合同的期限分为有固定期限、无固定期限和以完成一定的工作为期限。

劳动者在同一用人单位连续工作满十年以上，当事人双方同意延续劳动合同的，如果劳动者提出订立无固定期限的劳动合同，应当订立无固定期限的劳动合同。

第二十一条　劳动合同可以约定试用期。试用期最长不得超过六个月。

第二十二条　劳动合同当事人可以在劳动合同中约定保守用人单位商业秘密的有关事项。

第二十三条　劳动合同期满或者当事人约定的劳动合同终止条件出现，劳动合同即行终止。

第二十四条　经劳动合同当事人协商一致，劳动合同可以解除。

第二十五条　劳动者有下列情形之一的，用人单位可以解除劳动合同：

（一）在试用期间被证明不符合录用条件的；

（二）严重违反劳动纪律或者用人单位规章制度的；

（三）严重失职，营私舞弊，对用人单位利益造成重大损害的；

（四）被依法追究刑事责任的。

第二十六条　有下列情形之一的，用人单位可以解除劳动合同，但是应当提前三十日以书面形式通知劳动者本人：

（一）劳动者患病或者非因工负伤，医疗期满后，不能从事原工作也不能从事由用人单位另行安排的工作的；

（二）劳动者不能胜任工作，经过培训或者调整工作岗位，仍不能胜任工作的；

（三）劳动合同订立时所依据的客观情况发生重大变化，致使原劳动合同无法履行，经当事人协商不能就变更劳动合同达成协议的。

第二十七条　用人单位濒临破产进行法定整顿期间或者生产经营状况发生严重困难，确需裁减人员的，应当提前三十日向工会或者全体职工说明情况，听取工会或者职工的意见，经向劳动行政部门报告后，可以裁减人员。

用人单位依据本条规定裁减人员，在六个月内录用人员的，应当优先录用被裁减的人员。

第二十八条　用人单位依据本法第二十四条、第二十六条、第二十七条的规定解除劳动合同的，应当依照国家有关规定给予经济补偿。

第二十九条　劳动者有下列情形之一的，用人单位不得依据本法第二十六条、第二十七条的规定解除劳动合同：

（一）患职业病或者因工负伤并被确认丧失或者部分丧失劳动能力的；

（二）患病或者负伤，在规定的医疗期内的；

（三）女职工在孕期、产期、哺乳期内的；

（四）法律、行政法规规定的其他情形。

第三十条　用人单位解除劳动合同，工会认为不适当的，有权提出意见。如果用人单位违反法律、法规或者劳动合同，工会有权要求重新处理；劳动者申请仲裁或者提起诉讼的，工会应当依法给予支持和帮助。

第三十一条　劳动者解除劳动合同，应当提前三十日以书面形式通知用人单位。

第三十二条　有下列情形之一的，劳动者可以随时通知用人单位解除劳动合同：

（一）在试用期内的；

（二）用人单位以暴力、威胁或者非法限制人身自由的手段强迫劳动的；

（三）用人单位未按照劳动合同约定支付劳动报酬或者提供劳动条件的。

第三十三条　企业职工一方与企业可以就劳动报酬、工作时间、休息休假、劳动安全卫生、保险福利等事项，签订集体合同。集体合同草案应当提交职工代表大会或者全体职工讨论通过。

集体合同由工会代表职工与企业签订；没有建立工会的企业，由职工推举的代表与企业签订。

第三十四条　集体合同签订后应当报送劳动行政部门；劳动行政部门自收到集体合同文本之日起十五日内未提出异议的，集体合同即行生效。

第三十五条　依法签订的集体合同对企业和企业全体职工具有约束力。职工个人与企业订立的劳动合同中劳动条件和劳动报酬等标准不得低于集体合同的规定。

第四章　工作时间和休息休假

第三十六条　国家实行劳动者每日工作时间不超过八小时、平均每周工作时间不超过四十四小时的工时制度。

第三十七条　对实行计件工作的劳动者，用人单位应当根据本法第三十六条规定的工时制度合理确定其劳动定额和计件报酬标准。

第三十八条　用人单位应当保证劳动者每周至少休息一日。

第三十九条　企业因生产特点不能实行本法第三十六条、第三十八条规定的，经劳动行政部门批准，可以实行其他工作和休息办法。

第四十条　用人单位在下列节日期间应当依法安排劳动者休假：

（一）元旦；

（二）春节；

（三）国际劳动节；

（四）国庆节；

（五）法律、法规规定的其他休假节日。

第四十一条　用人单位由于生产经营需要，经与工会和劳动者协商后可以延长工作时间，一般每日不得超过一小时；因特殊原因需要延长工作时间的，在保障劳动者身体健康的条件下延长工作时间每日不得超过三小时，但是每月不得超过三十六小时。

第四十二条　有下列情形之一的，延长工作时间不受本法第四十一条规定的限制：

（一）发生自然灾害、事故或者因其他原因，威胁劳动者生命健康和财产安全，需要紧急处理的；

（二）生产设备、交通运输线路、公共设施发生故障，影响生产和公众利益，必须及时抢修的；

（三）法律、行政法规规定的其他情形。

第四十三条　用人单位不得违反本法规定延长劳动者的工作时间。

第四十四条　有下列情形之一的，用人单位应当按照下列标准支付高于劳动者正常工作时间工资的工资报酬：

（一）安排劳动者延长工作时间的，支付不低于工资的百分之一百五十的工资报酬；

（二）休息日安排劳动者工作又不能安排补休的，支付不低于工资的百分之二百的工资报酬；

（三）法定休假日安排劳动者工作的，支付不低于工资的百分之三百的工资报酬。

第四十五条　国家实行带薪年休假制度。

劳动者连续工作一年以上的，享受带薪年休假。具体办法由国务院规定。

第五章　工资

第四十六条　工资分配应当遵循按劳分配原则，实行同工同酬。

工资水平在经济发展的基础上逐步提高。国家对工资总量实行宏观调控。

第四十七条　用人单位根据本单位的生产经营特点和经济效益，依法自主确定本单位的工资分配方式和工资水平。

第四十八条　国家实行最低工资保障制度。最低工资的具体标准由省、自治区、直辖市人民政府规定，报国务院备案。

用人单位支付劳动者的工资不得低于当地最低工资标准。

第四十九条　确定和调整最低工资标准应当综合参考下列因素：

（一）劳动者本人及平均赡养人口的最低生活费用；

（二）社会平均工资水平；

（三）劳动生产率；

（四）就业状况；

（五）地区之间经济发展水平的差异。

第五十条　工资应当以货币形式按月支付给劳动者本人。不得克扣或者无故拖欠劳动者的工资。

第五十一条　劳动者在法定休假日和婚丧假期间以及依法参加社会活动期间，用人单位应当依法支付工资。

第六章　劳动安全卫生

第五十二条　用人单位必须建立、健全劳动安全卫生制度，严格执行国家劳动安全卫生规程和标准，对劳动者进行劳动安全卫生教育，防止劳动过程中的事故，减少职业危害。

第五十三条　劳动安全卫生设施必须符合国家规定的标准。

新建、改建、扩建工程的劳动安全卫生设施必须与主体工程同时设计、同时施工、同时投入生产和使用。

第五十四条　用人单位必须为劳动者提供符合国家规定的劳动安全卫生条件和必要的劳动防护用品，对从事有职业危害作业的劳动者应当定期进行健康检查。

第五十五条　从事特种作业的劳动者必须经过专门培训并取得特种作业资格。

第五十六条　劳动者在劳动过程中必须严格遵守安全操作规程。

劳动者对用人单位管理人员违章指挥、强令冒险作业，有权拒绝执行；对危害生命安全和身体健康的行为，有权提出批评、检举和控告。

第五十七条　国家建立伤亡事故和职业病统计报告和处理制度。县级以上各级人民政府劳动行政部门、有关部门和用人单位应当依法对劳动者在劳动过程中发生的伤亡事故和劳动者的职业病状况，进行统计、报告和处理。

第七章　女职工和未成年工特殊保护

第五十八条　国家对女职工和未成年工实行特殊劳动保护。

未成年工是指年满十六周岁未满十八周岁的劳动者。

第五十九条　禁止安排女职工从事矿山井下、国家规定的第四级体力劳动强度的劳动和其他禁忌从事的劳动。

第六十条　不得安排女职工在经期从事高处、低温、冷水作业和国家规定的第三级体力劳动强度的劳动。

第六十一条　不得安排女职工在怀孕期间从事国家规定的第三级体力劳动强度的劳动和孕期禁忌从事的劳动。对怀孕七个月以上的女职工，不得安排其延长工作时间和夜班劳动。

第六十二条　女职工生育享受不少于九十天的产假。

第六十三条　不得安排女职工在哺乳未满一周岁的婴儿期间从事国家规定的第三级体力劳动强度的劳动和哺乳期禁忌从事的其他劳动，不得安排其延长工作时间和夜班劳动。

第六十四条　不得安排未成年工从事矿山井下、有毒有害、国家规定的第四级体力劳动强度的劳动和其他禁忌从事的劳动。

第六十五条　用人单位应当对未成年工定期进行健康检查。

第八章　职业培训

第六十六条　国家通过各种途径，采取各种措施，发展职业培训事业，开发劳动者的职业技能，提高劳动者素质，增强劳动者的就业能力和工作能力。

第六十七条　各级人民政府应当把发展职业培训纳入社会经济发展的规划，鼓励和支持有条件的企业、事业组织、社会团体和个人进行各种形式的职业培训。

第六十八条　用人单位应当建立职业培训制度，按照国家规定提取和使用职业培训经费，根据本单位实际，有计划地对劳动者进行职业培训。

从事技术工种的劳动者，上岗前必须经过培训。

第六十九条　国家确定职业分类，对规定的职业制定职业技能标准，实行职业资格证书制度，由经备案的考核鉴定机构负责对劳动者实施职业技能考核鉴定。

第九章　社会保险和福利

第七十条　国家发展社会保险事业，建立社会保险制度，设立社会保险基金，使劳动者在年老、患病、工伤、失业、生育等情况下获得帮助和补偿。

第七十一条　社会保险水平应当与社会经济发展水平和社会承受能力相适应。

第七十二条　社会保险基金按照保险类型确定资金来源，逐步实行社会统筹。用人单位和劳动者必须依法参加社会保险，缴纳社会保险费。

第七十三条　劳动者在下列情形下，依法享受社会保险待遇：

（一）退休；

（二）患病、负伤；

（三）因工伤残或者患职业病；

（四）失业；

（五）生育。

劳动者死亡后，其遗属依法享受遗属津贴。

劳动者享受社会保险待遇的条件和标准由法律、法规规定。

劳动者享受的社会保险金必须按时足额支付。

第七十四条　社会保险基金经办机构依照法律规定收支、管理和运营社会保险基金，并负有使社会保险基金保值增值的责任。

社会保险基金监督机构依照法律规定，对社会保险基金的收支、管理和运营实施监督。

社会保险基金经办机构和社会保险基金监督机构的设立和职能由法律规定。

任何组织和个人不得挪用社会保险基金。

第七十五条　国家鼓励用人单位根据本单位实际情况为劳动者建立补充保险。

国家提倡劳动者个人进行储蓄性保险。

第七十六条　国家发展社会福利事业，兴建公共福利设施，为劳动者休息、休养和疗养提供条件。

用人单位应当创造条件，改善集体福利，提高劳动者的福利待遇。

第十章　劳动争议

第七十七条　用人单位与劳动者发生劳动争议，当事人可以依法申请调解、仲裁、提起诉讼，也可以协商解决。

调解原则适用于仲裁和诉讼程序。

第七十八条　解决劳动争议，应当根据合法、公正、及时处理的原则，依法维护劳动争议当事人的合法权益。

第七十九条　劳动争议发生后，当事人可以向本单位劳动争议调解委员会申请调解；调解不成，当事人一方要求仲裁的，可以向劳动争议仲裁委员会申请仲裁。当事人一方也可以直接向劳动争议仲裁委员会申请仲裁。对仲裁裁决不服的，可以向人民法院提起诉讼。

第八十条　在用人单位内，可以设立劳动争议调解委员会。劳动争议调解委员会由职工代表、用人单位代表和工会代表组成。劳动争议调解委员会主任由工会代表担任。

劳动争议经调解达成协议的，当事人应当履行。

第八十一条　劳动争议仲裁委员会由劳动行政部门代表、同级工会代表、用人单位方面的代表组成。劳动争议仲裁委员会主任由劳动行政部门代表担任。

第八十二条　提出仲裁要求的一方应当自劳动争议发生之日起六十日内向劳动争议仲裁委员会提出书面申请。仲裁裁决一般应在收到仲裁申请的六十日内作出。对仲裁裁决无异议的，当事人必须履行。

第八十三条　劳动争议当事人对仲裁裁决不服的，可以自收到仲裁裁决书之日起十五日内向人民法院提起诉讼。一方当事人在法定期限内不起诉又不履行仲裁裁决的，另一方当事人可以申请人民法院强制执行。

第八十四条　因签订集体合同发生争议，当事人协商解决不成的，当地人民政府劳动行政部门可以组织有关各方协调处理。

因履行集体合同发生争议，当事人协商解决不成的，可以向劳动争议仲裁委员会申请仲裁；对仲裁裁决不服的，可以自收到仲裁裁决书之日起十五日内向人民法院提出诉讼。

第十一章　监督检查

第八十五条　县级以上各级人民政府劳动行政部门依法对用人单位遵守劳动法律、法规的情况进行监督检查，对违反劳动法律、法规的行为有权制止，并责令改正。

第八十六条　县级以上各级人民政府劳动行政部门监督检查人员执行公务，有权进入用人单位了解执行劳动法律、法规的情况，查阅必要的资料，并对劳动场所进行检查。

县级以上各级人民政府劳动行政部门监督检查人员执行公务，必须出示证件，秉公执法并遵守有关规定。

第八十七条　县级以上各级人民政府有关部门在各自职责范围内，对用人单位遵守劳动法律、法规的情况进行监督。

第八十八条　各级工会依法维护劳动者的合法权益，对用人单位遵守劳动法律、法规的情况进行监督。

任何组织和个人对于违反劳动法律、法规的行为有权检举和控告。

第十二章　法律责任

第八十九条　用人单位制定的劳动规章制度违反法律、法规规定的，由劳动行政部门给予警告，责令改正；对劳动者造成损害的，应当承担赔偿责任。

第九十条　用人单位违反本法规定，延长劳动者工作时间的，由劳动行政部门给予警告，责令改正，并可以处以罚款。

第九十一条　用人单位有下列侵害劳动者合法权益情形之一的，由劳动行政部门责令支付劳动者的工资报酬、经济补偿，并可以责令支付赔偿金：

（一）克扣或者无故拖欠劳动者工资的；

（二）拒不支付劳动者延长工作时间工资报酬的；

（三）低于当地最低工资标准支付劳动者工资的；

（四）解除劳动合同后，未依照本法规定给予劳动者经济补偿的。

第九十二条　用人单位的劳动安全设施和劳动卫生条件不符合国家规定或者未向劳动者提供必要的劳动防护用品和劳动保护设施的，由劳动行政部门或者有关部门责令改正，可以处以罚款；情节严重的，提请县级以上人民政府决定责令停产整顿；对事故隐患不采取措施，致使发生重大事故，造成劳动者生命和财产损失的，对责任人员依照刑法有关规定追究刑事责任。

第九十三条　用人单位强令劳动者违章冒险作业，发生重大伤亡事故，造成严重后果的，对责任人员依法追究刑事责任。

第九十四条　用人单位非法招用未满十六周岁的未成年人的，由劳动行政部门责令改正，处以罚款；情节严重的，由市场监督管理部门吊销营业执照。

第九十五条　用人单位违反本法对女职工和未成年工的保护规定，侵害其合法权益的，由劳动行政部门责令改正，处以罚款；对女职工或者未成年工造成损害的，应当承担赔偿责任。

第九十六条　用人单位有下列行为之一，由公安机关对责任人员处以十五日以下拘留、罚款或者警告；构成犯罪的，对责任人员依法追究刑事责任：

（一）以暴力、威胁或者非法限制人身自由的手段强迫劳动的；

（二）侮辱、体罚、殴打、非法搜查和拘禁劳动者的。

第九十七条　由于用人单位的原因订立的无效合同，对劳动者造成损害的，应当承担赔偿责任。

第九十八条　用人单位违反本法规定的条件解除劳动合同或者故意拖延不订

立劳动合同的，由劳动行政部门责令改正；对劳动者造成损害的，应当承担赔偿责任。

第九十九条　用人单位招用尚未解除劳动合同的劳动者，对原用人单位造成经济损失的，该用人单位应当依法承担连带赔偿责任。

第一百条　用人单位无故不缴纳社会保险费的，由劳动行政部门责令其限期缴纳；逾期不缴的，可以加收滞纳金。

第一百零一条　用人单位无理阻挠劳动行政部门、有关部门及其工作人员行使监督检查权，打击报复举报人员的，由劳动行政部门或者有关部门处以罚款；构成犯罪的，对责任人员依法追究刑事责任。

第一百零二条　劳动者违反本法规定的条件解除劳动合同或者违反劳动合同中约定的保密事项，对用人单位造成经济损失的，应当依法承担赔偿责任。

第一百零三条　劳动行政部门或者有关部门的工作人员滥用职权、玩忽职守、徇私舞弊，构成犯罪的，依法追究刑事责任；不构成犯罪的，给予行政处分。

第一百零四条　国家工作人员和社会保险基金经办机构的工作人员挪用社会保险基金，构成犯罪的，依法追究刑事责任。

第一百零五条　违反本法规定侵害劳动者合法权益，其他法律、行政法规已规定处罚的，依照该法律、行政法规的规定处罚。

第十三章　附则

第一百零六条　省、自治区、直辖市人民政府根据本法和本地区的实际情况，规定劳动合同制度的实施步骤，报国务院备案。

第一百零七条　本法自 1995 年 1 月 1 日起施行。

10.2 《中华人民共和国劳动合同法》

（2007 年 6 月 29 日第十一届全国人民代表大会常务委员会第二十八次会议通过，自 2008 年 1 月 1 日起施行。根据 2012 年 12 月 28 日第十一届全国人民代表大会常务委员会第三十次会议《关于修改〈中华人民共和国劳动合同法〉的决定》修正）

第一章 总则

第一条 为了完善劳动合同制度，明确劳动合同双方当事人的权利和义务，保护劳动者的合法权益，构建和发展和谐稳定的劳动关系，制定本法。

第二条 中华人民共和国境内的企业、个体经济组织、民办非企业单位等组织（以下称用人单位）与劳动者建立劳动关系，订立、履行、变更、解除或者终止劳动合同，适用本法。

国家机关、事业单位、社会团体和与其建立劳动关系的劳动者，订立、履行、变更、解除或者终止劳动合同，依照本法执行。

第三条 订立劳动合同，应当遵循合法、公平、平等自愿、协商一致、诚实信用的原则。

依法订立的劳动合同具有约束力，用人单位与劳动者应当履行劳动合同约定的义务。

第四条 用人单位应当依法建立和完善劳动规章制度，保障劳动者享有劳动权利、履行劳动义务。

用人单位在制定、修改或者决定有关劳动报酬、工作时间、休息休假、劳动安全卫生、保险福利、职工培训、劳动纪律以及劳动定额管理等直接涉及劳动者切身利益的规章制度或者重大事项时，应当经职工代表大会或者全体职工讨论，提出方案和意见，与工会或者职工代表平等协商确定。

在规章制度和重大事项决定实施过程中，工会或者职工认为不适当的，有权向用人单位提出，通过协商予以修改完善。

用人单位应当将直接涉及劳动者切身利益的规章制度和重大事项决定公示，或者告知劳动者。

第五条　县级以上人民政府劳动行政部门会同工会和企业方面代表，建立健全协调劳动关系三方机制，共同研究解决有关劳动关系的重大问题。

第六条　工会应当帮助、指导劳动者与用人单位依法订立和履行劳动合同，并与用人单位建立集体协商机制，维护劳动者的合法权益。

第二章　劳动合同的订立

第七条　用人单位自用工之日起即与劳动者建立劳动关系。用人单位应当建立职工名册备查。

第八条　用人单位招用劳动者时，应当如实告知劳动者工作内容、工作条件、工作地点、职业危害、安全生产状况、劳动报酬，以及劳动者要求了解的其他情况；用人单位有权了解劳动者与劳动合同直接相关的基本情况，劳动者应当如实说明。

第九条　用人单位招用劳动者，不得扣押劳动者的居民身份证和其他证件，不得要求劳动者提供担保或者以其他名义向劳动者收取财物。

第十条　建立劳动关系，应当订立书面劳动合同。

已建立劳动关系，未同时订立书面劳动合同的，应当自用工之日起一个月内订立书面劳动合同。

用人单位与劳动者在用工前订立劳动合同的，劳动关系自用工之日起建立。

第十一条　用人单位未在用工的同时订立书面劳动合同，与劳动者约定的劳动报酬不明确的，新招用的劳动者的劳动报酬按照集体合同规定的标准执行；没有集体合同或者集体合同未规定的，实行同工同酬。

第十二条　劳动合同分为固定期限劳动合同、无固定期限劳动合同和以完成一定工作任务为期限的劳动合同。

第十三条　固定期限劳动合同，是指用人单位与劳动者约定合同终止时间的劳动合同。

用人单位与劳动者协商一致，可以订立固定期限劳动合同。

第十四条　无固定期限劳动合同，是指用人单位与劳动者约定无确定终止时间的劳动合同。

用人单位与劳动者协商一致，可以订立无固定期限劳动合同。有下列情形之一，劳动者提出或者同意续订、订立劳动合同的，除劳动者提出订立固定期限劳动合同外，应当订立无固定期限劳动合同：

（一）劳动者在该用人单位连续工作满十年的；

（二）用人单位初次实行劳动合同制度或者国有企业改制重新订立劳动合同时，劳动者在该用人单位连续工作满十年且距法定退休年龄不足十年的；

（三）连续订立二次固定期限劳动合同，且劳动者没有本法第三十九条和第四十条第一项、第二项规定的情形，续订劳动合同的。

用人单位自用工之日起满一年不与劳动者订立书面劳动合同的，视为用人单位与劳动者已订立无固定期限劳动合同。

第十五条　以完成一定工作任务为期限的劳动合同，是指用人单位与劳动者约定以某项工作的完成为合同期限的劳动合同。

用人单位与劳动者协商一致，可以订立以完成一定工作任务为期限的劳动合同。

第十六条　劳动合同由用人单位与劳动者协商一致，并经用人单位与劳动者在劳动合同文本上签字或者盖章生效。

劳动合同文本由用人单位和劳动者各执一份。

第十七条　劳动合同应当具备以下条款：

（一）用人单位的名称、住所和法定代表人或者主要负责人；

（二）劳动者的姓名、住址和居民身份证或者其他有效身份证件号码；

（三）劳动合同期限；

（四）工作内容和工作地点；

（五）工作时间和休息休假；

（六）劳动报酬；

（七）社会保险；

（八）劳动保护、劳动条件和职业危害防护；

（九）法律、法规规定应当纳入劳动合同的其他事项。

劳动合同除前款规定的必备条款外，用人单位与劳动者可以约定试用期、培训、保守秘密、补充保险和福利待遇等其他事项。

第十八条　劳动合同对劳动报酬和劳动条件等标准约定不明确，引发争议的，用人单位与劳动者可以重新协商；协商不成的，适用集体合同规定；没有集体合同或者集体合同未规定劳动报酬的，实行同工同酬；没有集体合同或者集体合同未规定劳动条件等标准的，适用国家有关规定。

第十九条　劳动合同期限三个月以上不满一年的，试用期不得超过一个月；劳动合同期限一年以上不满三年的，试用期不得超过二个月；三年以上固定期限和无固定期限的劳动合同，试用期不得超过六个月。

同一用人单位与同一劳动者只能约定一次试用期。

以完成一定工作任务为期限的劳动合同或者劳动合同期限不满三个月的，不得约定试用期。

试用期包含在劳动合同期限内。劳动合同仅约定试用期的，试用期不成立，该期限为劳动合同期限。

第二十条　劳动者在试用期的工资不得低于本单位相同岗位最低档工资或者劳动合同约定工资的百分之八十，并不得低于用人单位所在地的最低工资标准。

第二十一条　在试用期中，除劳动者有本法第三十九条和第四十条第一项、第二项规定的情形外，用人单位不得解除劳动合同。用人单位在试用期解除劳动合同的，应当向劳动者说明理由。

第二十二条　用人单位为劳动者提供专项培训费用，对其进行专业技术培训的，可以与该劳动者订立协议，约定服务期。

劳动者违反服务期约定的，应当按照约定向用人单位支付违约金。违约金的数额不得超过用人单位提供的培训费用。用人单位要求劳动者支付的违约金不得超过服务期尚未履行部分所应分摊的培训费用。

用人单位与劳动者约定服务期的，不影响按照正常的工资调整机制提高劳动者在服务期期间的劳动报酬。

第二十三条　用人单位与劳动者可以在劳动合同中约定保守用人单位的商业秘密和与知识产权相关的保密事项。

对负有保密义务的劳动者，用人单位可以在劳动合同或者保密协议中与劳动者约定竞业限制条款，并约定在解除或者终止劳动合同后，在竞业限制期限内按月给予劳动者经济补偿。劳动者违反竞业限制约定的，应当按照约定向用人单位支付违约金。

第二十四条　竞业限制的人员限于用人单位的高级管理人员、高级技术人员和其他负有保密义务的人员。竞业限制的范围、地域、期限由用人单位与劳动者约定，竞业限制的约定不得违反法律、法规的规定。

在解除或者终止劳动合同后，前款规定的人员到与本单位生产或者经营同类产品、从事同类业务的有竞争关系的其他用人单位，或者自己开业生产或者经营同类产品、从事同类业务的竞业限制期限，不得超过二年。

第二十五条　除本法第二十二条和第二十三条规定的情形外，用人单位不得与劳动者约定由劳动者承担违约金。

第二十六条　下列劳动合同无效或者部分无效：

（一）以欺诈、胁迫的手段或者乘人之危，使对方在违背真实意思的情况下订立或者变更劳动合同的；

（二）用人单位免除自己的法定责任、排除劳动者权利的；

（三）违反法律、行政法规强制性规定的。

对劳动合同的无效或者部分无效有争议的，由劳动争议仲裁机构或者人民法院确认。

第二十七条　劳动合同部分无效，不影响其他部分效力的，其他部分仍然有效。

第二十八条　劳动合同被确认无效，劳动者已付出劳动的，用人单位应当向劳动者支付劳动报酬。劳动报酬的数额，参照本单位相同或者相近岗位劳动者的劳动报酬确定。

第三章　劳动合同的履行和变更

第二十九条　用人单位与劳动者应当按照劳动合同的约定，全面履行各自的义务。

第三十条　用人单位应当按照劳动合同约定和国家规定，向劳动者及时足额支付劳动报酬。

用人单位拖欠或者未足额支付劳动报酬的，劳动者可以依法向当地人民法院申请支付令，人民法院应当依法发出支付令。

第三十一条　用人单位应当严格执行劳动定额标准，不得强迫或者变相强迫劳动者加班。用人单位安排加班的，应当按照国家有关规定向劳动者支付加班费。

第三十二条　劳动者拒绝用人单位管理人员违章指挥、强令冒险作业的，不视为违反劳动合同。

劳动者对危害生命安全和身体健康的劳动条件，有权对用人单位提出批评、检举和控告。

第三十三条　用人单位变更名称、法定代表人、主要负责人或者投资人等事项，不影响劳动合同的履行。

第三十四条　用人单位发生合并或者分立等情况，原劳动合同继续有效，劳动合同由承继其权利和义务的用人单位继续履行。

第三十五条　用人单位与劳动者协商一致，可以变更劳动合同约定的内容。变更劳动合同，应当采用书面形式。

变更后的劳动合同文本由用人单位和劳动者各执一份。

第四章　劳动合同的解除和终止

第三十六条　用人单位与劳动者协商一致，可以解除劳动合同。

第三十七条　劳动者提前三十日以书面形式通知用人单位，可以解除劳动合同。劳动者在试用期内提前三日通知用人单位，可以解除劳动合同。

第三十八条　用人单位有下列情形之一的，劳动者可以解除劳动合同：

（一）未按照劳动合同约定提供劳动保护或者劳动条件的；

（二）未及时足额支付劳动报酬的；

（三）未依法为劳动者缴纳社会保险费的；

（四）用人单位的规章制度违反法律、法规的规定，损害劳动者权益的；

（五）因本法第二十六条第一款规定的情形致使劳动合同无效的；

（六）法律、行政法规规定劳动者可以解除劳动合同的其他情形。

用人单位以暴力、威胁或者非法限制人身自由的手段强迫劳动者劳动的，或者用人单位违章指挥、强令冒险作业危及劳动者人身安全的，劳动者可以立即解除劳动合同，不需事先告知用人单位。

第三十九条　劳动者有下列情形之一的，用人单位可以解除劳动合同：

（一）在试用期间被证明不符合录用条件的；

（二）严重违反用人单位的规章制度的；

（三）严重失职，营私舞弊，给用人单位造成重大损害的；

（四）劳动者同时与其他用人单位建立劳动关系，对完成本单位的工作任务造成严重影响，或者经用人单位提出，拒不改正的；

（五）因本法第二十六条第一款第一项规定的情形致使劳动合同无效的；

（六）被依法追究刑事责任的。

第四十条　有下列情形之一的，用人单位提前三十日以书面形式通知劳动者本人或者额外支付劳动者一个月工资后，可以解除劳动合同：

（一）劳动者患病或者非因工负伤，在规定的医疗期满后不能从事原工作，也不能从事由用人单位另行安排的工作的；

（二）劳动者不能胜任工作，经过培训或者调整工作岗位，仍不能胜任工作的；

（三）劳动合同订立时所依据的客观情况发生重大变化，致使劳动合同无法履行，经用人单位与劳动者协商，未能就变更劳动合同内容达成协议的。

第四十一条　有下列情形之一，需要裁减人员二十人以上或者裁减不足二十人但占企业职工总数百分之十以上的，用人单位提前三十日向工会或者全体职工说明情况，听取工会或者职工的意见后，裁减人员方案经向劳动行政部门报告，可以裁减人员：

（一）依照企业破产法规定进行重整的；

（二）生产经营发生严重困难的；

（三）企业转产、重大技术革新或者经营方式调整，经变更劳动合同后，仍需裁减人员的；

（四）其他因劳动合同订立时所依据的客观经济情况发生重大变化，致使劳动合同无法履行的。

裁减人员时，应当优先留用下列人员：

（一）与本单位订立较长期限的固定期限劳动合同的；

（二）与本单位订立无固定期限劳动合同的；

（三）家庭无其他就业人员，有需要扶养的老人或者未成年人的。

用人单位依照本条第一款规定裁减人员，在六个月内重新招用人员的，应当通知被裁减的人员，并在同等条件下优先招用被裁减的人员。

第四十二条　劳动者有下列情形之一的，用人单位不得依照本法第四十条、第四十一条的规定解除劳动合同：

（一）从事接触职业病危害作业的劳动者未进行离岗前职业健康检查，或者疑似职业病病人在诊断或者医学观察期间的；

（二）在本单位患职业病或者因工负伤并被确认丧失或者部分丧失劳动能力的；

（三）患病或者非因工负伤，在规定的医疗期内的；

（四）女职工在孕期、产期、哺乳期的；

（五）在本单位连续工作满十五年，且距法定退休年龄不足五年的；

（六）法律、行政法规规定的其他情形。

第四十三条　用人单位单方解除劳动合同，应当事先将理由通知工会。用人单位违反法律、行政法规规定或者劳动合同约定的，工会有权要求用人单位纠正。用人单位应当研究工会的意见，并将处理结果书面通知工会。

第四十四条　有下列情形之一的，劳动合同终止：

（一）劳动合同期满的；

（二）劳动者开始依法享受基本养老保险待遇的；

（三）劳动者死亡，或者被人民法院宣告死亡或者宣告失踪的；

（四）用人单位被依法宣告破产的；

（五）用人单位被吊销营业执照、责令关闭、撤销或者用人单位决定提前解散的；

（六）法律、行政法规规定的其他情形。

第四十五条　劳动合同期满，有本法第四十二条规定情形之一的，劳动合同应当续延至相应的情形消失时终止。但是，本法第四十二条第二项规定丧失或者部分丧失劳动能力劳动者的劳动合同的终止，按照国家有关工伤保险的规定执行。

第四十六条　有下列情形之一的，用人单位应当向劳动者支付经济补偿：

（一）劳动者依照本法第三十八条规定解除劳动合同的；

（二）用人单位依照本法第三十六条规定向劳动者提出解除劳动合同并与劳动者协商一致解除劳动合同的；

（三）用人单位依照本法第四十条规定解除劳动合同的；

（四）用人单位依照本法第四十一条第一款规定解除劳动合同的；

（五）除用人单位维持或者提高劳动合同约定条件续订劳动合同，劳动者不同意续订的情形外，依照本法第四十四条第一项规定终止固定期限劳动合同的；

（六）依照本法第四十四条第四项、第五项规定终止劳动合同的；

（七）法律、行政法规规定的其他情形。

第四十七条　经济补偿按劳动者在本单位工作的年限，每满一年支付一个月工资的标准向劳动者支付。六个月以上不满一年的，按一年计算；不满六个月的，向劳动者支付半个月工资的经济补偿。

劳动者月工资高于用人单位所在直辖市、设区的市级人民政府公布的本地区上年度职工月平均工资三倍的，向其支付经济补偿的标准按职工月平均工资三倍的数额支付，向其支付经济补偿的年限最高不超过十二年。

本条所称月工资是指劳动者在劳动合同解除或者终止前十二个月的平均工资。

第四十八条　用人单位违反本法规定解除或者终止劳动合同，劳动者要求继续履行劳动合同的，用人单位应当继续履行；劳动者不要求继续履行劳动合同或者劳动合同已经不能继续履行的，用人单位应当依照本法第八十七条规定支付赔偿金。

第四十九条　国家采取措施，建立健全劳动者社会保险关系跨地区转移接续制度。

第五十条　用人单位应当在解除或者终止劳动合同时出具解除或者终止劳动合同的证明，并在十五日内为劳动者办理档案和社会保险关系转移手续。

劳动者应当按照双方约定，办理工作交接。用人单位依照本法有关规定应当向劳动者支付经济补偿的，在办结工作交接时支付。

用人单位对已经解除或者终止的劳动合同的文本，至少保存二年备查。

第五章　特别规定

第一节　集体合同

第五十一条　企业职工一方与用人单位通过平等协商，可以就劳动报酬、工作时间、休息休假、劳动安全卫生、保险福利等事项订立集体合同。集体合同草案应当提交职工代表大会或者全体职工讨论通过。

集体合同由工会代表企业职工一方与用人单位订立；尚未建立工会的用人单位，由上级工会指导劳动者推举的代表与用人单位订立。

第五十二条　企业职工一方与用人单位可以订立劳动安全卫生、女职工权益保护、工资调整机制等专项集体合同。

第五十三条　在县级以下区域内，建筑业、采矿业、餐饮服务业等行业可以由工会与企业方面代表订立行业性集体合同，或者订立区域性集体合同。

第五十四条　集体合同订立后，应当报送劳动行政部门；劳动行政部门自收到集体合同文本之日起十五日内未提出异议的，集体合同即行生效。

依法订立的集体合同对用人单位和劳动者具有约束力。行业性、区域性集体合同对当地本行业、本区域的用人单位和劳动者具有约束力。

第五十五条　集体合同中劳动报酬和劳动条件等标准不得低于当地人民政府规定的最低标准；用人单位与劳动者订立的劳动合同中劳动报酬和劳动条件等标准不得低于集体合同规定的标准。

第五十六条　用人单位违反集体合同，侵犯职工劳动权益的，工会可以依法要求用人单位承担责任；因履行集体合同发生争议，经协商解决不成的，工会可以依法申请仲裁、提起诉讼。

第二节　劳务派遣

第五十七条　经营劳务派遣业务应当具备下列条件：

（一）注册资本不得少于人民币二百万元；

（二）有与开展业务相适应的固定的经营场所和设施；

（三）有符合法律、行政法规规定的劳务派遣管理制度；

（四）法律、行政法规规定的其他条件。

经营劳务派遣业务，应当向劳动行政部门依法申请行政许可；经许可的，依法办理相应的公司登记。未经许可，任何单位和个人不得经营劳务派遣业务。

第五十八条　劳务派遣单位是本法所称用人单位，应当履行用人单位对劳动者的义务。劳务派遣单位与被派遣劳动者订立的劳动合同，除应当载明本法第十七条规定的事项外，还应当载明被派遣劳动者的用工单位以及派遣期限、工作岗位等情况。

劳务派遣单位应当与被派遣劳动者订立二年以上的固定期限劳动合同，按月支付劳动报酬；被派遣劳动者在无工作期间，劳务派遣单位应当按照所在地人民政府规定的最低工资标准，向其按月支付报酬。

第五十九条　劳务派遣单位派遣劳动者应当与接受以劳务派遣形式用工的单位（以下称用工单位）订立劳务派遣协议。劳务派遣协议应当约定派遣岗位和人员数量、派遣期限、劳动报酬和社会保险费的数额与支付方式以及违反协议的责任。

用工单位应当根据工作岗位的实际需要与劳务派遣单位确定派遣期限，不得将连续用工期限分割订立数个短期劳务派遣协议。

第六十条　劳务派遣单位应当将劳务派遣协议的内容告知被派遣劳动者。

劳务派遣单位不得克扣用工单位按照劳务派遣协议支付给被派遣劳动者的劳动报酬。

劳务派遣单位和用工单位不得向被派遣劳动者收取费用。

第六十一条　劳务派遣单位跨地区派遣劳动者的，被派遣劳动者享有的劳动报酬和劳动条件，按照用工单位所在地的标准执行。

第六十二条　用工单位应当履行下列义务：

（一）执行国家劳动标准，提供相应的劳动条件和劳动保护；

（二）告知被派遣劳动者的工作要求和劳动报酬；

（三）支付加班费、绩效奖金，提供与工作岗位相关的福利待遇；

（四）对在岗被派遣劳动者进行工作岗位所必需的培训；

（五）连续用工的，实行正常的工资调整机制。

用工单位不得将被派遣劳动者再派遣到其他用人单位。

第六十三条　被派遣劳动者享有与用工单位的劳动者同工同酬的权利。用工单位应当按照同工同酬原则，对被派遣劳动者与本单位同类岗位的劳动者实行相同的劳动报酬分配办法。用工单位无同类岗位劳动者的，参照用工单位所在地相同或者相近岗位劳动者的劳动报酬确定。

劳务派遣单位与被派遣劳动者订立的劳动合同和与用工单位订立的劳务派遣协议，载明或者约定的向被派遣劳动者支付的劳动报酬应当符合前款规定。

第六十四条　被派遣劳动者有权在劳务派遣单位或者用工单位依法参加或者组织工会，维护自身的合法权益。

第六十五条　被派遣劳动者可以依照本法第三十六条、第三十八条的规定与劳务派遣单位解除劳动合同。

被派遣劳动者有本法第三十九条和第四十条第一项、第二项规定情形的，用工单位可以将劳动者退回劳务派遣单位，劳务派遣单位依照本法有关规定，可以与劳动者解除劳动合同。

第六十六条　劳动合同用工是我国的企业基本用工形式。劳务派遣用工是补充形式，只能在临时性、辅助性或者替代性的工作岗位上实施。

前款规定的临时性工作岗位是指存续时间不超过六个月的岗位；辅助性工作岗位是指为主营业务岗位提供服务的非主营业务岗位；替代性工作岗位是指用工单位的劳动者因脱产学习、休假等原因无法工作的一定期间内，可以由其他劳动者替代工作的岗位。

用工单位应当严格控制劳务派遣用工数量，不得超过其用工总量的一定比例，具体比例由国务院劳动行政部门规定。

第六十七条　用人单位不得设立劳务派遣单位向本单位或者所属单位派遣劳动者。

第三节　非全日制用工

第六十八条　非全日制用工，是指以小时计酬为主，劳动者在同一用人单位一般平均每日工作时间不超过四小时，每周工作时间累计不超过二十四小时的用工形式。

第六十九条　非全日制用工双方当事人可以订立口头协议。

从事非全日制用工的劳动者可以与一个或者一个以上用人单位订立劳动合同；但是，后订立的劳动合同不得影响先订立的劳动合同的履行。

第七十条　非全日制用工双方当事人不得约定试用期。

第七十一条　非全日制用工双方当事人任何一方都可以随时通知对方终止用工。终止用工，用人单位不向劳动者支付经济补偿。

第七十二条　非全日制用工小时计酬标准不得低于用人单位所在地人民政府规定的最低小时工资标准。

非全日制用工劳动报酬结算支付周期最长不得超过十五日。

第六章　监督检查

第七十三条　国务院劳动行政部门负责全国劳动合同制度实施的监督管理。

县级以上地方人民政府劳动行政部门负责本行政区域内劳动合同制度实施的监督管理。

县级以上各级人民政府劳动行政部门在劳动合同制度实施的监督管理工作中，应当听取工会、企业方面代表以及有关行业主管部门的意见。

第七十四条　县级以上地方人民政府劳动行政部门依法对下列实施劳动合同制度的情况进行监督检查：

（一）用人单位制定直接涉及劳动者切身利益的规章制度及其执行的情况；

（二）用人单位与劳动者订立和解除劳动合同的情况；

（三）劳务派遣单位和用工单位遵守劳务派遣有关规定的情况；

（四）用人单位遵守国家关于劳动者工作时间和休息休假规定的情况；

（五）用人单位支付劳动合同约定的劳动报酬和执行最低工资标准的情况；

（六）用人单位参加各项社会保险和缴纳社会保险费的情况；

（七）法律、法规规定的其他劳动监察事项。

第七十五条　县级以上地方人民政府劳动行政部门实施监督检查时，有权查阅与劳动合同、集体合同有关的材料，有权对劳动场所进行实地检查，用人单位和劳动者都应当如实提供有关情况和材料。

劳动行政部门的工作人员进行监督检查，应当出示证件，依法行使职权，文明执法。

第七十六条 县级以上人民政府建设、卫生、安全生产监督管理等有关主管部门在各自职责范围内，对用人单位执行劳动合同制度的情况进行监督管理。

第七十七条 劳动者合法权益受到侵害的，有权要求有关部门依法处理，或者依法申请仲裁、提起诉讼。

第七十八条 工会依法维护劳动者的合法权益，对用人单位履行劳动合同、集体合同的情况进行监督。用人单位违反劳动法律、法规和劳动合同、集体合同的，工会有权提出意见或者要求纠正；劳动者申请仲裁、提起诉讼的，工会依法给予支持和帮助。

第七十九条 任何组织或者个人对违反本法的行为都有权举报，县级以上人民政府劳动行政部门应当及时核实、处理，并对举报有功人员给予奖励。

第七章 法律责任

第八十条 用人单位直接涉及劳动者切身利益的规章制度违反法律、法规规定的，由劳动行政部门责令改正，给予警告；给劳动者造成损害的，应当承担赔偿责任。

第八十一条 用人单位提供的劳动合同文本未载明本法规定的劳动合同必备条款或者用人单位未将劳动合同文本交付劳动者的，由劳动行政部门责令改正；给劳动者造成损害的，应当承担赔偿责任。

第八十二条 用人单位自用工之日起超过一个月不满一年未与劳动者订立书面劳动合同的，应当向劳动者每月支付二倍的工资。

用人单位违反本法规定不与劳动者订立无固定期限劳动合同的，自应当订立无固定期限劳动合同之日起向劳动者每月支付二倍的工资。

第八十三条 用人单位违反本法规定与劳动者约定试用期的，由劳动行政部门责令改正；违法约定的试用期已经履行的，由用人单位以劳动者试用期满月工资为标准，按已经履行的超过法定试用期的期间向劳动者支付赔偿金。

第八十四条 用人单位违反本法规定，扣押劳动者居民身份证等证件的，由劳动行政部门责令限期退还劳动者本人，并依照有关法律规定给予处罚。

用人单位违反本法规定，以担保或者其他名义向劳动者收取财物的，由劳动行政部门责令限期退还劳动者本人，并以每人五百元以上二千元以下的标准处以罚款；给劳动者造成损害的，应当承担赔偿责任。

劳动者依法解除或者终止劳动合同，用人单位扣押劳动者档案或者其他物品的，依照前款规定处罚。

第八十五条 用人单位有下列情形之一的，由劳动行政部门责令限期支付劳动报酬、加班费或者经济补偿；劳动报酬低于当地最低工资标准的，应当支付其差额部分；逾期不支付的，责令用人单位按应付金额百分之五十以上百分之一百以下的标准向劳动者加付赔偿金：

（一）未按照劳动合同的约定或者国家规定及时足额支付劳动者劳动报酬的；

（二）低于当地最低工资标准支付劳动者工资的；

（三）安排加班不支付加班费的；

（四）解除或者终止劳动合同，未依照本法规定向劳动者支付经济补偿的。

第八十六条 劳动合同依照本法第二十六条规定被确认无效，给对方造成损害的，有过错的一方应当承担赔偿责任。

第八十七条 用人单位违反本法规定解除或者终止劳动合同的，应当依照本法第四十七条规定的经济补偿标准的二倍向劳动者支付赔偿金。

第八十八条 用人单位有下列情形之一的，依法给予行政处罚；构成犯罪的，依法追究刑事责任；给劳动者造成损害的，应当承担赔偿责任：

（一）以暴力、威胁或者非法限制人身自由的手段强迫劳动的；

（二）违章指挥或者强令冒险作业危及劳动者人身安全的；

（三）侮辱、体罚、殴打、非法搜查或者拘禁劳动者的；

（四）劳动条件恶劣、环境污染严重，给劳动者身心健康造成严重损害的。

第八十九条 用人单位违反本法规定未向劳动者出具解除或者终止劳动合同的书面证明，由劳动行政部门责令改正；给劳动者造成损害的，应当承担赔偿责任。

第九十条 劳动者违反本法规定解除劳动合同，或者违反劳动合同中约定的保密义务或者竞业限制，给用人单位造成损失的，应当承担赔偿责任。

第九十一条 用人单位招用与其他用人单位尚未解除或者终止劳动合同的劳动者，给其他用人单位造成损失的，应当承担连带赔偿责任。

第九十二条 违反本法规定，未经许可，擅自经营劳务派遣业务的，由劳动行政部门责令停止违法行为，没收违法所得，并处违法所得一倍以上五倍以下的罚款；没有违法所得的，可以处五万元以下的罚款。

劳务派遣单位、用工单位违反本法有关劳务派遣规定的，由劳动行政部门责令限期改正；逾期不改正的，以每人五千元到一万元的标准处以罚款，对劳务派遣单位，吊销其劳务派遣业务经营许可证。用工单位给被派遣劳动者造成损害的，劳务派遣单位与用工单位承担连带赔偿责任。

第九十三条　对不具备合法经营资格的用人单位的违法犯罪行为，依法追究法律责任；劳动者已经付出劳动的，该单位或者其出资人应当依照本法有关规定向劳动者支付劳动报酬、经济补偿、赔偿金；给劳动者造成损害的，应当承担赔偿责任。

第九十四条　个人承包经营违反本法规定招用劳动者，给劳动者造成损害的，发包的组织与个人承包经营者承担连带赔偿责任。

第九十五条　劳动行政部门和其他有关主管部门及其工作人员玩忽职守、不履行法定职责，或者违法行使职权，给劳动者或者用人单位造成损害的，应当承担赔偿责任；对直接负责的主管人员和其他直接责任人员，依法给予行政处分；构成犯罪的，依法追究刑事责任。

第八章　附则

第九十六条　事业单位与实行聘用制的工作人员订立、履行、变更、解除或者终止劳动合同，法律、行政法规或者国务院另有规定的，依照其规定；未作规定的，依照本法有关规定执行。

第九十七条　本法施行前已依法订立且在本法施行之日存续的劳动合同，继续履行；本法第十四条第二款第三项规定连续订立固定期限劳动合同的次数，自本法施行后续订固定期限劳动合同时开始计算。

本法施行前已建立劳动关系，尚未订立书面劳动合同的，应当自本法施行之日起一个月内订立。

本法施行之日存续的劳动合同在本法施行后解除或者终止，依照本法第四十六条规定应当支付经济补偿的，经济补偿年限自本法施行之日起计算；本法施行前按照当时有关规定，用人单位应当向劳动者支付经济补偿的，按照当时有关规定执行。

第九十八条　本法自 2008 年 1 月 1 日起施行。

10.3 《中华人民共和国社会保险法》

（2010年10月28日第十一届全国人民代表大会常务委员会第十七次会议于通过，自2011年7月1日起施行。根据2018年12月29日第十三届全国人民代表大会常务委员会第七次会议《关于修改〈中华人民共和国社会保险法〉的决定》修正）

第一章　总则

第一条　为了规范社会保险关系，维护公民参加社会保险和享受社会保险待遇的合法权益，使公民共享发展成果，促进社会和谐稳定，根据宪法，制定本法。

第二条　国家建立基本养老保险、基本医疗保险、工伤保险、失业保险、生育保险等社会保险制度，保障公民在年老、疾病、工伤、失业、生育等情况下依法从国家和社会获得物质帮助的权利。

第三条　社会保险制度坚持广覆盖、保基本、多层次、可持续的方针，社会保险水平应当与经济社会发展水平相适应。

第四条　中华人民共和国境内的用人单位和个人依法缴纳社会保险费，有权查询缴费记录、个人权益记录，要求社会保险经办机构提供社会保险咨询等相关服务。

个人依法享受社会保险待遇，有权监督本单位为其缴费情况。

第五条　县级以上人民政府将社会保险事业纳入国民经济和社会发展规划。

国家多渠道筹集社会保险资金。县级以上人民政府对社会保险事业给予必要的经费支持。

国家通过税收优惠政策支持社会保险事业。

第六条　国家对社会保险基金实行严格监管。

国务院和省、自治区、直辖市人民政府建立健全社会保险基金监督管理制度，保障社会保险基金安全、有效运行。

县级以上人民政府采取措施，鼓励和支持社会各方面参与社会保险基金的监督。

第七条　国务院社会保险行政部门负责全国的社会保险管理工作，国务院其他有关部门在各自的职责范围内负责有关的社会保险工作。

县级以上地方人民政府社会保险行政部门负责本行政区域的社会保险管理工作，县级以上地方人民政府其他有关部门在各自的职责范围内负责有关的社会保险工作。

第八条　社会保险经办机构提供社会保险服务，负责社会保险登记、个人权益记录、社会保险待遇支付等工作。

第九条　工会依法维护职工的合法权益，有权参与社会保险重大事项的研究，参加社会保险监督委员会，对与职工社会保险权益有关的事项进行监督。

第二章　基本养老保险

第十条　职工应当参加基本养老保险，由用人单位和职工共同缴纳基本养老保险费。

无雇工的个体工商户、未在用人单位参加基本养老保险的非全日制从业人员以及其他灵活就业人员可以参加基本养老保险，由个人缴纳基本养老保险费。

公务员和参照公务员法管理的工作人员养老保险的办法由国务院规定。

第十一条　基本养老保险实行社会统筹与个人账户相结合。

基本养老保险基金由用人单位和个人缴费以及政府补贴等组成。

第十二条　用人单位应当按照国家规定的本单位职工工资总额的比例缴纳基本养老保险费，记入基本养老保险统筹基金。

职工应当按照国家规定的本人工资的比例缴纳基本养老保险费，记入个人账户。

无雇工的个体工商户、未在用人单位参加基本养老保险的非全日制从业人员以及其他灵活就业人员参加基本养老保险的，应当按照国家规定缴纳基本养老保险费，分别记入基本养老保险统筹基金和个人账户。

第十三条　国有企业、事业单位职工参加基本养老保险前，视同缴费年限期间应当缴纳的基本养老保险费由政府承担。

基本养老保险基金出现支付不足时，政府给予补贴。

第十四条　个人账户不得提前支取，记账利率不得低于银行定期存款利率，免征利息税。个人死亡的，个人账户余额可以继承。

第十五条　基本养老金由统筹养老金和个人账户养老金组成。

基本养老金根据个人累计缴费年限、缴费工资、当地职工平均工资、个人账户金额、城镇人口平均预期寿命等因素确定。

第十六条　参加基本养老保险的个人，达到法定退休年龄时累计缴费满十五年的，按月领取基本养老金。

参加基本养老保险的个人，达到法定退休年龄时累计缴费不足十五年的，可以缴费至满十五年，按月领取基本养老金；也可以转入新型农村社会养老保险或者城镇居民社会养老保险，按照国务院规定享受相应的养老保险待遇。

第十七条　参加基本养老保险的个人，因病或者非因工死亡的，其遗属可以领取丧葬补助金和抚恤金；在未达到法定退休年龄时因病或者非因工致残完全丧失劳动能力的，可以领取病残津贴。所需资金从基本养老保险基金中支付。

第十八条　国家建立基本养老金正常调整机制。根据职工平均工资增长、物价上涨情况，适时提高基本养老保险待遇水平。

第十九条　个人跨统筹地区就业的，其基本养老保险关系随本人转移，缴费年限累计计算。个人达到法定退休年龄时，基本养老金分段计算、统一支付。具体办法由国务院规定。

第二十条　国家建立和完善新型农村社会养老保险制度。

新型农村社会养老保险实行个人缴费、集体补助和政府补贴相结合。

第二十一条　新型农村社会养老保险待遇由基础养老金和个人账户养老金组成。

参加新型农村社会养老保险的农村居民，符合国家规定条件的，按月领取新型农村社会养老保险待遇。

第二十二条　国家建立和完善城镇居民社会养老保险制度。

省、自治区、直辖市人民政府根据实际情况，可以将城镇居民社会养老保险和新型农村社会养老保险合并实施。

第三章　基本医疗保险

第二十三条　职工应当参加职工基本医疗保险，由用人单位和职工按照国家规定共同缴纳基本医疗保险费。

无雇工的个体工商户、未在用人单位参加职工基本医疗保险的非全日制从业人员以及其他灵活就业人员可以参加职工基本医疗保险，由个人按照国家规定缴纳基本医疗保险费。

第二十四条　国家建立和完善新型农村合作医疗制度。

新型农村合作医疗的管理办法，由国务院规定。

第二十五条　国家建立和完善城镇居民基本医疗保险制度。

城镇居民基本医疗保险实行个人缴费和政府补贴相结合。

享受最低生活保障的人、丧失劳动能力的残疾人、低收入家庭六十周岁以上的老年人和未成年人等所需个人缴费部分，由政府给予补贴。

第二十六条　职工基本医疗保险、新型农村合作医疗和城镇居民基本医疗保险的待遇标准按照国家规定执行。

第二十七条　参加职工基本医疗保险的个人，达到法定退休年龄时累计缴费达到国家规定年限的，退休后不再缴纳基本医疗保险费，按照国家规定享受基本医疗保险待遇；未达到国家规定年限的，可以缴费至国家规定年限。

第二十八条　符合基本医疗保险药品目录、诊疗项目、医疗服务设施标准以及急诊、抢救的医疗费用，按照国家规定从基本医疗保险基金中支付。

第二十九条　参保人员医疗费用中应当由基本医疗保险基金支付的部分，由社会保险经办机构与医疗机构、药品经营单位直接结算。

社会保险行政部门和卫生行政部门应当建立异地就医医疗费用结算制度，方便参保人员享受基本医疗保险待遇。

第三十条　下列医疗费用不纳入基本医疗保险基金支付范围：

（一）应当从工伤保险基金中支付的；

（二）应当由第三人负担的；

（三）应当由公共卫生负担的；

（四）在境外就医的。

医疗费用依法应当由第三人负担，第三人不支付或者无法确定第三人的，由基本医疗保险基金先行支付。基本医疗保险基金先行支付后，有权向第三人追偿。

第三十一条　社会保险经办机构根据管理服务的需要，可以与医疗机构、药品经营单位签订服务协议，规范医疗服务行为。

医疗机构应当为参保人员提供合理、必要的医疗服务。

第三十二条　个人跨统筹地区就业的，其基本医疗保险关系随本人转移，缴费年限累计计算。

第四章　工伤保险

第三十三条　职工应当参加工伤保险，由用人单位缴纳工伤保险费，职工不缴纳工伤保险费。

第三十四条　国家根据不同行业的工伤风险程度确定行业的差别费率，并根据使用工伤保险基金、工伤发生率等情况在每个行业内确定费率档次。行业差别费率和行业内费率档次由国务院社会保险行政部门制定，报国务院批准后公布施行。

社会保险经办机构根据用人单位使用工伤保险基金、工伤发生率和所属行业费率档次等情况，确定用人单位缴费费率。

第三十五条　用人单位应当按照本单位职工工资总额，根据社会保险经办机构确定的费率缴纳工伤保险费。

第三十六条　职工因工作原因受到事故伤害或者患职业病，且经工伤认定的，享受工伤保险待遇；其中，经劳动能力鉴定丧失劳动能力的，享受伤残待遇。

工伤认定和劳动能力鉴定应当简捷、方便。

第三十七条　职工因下列情形之一导致本人在工作中伤亡的，不认定为工伤：

（一）故意犯罪；

（二）醉酒或者吸毒；

（三）自残或者自杀；

（四）法律、行政法规规定的其他情形。

第三十八条　因工伤发生的下列费用，按照国家规定从工伤保险基金中支付：

（一）治疗工伤的医疗费用和康复费用；

（二）住院伙食补助费；

（三）到统筹地区以外就医的交通食宿费；

（四）安装配置伤残辅助器具所需费用；

（五）生活不能自理的，经劳动能力鉴定委员会确认的生活护理费；

（六）一次性伤残补助金和一至四级伤残职工按月领取的伤残津贴；

（七）终止或者解除劳动合同时，应当享受的一次性医疗补助金；

（八）因工死亡的，其遗属领取的丧葬补助金、供养亲属抚恤金和因工死亡补助金；

（九）劳动能力鉴定费。

第三十九条　因工伤发生的下列费用，按照国家规定由用人单位支付：

（一）治疗工伤期间的工资福利；

（二）五级、六级伤残职工按月领取的伤残津贴；

（三）终止或者解除劳动合同时，应当享受的一次性伤残就业补助金。

第四十条　工伤职工符合领取基本养老金条件的，停发伤残津贴，享受基本养老保险待遇。基本养老保险待遇低于伤残津贴的，从工伤保险基金中补足差额。

第四十一条　职工所在用人单位未依法缴纳工伤保险费，发生工伤事故的，由用人单位支付工伤保险待遇。用人单位不支付的，从工伤保险基金中先行支付。

从工伤保险基金中先行支付的工伤保险待遇应当由用人单位偿还。用人单位不偿还的，社会保险经办机构可以依照本法第六十三条的规定追偿。

第四十二条　由于第三人的原因造成工伤，第三人不支付工伤医疗费用或者无法确定第三人的，由工伤保险基金先行支付。工伤保险基金先行支付后，有权向第三人追偿。

第四十三条　工伤职工有下列情形之一的，停止享受工伤保险待遇：

（一）丧失享受待遇条件的；

（二）拒不接受劳动能力鉴定的；

（三）拒绝治疗的。

第五章　失业保险

第四十四条　职工应当参加失业保险，由用人单位和职工按照国家规定共同缴纳失业保险费。

第四十五条　失业人员符合下列条件的，从失业保险基金中领取失业保险金：

（一）失业前用人单位和本人已经缴纳失业保险费满一年的；

（二）非因本人意愿中断就业的；

（三）已经进行失业登记，并有求职要求的。

第四十六条　失业人员失业前用人单位和本人累计缴费满一年不足五年的，领取失业保险金的期限最长为十二个月；累计缴费满五年不足十年的，领取失业保险金的期限最长为十八个月；累计缴费十年以上的，领取失业保险金的期限最长为二十四个月。重新就业后，再次失业的，缴费时间重新计算，领取失业保险金的期限与前次失业应当领取而尚未领取的失业保险金的期限合并计算，最长不超过二十四个月。

第四十七条　失业保险金的标准，由省、自治区、直辖市人民政府确定，不得低于城市居民最低生活保障标准。

第四十八条　失业人员在领取失业保险金期间，参加职工基本医疗保险，享受基本医疗保险待遇。

失业人员应当缴纳的基本医疗保险费从失业保险基金中支付，个人不缴纳基本医疗保险费。

第四十九条　失业人员在领取失业保险金期间死亡的，参照当地对在职职工死亡的规定，向其遗属发给一次性丧葬补助金和抚恤金。所需资金从失业保险基金中支付。

个人死亡同时符合领取基本养老保险丧葬补助金、工伤保险丧葬补助金和失业保险丧葬补助金条件的，其遗属只能选择领取其中的一项。

第五十条　用人单位应当及时为失业人员出具终止或者解除劳动关系的证明，并将失业人员的名单自终止或者解除劳动关系之日起十五日内告知社会保险经办机构。

失业人员应当持本单位为其出具的终止或者解除劳动关系的证明，及时到指定的公共就业服务机构办理失业登记。

失业人员凭失业登记证明和个人身份证明，到社会保险经办机构办理领取失业保险金的手续。失业保险金领取期限自办理失业登记之日起计算。

第五十一条　失业人员在领取失业保险金期间有下列情形之一的，停止领取失业保险金，并同时停止享受其他失业保险待遇：

（一）重新就业的；

（二）应征服兵役的；

（三）移居境外的；

（四）享受基本养老保险待遇的；

（五）无正当理由，拒不接受当地人民政府指定部门或者机构介绍的适当工作或者提供的培训的。

第五十二条　职工跨统筹地区就业的，其失业保险关系随本人转移，缴费年限累计计算。

第六章　生育保险

第五十三条　职工应当参加生育保险，由用人单位按照国家规定缴纳生育保险费，职工不缴纳生育保险费。

第五十四条　用人单位已经缴纳生育保险费的，其职工享受生育保险待遇；职工未就业配偶按照国家规定享受生育医疗费用待遇。所需资金从生育保险基金中支付。

生育保险待遇包括生育医疗费用和生育津贴。

第五十五条　生育医疗费用包括下列各项：

（一）生育的医疗费用；

（二）计划生育的医疗费用；

（三）法律、法规规定的其他项目费用。

第五十六条　职工有下列情形之一的，可以按照国家规定享受生育津贴：

（一）女职工生育享受产假；

（二）享受计划生育手术休假；

（三）法律、法规规定的其他情形。

生育津贴按照职工所在用人单位上年度职工月平均工资计发。

第七章　社会保险费征缴

第五十七条　用人单位应当自成立之日起三十日内凭营业执照、登记证书或者单位印章，向当地社会保险经办机构申请办理社会保险登记。社会保险经办机构应当自收到申请之日起十五日内予以审核，发给社会保险登记证件。

用人单位的社会保险登记事项发生变更或者用人单位依法终止的，应当自变更或者终止之日起三十日内，到社会保险经办机构办理变更或者注销社会保险登记。

市场监督管理部门、民政部门和机构编制管理机关应当及时向社会保险经办机构通报用人单位的成立、终止情况，公安机关应当及时向社会保险经办机构通报个人的出生、死亡以及户口登记、迁移、注销等情况。

第五十八条　用人单位应当自用工之日起三十日内为其职工向社会保险经办机构申请办理社会保险登记。未办理社会保险登记的，由社会保险经办机构核定其应当缴纳的社会保险费。

自愿参加社会保险的无雇工的个体工商户、未在用人单位参加社会保险的非全日制从业人员以及其他灵活就业人员，应当向社会保险经办机构申请办理社会保险登记。

国家建立全国统一的个人社会保障号码。个人社会保障号码为公民身份号码。

第五十九条　县级以上人民政府加强社会保险费的征收工作。

社会保险费实行统一征收，实施步骤和具体办法由国务院规定。

第六十条　用人单位应当自行申报、按时足额缴纳社会保险费，非因不可抗力等法定事由不得缓缴、减免。职工应当缴纳的社会保险费由用人单位代扣代缴，用人单位应当按月将缴纳社会保险费的明细情况告知本人。

无雇工的个体工商户、未在用人单位参加社会保险的非全日制从业人员以及其他灵活就业人员，可以直接向社会保险费征收机构缴纳社会保险费。

第六十一条　社会保险费征收机构应当依法按时足额征收社会保险费，并将缴费情况定期告知用人单位和个人。

第六十二条　用人单位未按规定申报应当缴纳的社会保险费数额的，按照该单位上月缴费额的百分之一百一十确定应当缴纳数额；缴费单位补办申报手续后，由社会保险费征收机构按照规定结算。

第六十三条　用人单位未按时足额缴纳社会保险费的，由社会保险费征收机构责令其限期缴纳或者补足。

用人单位逾期仍未缴纳或者补足社会保险费的，社会保险费征收机构可以向银行和其他金融机构查询其存款账户；并可以申请县级以上有关行政部门作出划拨社会保险费的决定，书面通知其开户银行或者其他金融机构划拨社会保险费。用人单位账户余额少于应当缴纳的社会保险费的，社会保险费征收机构可以要求该用人单位提供担保，签订延期缴费协议。

用人单位未足额缴纳社会保险费且未提供担保的，社会保险费征收机构可以申请人民法院扣押、查封、拍卖其价值相当于应当缴纳社会保险费的财产，以拍卖所得抵缴社会保险费。

第八章　社会保险基金

第六十四条　社会保险基金包括基本养老保险基金、基本医疗保险基金、工伤保险基金、失业保险基金和生育保险基金。除基本医疗保险基金与生育保险基金合并建账及核算外，其他各项社会保险基金按照社会保险险种分别建账，分账核算。社会保险基金执行国家统一的会计制度。

社会保险基金专款专用，任何组织和个人不得侵占或者挪用。

基本养老保险基金逐步实行全国统筹，其他社会保险基金逐步实行省级统筹，具体时间、步骤由国务院规定。

第六十五条　社会保险基金通过预算实现收支平衡。

县级以上人民政府在社会保险基金出现支付不足时，给予补贴。

第六十六条　社会保险基金按照统筹层次设立预算。除基本医疗保险基金与生育保险基金预算合并编制外，其他社会保险基金预算按照社会保险项目分别编制。

第六十七条　社会保险基金预算、决算草案的编制、审核和批准，依照法律和国务院规定执行。

第六十八条　社会保险基金存入财政专户，具体管理办法由国务院规定。

第六十九条　社会保险基金在保证安全的前提下，按照国务院规定投资运营实现保值增值。

社会保险基金不得违规投资运营，不得用于平衡其他政府预算，不得用于兴建、改建办公场所和支付人员经费、运行费用、管理费用，或者违反法律、行政法规规定挪作其他用途。

第七十条　社会保险经办机构应当定期向社会公布参加社会保险情况以及社会保险基金的收入、支出、结余和收益情况。

第七十一条　国家设立全国社会保障基金，由中央财政预算拨款以及国务院批准的其他方式筹集的资金构成，用于社会保障支出的补充、调剂。全国社会保障基金由全国社会保障基金管理运营机构负责管理运营，在保证安全的前提下实现保值增值。

全国社会保障基金应当定期向社会公布收支、管理和投资运营的情况。国务院财政部门、社会保险行政部门、审计机关对全国社会保障基金的收支、管理和投资运营情况实施监督。

第九章　社会保险经办

第七十二条　统筹地区设立社会保险经办机构。社会保险经办机构根据工作需要，经所在地的社会保险行政部门和机构编制管理机关批准，可以在本统筹地区设立分支机构和服务网点。

社会保险经办机构的人员经费和经办社会保险发生的基本运行费用、管理费用，由同级财政按照国家规定予以保障。

第七十三条　社会保险经办机构应当建立健全业务、财务、安全和风险管理制度。

社会保险经办机构应当按时足额支付社会保险待遇。

第七十四条　社会保险经办机构通过业务经办、统计、调查获取社会保险工作所需的数据，有关单位和个人应当及时、如实提供。

社会保险经办机构应当及时为用人单位建立档案，完整、准确地记录参加社会保险的人员、缴费等社会保险数据，妥善保管登记、申报的原始凭证和支付结算的会计凭证。

社会保险经办机构应当及时、完整、准确地记录参加社会保险的个人缴费和用人单位为其缴费，以及享受社会保险待遇等个人权益记录，定期将个人权益记录单免费寄送本人。

用人单位和个人可以免费向社会保险经办机构查询、核对其缴费和享受社会保险待遇记录，要求社会保险经办机构提供社会保险咨询等相关服务。

第七十五条　全国社会保险信息系统按照国家统一规划，由县级以上人民政府按照分级负责的原则共同建设。

第十章　社会保险监督

第七十六条　各级人民代表大会常务委员会听取和审议本级人民政府对社会保险基金的收支、管理、投资运营以及监督检查情况的专项工作报告，组织对本法实施情况的执法检查等，依法行使监督职权。

第七十七条　县级以上人民政府社会保险行政部门应当加强对用人单位和个人遵守社会保险法律、法规情况的监督检查。

社会保险行政部门实施监督检查时，被检查的用人单位和个人应当如实提供与社会保险有关的资料，不得拒绝检查或者谎报、瞒报。

第七十八条　财政部门、审计机关按照各自职责，对社会保险基金的收支、管理和投资运营情况实施监督。

第七十九条　社会保险行政部门对社会保险基金的收支、管理和投资运营情况进行监督检查，发现存在问题的，应当提出整改建议，依法作出处理决定或者向有关行政部门提出处理建议。社会保险基金检查结果应当定期向社会公布。

社会保险行政部门对社会保险基金实施监督检查，有权采取下列措施：

（一）查阅、记录、复制与社会保险基金收支、管理和投资运营相关的资料，对可能被转移、隐匿或者灭失的资料予以封存；

（二）询问与调查事项有关的单位和个人，要求其对与调查事项有关的问题作出说明、提供有关证明材料；

（三）对隐匿、转移、侵占、挪用社会保险基金的行为予以制止并责令改正。

第八十条　统筹地区人民政府成立由用人单位代表、参保人员代表，以及工会代表、专家等组成的社会保险监督委员会，掌握、分析社会保险基金的收支、管理和投资运营情况，对社会保险工作提出咨询意见和建议，实施社会监督。

社会保险经办机构应当定期向社会保险监督委员会汇报社会保险基金的收支、管理和投资运营情况。社会保险监督委员会可以聘请会计师事务所对社会保险基金的收支、管理和投资运营情况进行年度审计和专项审计。审计结果应当向社会公开。

社会保险监督委员会发现社会保险基金收支、管理和投资运营中存在问题的，有权提出改正建议；对社会保险经办机构及其工作人员的违法行为，有权向有关部门提出依法处理建议。

第八十一条　社会保险行政部门和其他有关行政部门、社会保险经办机构、社会保险费征收机构及其工作人员，应当依法为用人单位和个人的信息保密，不得以任何形式泄露。

第八十二条　任何组织或者个人有权对违反社会保险法律、法规的行为进行举报、投诉。

社会保险行政部门、卫生行政部门、社会保险经办机构、社会保险费征收机构和财政部门、审计机关对属于本部门、本机构职责范围的举报、投诉，应当依法处理；对不属于本部门、本机构职责范围的，应当书面通知并移交有权处理的部门、机构处理。有权处理的部门、机构应当及时处理，不得推诿。

第八十三条　用人单位或者个人认为社会保险费征收机构的行为侵害自己合法权益的，可以依法申请行政复议或者提起行政诉讼。

用人单位或者个人对社会保险经办机构不依法办理社会保险登记、核定社会保险费、支付社会保险待遇、办理社会保险转移接续手续或者侵害其他社会保险权益的行为，可以依法申请行政复议或者提起行政诉讼。

个人与所在用人单位发生社会保险争议的，可以依法申请调解、仲裁，提起诉讼。用人单位侵害个人社会保险权益的，个人也可以要求社会保险行政部门或者社会保险费征收机构依法处理。

第十一章　法律责任

第八十四条　用人单位不办理社会保险登记的，由社会保险行政部门责令限期改正；逾期不改正的，对用人单位处应缴社会保险费数额一倍以上三倍以下的罚款，对其直接负责的主管人员和其他直接责任人员处五百元以上三千元以下的罚款。

第八十五条　用人单位拒不出具终止或者解除劳动关系证明的，依照《中华人民共和国劳动合同法》的规定处理。

第八十六条　用人单位未按时足额缴纳社会保险费的，由社会保险费征收机构责令限期缴纳或者补足，并自欠缴之日起，按日加收万分之五的滞纳金；逾期仍不缴纳的，由有关行政部门处欠缴数额一倍以上三倍以下的罚款。

第八十七条　社会保险经办机构以及医疗机构、药品经营单位等社会保险服务机构以欺诈、伪造证明材料或者其他手段骗取社会保险基金支出的，由社会保险行政部门责令退回骗取的社会保险金，处骗取金额二倍以上五倍以下的罚款；

属于社会保险服务机构的，解除服务协议；直接负责的主管人员和其他直接责任人员有执业资格的，依法吊销其执业资格。

第八十八条　以欺诈、伪造证明材料或者其他手段骗取社会保险待遇的，由社会保险行政部门责令退回骗取的社会保险金，处骗取金额二倍以上五倍以下的罚款。

第八十九条　社会保险经办机构及其工作人员有下列行为之一的，由社会保险行政部门责令改正；给社会保险基金、用人单位或者个人造成损失的，依法承担赔偿责任；对直接负责的主管人员和其他直接责任人员依法给予处分：

（一）未履行社会保险法定职责的；

（二）未将社会保险基金存入财政专户的；

（三）克扣或者拒不按时支付社会保险待遇的；

（四）丢失或者篡改缴费记录、享受社会保险待遇记录等社会保险数据、个人权益记录的；

（五）有违反社会保险法律、法规的其他行为的。

第九十条　社会保险费征收机构擅自更改社会保险费缴费基数、费率，导致少收或者多收社会保险费的，由有关行政部门责令其追缴应当缴纳的社会保险费或者退还不应当缴纳的社会保险费；对直接负责的主管人员和其他直接责任人员依法给予处分。

第九十一条　违反本法规定，隐匿、转移、侵占、挪用社会保险基金或者违规投资运营的，由社会保险行政部门、财政部门、审计机关责令追回；有违法所得的，没收违法所得；对直接负责的主管人员和其他直接责任人员依法给予处分。

第九十二条　社会保险行政部门和其他有关行政部门、社会保险经办机构、社会保险费征收机构及其工作人员泄露用人单位和个人信息的，对直接负责的主管人员和其他直接责任人员依法给予处分；给用人单位或者个人造成损失的，应当承担赔偿责任。

第九十三条　国家工作人员在社会保险管理、监督工作中滥用职权、玩忽职守、徇私舞弊的，依法给予处分。

第九十四条　违反本法规定，构成犯罪的，依法追究刑事责任。

第十二章　附则

第九十五条　进城务工的农村居民依照本法规定参加社会保险。

第九十六条　征收农村集体所有的土地，应当足额安排被征地农民的社会保险费，按照国务院规定将被征地农民纳入相应的社会保险制度。

第九十七条　外国人在中国境内就业的，参照本法规定参加社会保险。

第九十八条　本法自 2011 年 7 月 1 日起施行。

10.4　《中华人民共和国劳动合同法实施条例》

（2008 年 9 月 3 日国务院第 25 次常务会议通过，2008 年 9 月 18 日中华人民共和国国务院令第 535 号公布，自公布之日起施行）

第一章　总则

第一条　为了贯彻实施《中华人民共和国劳动合同法》（以下简称劳动合同法），制定本条例。

第二条　各级人民政府和县级以上人民政府劳动行政等有关部门以及工会等组织，应当采取措施，推动劳动合同法的贯彻实施，促进劳动关系的和谐。

第三条　依法成立的会计师事务所、律师事务所等合伙组织和基金会，属于劳动合同法规定的用人单位。

第二章　劳动合同的订立

第四条　劳动合同法规定的用人单位设立的分支机构，依法取得营业执照或者登记证书的，可以作为用人单位与劳动者订立劳动合同；未依法取得营业执照或者登记证书的，受用人单位委托可以与劳动者订立劳动合同。

第五条　自用工之日起一个月内，经用人单位书面通知后，劳动者不与用人单位订立书面劳动合同的，用人单位应当书面通知劳动者终止劳动关系，无需向劳动者支付经济补偿，但是应当依法向劳动者支付其实际工作时间的劳动报酬。

第六条　用人单位自用工之日起超过一个月不满一年未与劳动者订立书面劳动合同的，应当依照劳动合同法第八十二条的规定向劳动者每月支付两倍的工资，并与劳动者补订书面劳动合同；劳动者不与用人单位订立书面劳动合同的，用人单位应当书面通知劳动者终止劳动关系，并依照劳动合同法第四十七条的规定支付经济补偿。

前款规定的用人单位向劳动者每月支付两倍工资的起算时间为用工之日起满一个月的次日，截止时间为补订书面劳动合同的前一日。

第七条　用人单位自用工之日起满一年未与劳动者订立书面劳动合同的，自用工之日起满一个月的次日至满一年的前一日应当依照劳动合同法第八十二条的规定向劳动者每月支付两倍的工资，并视为自用工之日起满一年的当日已经与劳动者订立无固定期限劳动合同，应当立即与劳动者补订书面劳动合同。

第八条　劳动合同法第七条规定的职工名册，应当包括劳动者姓名、性别、公民身份号码、户籍地址及现住址、联系方式、用工形式、用工起始时间、劳动合同期限等内容。

第九条　劳动合同法第十四条第二款规定的连续工作满10年的起始时间，应当自用人单位用工之日起计算，包括劳动合同法施行前的工作年限。

第十条　劳动者非因本人原因从原用人单位被安排到新用人单位工作的，劳动者在原用人单位的工作年限合并计算为新用人单位的工作年限。原用人单位已经向劳动者支付经济补偿的，新用人单位在依法解除、终止劳动合同计算支付经济补偿的工作年限时，不再计算劳动者在原用人单位的工作年限。

第十一条　除劳动者与用人单位协商一致的情形外，劳动者依照劳动合同法第十四条第二款的规定，提出订立无固定期限劳动合同的，用人单位应当与其订立无固定期限劳动合同。对劳动合同的内容，双方应当按照合法、公平、平等自愿、协商一致、诚实信用的原则协商确定；对协商不一致的内容，依照劳动合同法第十八条的规定执行。

第十二条　地方各级人民政府及县级以上地方人民政府有关部门为安置就业困难人员提供的给予岗位补贴和社会保险补贴的公益性岗位，其劳动合同不适用劳动合同法有关无固定期限劳动合同的规定以及支付经济补偿的规定。

第十三条　用人单位与劳动者不得在劳动合同法第四十四条规定的劳动合同终止情形之外约定其他的劳动合同终止条件。

第十四条　劳动合同履行地与用人单位注册地不一致的，有关劳动者的最低工资标准、劳动保护、劳动条件、职业危害防护和本地区上年度职工月平均工资标准等事项，按照劳动合同履行地的有关规定执行；用人单位注册地的有关标准高于劳动合同履行地的有关标准，且用人单位与劳动者约定按照用人单位注册地的有关规定执行的，从其约定。

第十五条　劳动者在试用期的工资不得低于本单位相同岗位最低档工资的80%或者不得低于劳动合同约定工资的80%，并不得低于用人单位所在地的最低工资标准。

第十六条　劳动合同法第二十二条第二款规定的培训费用，包括用人单位为了对劳动者进行专业技术培训而支付的有凭证的培训费用、培训期间的差旅费用以及因培训产生的用于该劳动者的其他直接费用。

第十七条　劳动合同期满，但是用人单位与劳动者依照劳动合同法第二十二条的规定约定的服务期尚未到期的，劳动合同应当续延至服务期满；双方另有约定的，从其约定。

第三章　劳动合同的解除和终止

第十八条　有下列情形之一的，依照劳动合同法规定的条件、程序，劳动者可以与用人单位解除固定期限劳动合同、无固定期限劳动合同或者以完成一定工作任务为期限的劳动合同：

（一）劳动者与用人单位协商一致的；

（二）劳动者提前30日以书面形式通知用人单位的；

（三）劳动者在试用期内提前3日通知用人单位的；

（四）用人单位未按照劳动合同约定提供劳动保护或者劳动条件的；

（五）用人单位未及时足额支付劳动报酬的；

（六）用人单位未依法为劳动者缴纳社会保险费的；

（七）用人单位的规章制度违反法律、法规的规定，损害劳动者权益的；

（八）用人单位以欺诈、胁迫的手段或者乘人之危，使劳动者在违背真实意思的情况下订立或者变更劳动合同的；

（九）用人单位在劳动合同中免除自己的法定责任、排除劳动者权利的；

（十）用人单位违反法律、行政法规强制性规定的；

（十一）用人单位以暴力、威胁或者非法限制人身自由的手段强迫劳动者劳动的；

（十二）用人单位违章指挥、强令冒险作业危及劳动者人身安全的；

（十三）法律、行政法规规定劳动者可以解除劳动合同的其他情形。

第十九条　有下列情形之一的，依照劳动合同法规定的条件、程序，用人单位可以与劳动者解除固定期限劳动合同、无固定期限劳动合同或者以完成一定工作任务为期限的劳动合同：

（一）用人单位与劳动者协商一致的；

（二）劳动者在试用期间被证明不符合录用条件的；

（三）劳动者严重违反用人单位的规章制度的；

（四）劳动者严重失职，营私舞弊，给用人单位造成重大损害的；

（五）劳动者同时与其他用人单位建立劳动关系，对完成本单位的工作任务造成严重影响，或者经用人单位提出，拒不改正的；

（六）劳动者以欺诈、胁迫的手段或者乘人之危，使用人单位在违背真实意思的情况下订立或者变更劳动合同的；

（七）劳动者被依法追究刑事责任的；

（八）劳动者患病或者非因工负伤，在规定的医疗期满后不能从事原工作，也不能从事由用人单位另行安排的工作的；

（九）劳动者不能胜任工作，经过培训或者调整工作岗位，仍不能胜任工作的；

（十）劳动合同订立时所依据的客观情况发生重大变化，致使劳动合同无法履行，经用人单位与劳动者协商，未能就变更劳动合同内容达成协议的；

（十一）用人单位依照企业破产法规定进行重整的；

（十二）用人单位生产经营发生严重困难的；

（十三）企业转产、重大技术革新或者经营方式调整，经变更劳动合同后，仍需裁减人员的；

（十四）其他因劳动合同订立时所依据的客观经济情况发生重大变化，致使劳动合同无法履行的。

第二十条 用人单位依照劳动合同法第四十条的规定，选择额外支付劳动者一个月工资解除劳动合同的，其额外支付的工资应当按照该劳动者上一个月的工资标准确定。

第二十一条 劳动者达到法定退休年龄的，劳动合同终止。

第二十二条 以完成一定工作任务为期限的劳动合同因任务完成而终止的，用人单位应当依照劳动合同法第四十七条的规定向劳动者支付经济补偿。

第二十三条 用人单位依法终止工伤职工的劳动合同的，除依照劳动合同法第四十七条的规定支付经济补偿外，还应当依照国家有关工伤保险的规定支付一次性工伤医疗补助金和伤残就业补助金。

第二十四条 用人单位出具的解除、终止劳动合同的证明，应当写明劳动合同期限、解除或者终止劳动合同的日期、工作岗位、在本单位的工作年限。

第二十五条 用人单位违反劳动合同法的规定解除或者终止劳动合同，依照劳动合同法第八十七条的规定支付了赔偿金的，不再支付经济补偿。赔偿金的计算年限自用工之日起计算。

第二十六条 用人单位与劳动者约定了服务期，劳动者依照劳动合同法第三十八条的规定解除劳动合同的，不属于违反服务期的约定，用人单位不得要求劳动者支付违约金。

有下列情形之一，用人单位与劳动者解除约定服务期的劳动合同的，劳动者应当按照劳动合同的约定向用人单位支付违约金：

（一）劳动者严重违反用人单位的规章制度的；

（二）劳动者严重失职，营私舞弊，给用人单位造成重大损害的；

（三）劳动者同时与其他用人单位建立劳动关系，对完成本单位的工作任务造成严重影响，或者经用人单位提出，拒不改正的；

（四）劳动者以欺诈、胁迫的手段或者乘人之危，使用人单位在违背真实意思的情况下订立或者变更劳动合同的；

（五）劳动者被依法追究刑事责任的。

第二十七条　劳动合同法第四十七条规定的经济补偿的月工资按照劳动者应得工资计算，包括计时工资或者计件工资以及奖金、津贴和补贴等货币性收入。劳动者在劳动合同解除或者终止前 12 个月的平均工资低于当地最低工资标准的，按照当地最低工资标准计算。劳动者工作不满 12 个月的，按照实际工作的月数计算平均工资。

第四章　劳务派遣特别规定

第二十八条　用人单位或者其所属单位出资或者合伙设立的劳务派遣单位，向本单位或者所属单位派遣劳动者的，属于劳动合同法第六十七条规定的不得设立的劳务派遣单位。

第二十九条　用工单位应当履行劳动合同法第六十二条规定的义务，维护被派遣劳动者的合法权益。

第三十条　劳务派遣单位不得以非全日制用工形式招用被派遣劳动者。

第三十一条　劳务派遣单位或者被派遣劳动者依法解除、终止劳动合同的经济补偿，依照劳动合同法第四十六条、第四十七条的规定执行。

第三十二条　劳务派遣单位违法解除或者终止被派遣劳动者的劳动合同的，依照劳动合同法第四十八条的规定执行。

第五章　法律责任

第三十三条　用人单位违反劳动合同法有关建立职工名册规定的，由劳动行政部门责令限期改正；逾期不改正的，由劳动行政部门处 2 000 元以上 2 万元以下的罚款。

第三十四条　用人单位依照劳动合同法的规定应当向劳动者每月支付两倍的工资或者应当向劳动者支付赔偿金而未支付的，劳动行政部门应当责令用人单位支付。

第三十五条　用工单位违反劳动合同法和本条例有关劳务派遣规定的，由劳动行政部门和其他有关主管部门责令改正；情节严重的，以每位被派遣劳动者 1000 元以上 5000 元以下的标准处以罚款；给被派遣劳动者造成损害的，劳务派遣单位和用工单位承担连带赔偿责任。

第六章　附则

第三十六条　对违反劳动合同法和本条例的行为的投诉、举报，县级以上地方人民政府劳动行政部门依照《劳动保障监察条例》的规定处理。

第三十七条　劳动者与用人单位因订立、履行、变更、解除或者终止劳动合同发生争议的，依照《中华人民共和国劳动争议调解仲裁法》的规定处理。

第三十八条　本条例自公布之日起施行。

本书总结了5类常见范本，具体如下。

录用通知书

_____（先生／女士）：

非常感谢您来应聘我公司岗位，经过层层筛选，我公司决定正式录取您，真诚地欢迎您的加入！具体的报到事项安排如下：

一、所任职位和工资待遇

　　1. 您的所任职位是_____；

　　2. 工资待遇为_____。

二、报到时请准备以下材料

　　1. 身份证原件及复印件（2份）；

　　2. 学历、学位证书原件及复印件（职称证书原件及复印件）；

　　3. 彩色同底一寸照片4张；

　　4. 本人身份证办理的工资卡复印件；

　　5. 与前一工作单位解除劳动关系的证明（应届毕业生不需要）。

三、报到时间、地点和联系人

请您于_____年____月____日前至_____公司人力资源部报到，联系人电话_____。

如果您接受我公司的录用，请在收到录用通知书以后5日内将签署后的本通知书原件传真回本公司。若您未寄回签署后的本通知书原件或未在通知时间前到公司报到，那么公司将视作您自动放弃该职位。

_____公司

人力资源部

年　月　日

劳动合同书

甲方（单位）全称：

经济类型：

法定代表人：

登记注册地：

实际经营地：

乙方（职工）姓名：

性别：

身份证号码：

户籍所在地：

实际居住地：

根据《中华人民共和国劳动合同法》和有关法律法规规定，甲乙双方经平等协商同意，自愿签订本合同，共同遵守本合同所列条款。

一、劳动合同期限

甲乙双方约定采用下列第（　　　）种方式确定劳动合同期限。

（一）固定期限：自_____年____月____日起至自_____年____月____日止，其中试用期____个月。

（二）无固定期限：自_____年____月____日起至法定终止条件出现时止。其中试用期____个月。

（三）以完成一定工作任务为期限：自_____年____月____日起至完成工作任务时止（该工作任务为甲方事先确定并且完成目标是确切具体的）。

二、工作内容和工作地点

（一）工作内容：乙方同意根据甲方工作需要，安排在_____岗位（工种）从事_____工作。

（二）乙方的工作地点或工作区域为_____。乙方的具体岗位职责和工作要求按甲方制定的相关标准执行。

三、工作时间和休息休假

（一）工作时间：乙方的岗位（工种）实行□标准、□综合计算、□不定时工时工作制。其中,标准工时工作制度每天工作不超过8小时,每周工作不超过40小时,每周_____为休息日。

实行综合计算工时工作制或不定时工时工作制的，应当由甲方报劳动保障行政部门批准。

（二）甲方依据国家和省的相关规定，保证乙方享有法定节假日、年休假、婚假、产假、探亲假、丧假、病假等休息休假权利。

（三）甲方因生产经营需要，经与工会和乙方协商，安排乙方延长工作时间或在节假日加班时，依法支付加班加点工资；安排在休息日加班时，安排乙方同等时间补休，如不能安排补休，依法支付加班工资。

（四）乙方休息休假期间的工资支付或扣减办法按国家、省及本单位依法制定的相关规定执行。

四、劳动报酬

（一）甲方于每月_____日前以_____形式足额支付乙方工资。

（二）乙方试用期的工资标准为_____元／月。

（三）乙方试用期满后，工资为_____元／月。合同履行期间，甲方按照政府发布的工资指导线要求，根据本单位每年经济效益增长情况和本地区、行业的职工平均工资水平等因素，通过工资集体协商形式，适时增加乙方工资。

五、社会保险

（一）自劳动关系建立之日起，甲乙双方应当依法参加社会保险，按时足额缴纳各项社会保险费，其中乙方应缴纳的社会保险费由甲方代扣代缴。

（二）甲方应当每年至少一次向本单位职工代表大会或在本单位住所的显著位置，公布本单位和个人全年社会保险费缴纳情况，接受乙方监督。

（三）乙方因工负伤或患职业病，甲方应当负责及时救治，并按规定为乙方申请工伤认定和劳动能力鉴定，保障乙方依法享受工伤保险待遇。

（四）乙方患病或非因工负伤，甲方保证其享受国家和省规定的医疗期和相应的待遇。

六、劳动保护、劳动条件和职业危害防护

（一）甲方必须执行国家关于特种作业、女职工和未成年工特殊保护的规定。甲方安排乙方的工作属于（不属于）国家规定的有毒、有害、特别繁重或者其他特种作业。乙方从事有职业危害作业的，甲方应当定期为乙方进行健康检查。

（二）甲方应当为乙方提供符合国家规定的劳动安全卫生条件和必要的劳动防护用品。乙方应当严格执行国家和甲方规定的劳动安全规程和标准。

（三）甲方应当对乙方进行劳动安全卫生教育和培训，乙方应当严格遵守甲方的劳动安全规章制度，严禁违章作业，防止发生劳动过程中的事故，减少职业危害。

七、其他约定条款（双方约定的培训和服务期、保密和竞业限制协议为本合同的附件）

八、本合同的解除或终止，应当按照法定的条件、程序和经济补偿规定标准执行。

九、双方依法解除或终止本合同的，甲方应当自解除或终止本合同之日起15日内，办理完毕乙方档案和社会保险关系转移等手续；甲方依法应当支付的经济补偿金等相关费用，在乙方履行完交接手续时支付。

十、双方因履行本合同发生争议，可以依法向调解机构申请调解，或者依法申请劳动争议仲裁、向人民法院起诉。

十一、本合同未尽事宜，或与法律法规相抵触的，依照法律法规执行。

十二、本合同一式两份，经双方签字盖章生效，双方各执一份。

甲方：（盖章）   乙方：（签名）

法定代表人、负责人

或委托代理人：（签名）

年　月　日   年　月　日

使用说明

一、本合同书供用人单位（甲方）与职工（乙方）签订劳动合同时使用。

二、双方在使用本合同书签订劳动合同时，应认真阅读所列条款，凡需要双方协商约定的内容，协商一致后填写在相应的空格内，双方协商约定的内容，不得违反法律、法规的规定。

三、签订劳动合同书，必须由甲方法定代表人或主要负责人、委托代理人和乙方亲自签名或盖章，并加盖用人单位公章。

四、双方约定的其他条款内容，在本合同内填写不下时，可另附纸页。

五、本合同应使钢笔或签字笔填写，字迹清楚，文字简练、准确，不得涂改。

六、本合同一式两份，甲乙双方各持一份，交乙方的不得由甲方代为保管。

七、甲方应按规定建立职工名册备查，并将签订劳动合同职工花名册向劳动保障部门备案。

保密协议

甲方：

乙方：

甲、乙双方根据《中华人民共和国劳动法》以及国家、地方政府有关规定，在遵循平等自愿、协商一致、诚实信用的原则下，就甲方商业秘密保密事项达成如下协议。

一、保密内容

甲、乙双方确认，乙方应承担保密义务的甲方商业秘密范围包括但不限于以下内容。

1. 技术信息：技术方案、工程设计、技术报告、检测报告、实验数据、试验结果、图纸、样品等。

2. 经营信息：包括经营方针、投资决策意向、产品服务定价、市场分析、广告策略等。

3. 公司依照法律规定或者有关协议的约定对外承担保密义务的事项。

二、双方的权利和义务

1. 甲方提供正常的工作条件，为乙方的发明、科研成果提供良好的应用和生产条件，并根据创造的经济效益给予奖励。

2. 乙方必须按甲方的要求从事经营、生产项目和科研项目的设计与开发，并将生产、经营、设计与开发的成果、资料交甲方，甲方拥有所有权和处置权。

3. 乙方不得刺探非本职工作所需要的商业秘密。

4. 未经甲方书面同意，乙方不得利用甲方的商业秘密进行新产品的设计与开发和撰写论文向第三方公布。

5. 双方解除或终止劳动合同后，乙方不得向第三方公开甲方所拥有的未被公众知悉的商业秘密。

6. 双方约定竞业限制的，解除或终止劳动合同后，在竞业限制期内乙方不得到生产同类或经营同类业务且有竞争关系的其他用人单位任职，也不得自己生产与甲方有竞争关系的同类产品或经营同类业务。

7. 乙方必须严格遵守甲方的保密制度，防止泄露甲方的商业秘密。

8. 甲方安排乙方任职涉密岗位，并给予乙方保密津贴。

三、保密期限

乙方承担保密义务的期限为下列第_____种。

1. 无限期保密，直至甲方宣布解密或者秘密信息实际上已经公开。

2. 有限期保密，保密期限自离职之日起_____年。

四、保密津贴

甲方同意就乙方离职后承担的保密义务向其支付保密津贴，保密津贴的支付方式为：

五、违约责任

1. 乙方如违反本合同任何条款，应一次性向甲方支付违约金××万元，同时，甲方有权一次性收回已向乙方发放的所有保密费。

2. 如果因为乙方的违约行为造成了甲方损失，乙方除支付违约金外，还应承担相应的责任。

六、劳动争议处理

当事人因本合同产生的一切纠纷由双方友好、平等地协商解决，协商不成，任何一方均有权向本合同签订地的人民法院提起诉讼。

七、其他

1. 乙方确认，在签署本合同前已仔细阅读过合同内容，完全了解合同各条款的法律含义，并知悉和认可公司《保密管理制度》。

2. 本协议如与双方以前的口头或书面协议有抵触，以本协议为准。本协议的修改必须采用双方同意的书面形式。

3. 本协议未尽事宜，按照国家法律或政府主管部门的有关规章、制度执行。

八、本合同一式两份，双方各执一份，具有同等法律效力。自双方授权代表签字并盖公章之日起生效。

甲　方：（盖章）　　　　　乙　方：（签名或盖章）

法定代表人：（签名）

年　月　日　　　　　年　月　日

竞业限制合同

甲方：（企业）营业执照码：

乙方：（员工）身份证号码：

鉴于乙方知悉的甲方商业秘密具有重要影响，为保护双方的合法权益，双方根据国家有关法律法规，本着平等自愿和诚信的原则，经协商一致，达成下列条款，双方共同遵守：

一、乙方义务

1. 未经甲方同意，在职期间不得自营或者为他人经营与甲方同类的行业；

2. 不论因何种原因从甲方离职，离职后 2 年内不得到与甲方有竞争关系的单位就职；

3. 不论因何种原因从甲方离职，离职后 2 年内不自办与甲方有竞争关系的企业或者从事与甲方商业秘密有关的产品的生产。

二、甲方义务

从乙方离职后开始计算竞业限制时起，甲方应当按照竞业限制期限向乙方支付一定数额的竞业限制补偿费。补偿费的金额为乙方离开甲方单位前一年的基本工资（不包括奖金、福利、劳保等）。补偿费按季支付，由甲方通过银行支付至乙方银行卡上。如乙方拒绝领取，甲方可以将补偿费向有关方面提存。

三、违约责任

1. 乙方不履行规定的义务，应当承担违约责任，一次性向甲方支付违约金，金额为乙方离开甲方单位前一年的基本工资的 50 倍。同时，乙方因违约行为所获得的收益应当还甲方。

2. 甲方不履行义务，拒绝支付乙方的竞业限制补偿费，甲方应当一次性支付乙方违约金人民币 5 万元。

四、争议解决

因本协议引起的纠纷，由双方协商解决。如协商不成，则提交 ×× 仲裁委员会仲裁。

五、合同效力

本合同自双方签章之日起生效。本合同的修改，必须采用双方同意的书面形式。

双方确认，已经仔细阅读过合同的内容，并完全了解合同各条款的法律含义。

甲方：（签章）　　乙方：（签名）

非全日制用工协议

甲　　方：_____

乙　　方：_____

身份证号码：_____

现居住地址：_____

甲方招用乙方以非全日制用工形式用工，根据有关规定，经双方平等协商，订立本协议如下：

一、协议期限

本协议期限自_____年____月____日至_____年____月____日止。

二、工作时间

乙方在甲方每天的工作时间平均每日工作时间不超过4小时，具体工作时间由甲方安排。

三、工作内容

甲方根据工作需要，安排乙方在_____部门_____岗位（工种）工作，具体内容为_____，乙方应完成该岗位（工种）所承担的工作内容。

四、工作报酬

1.甲、乙双方协商确定乙方小时工资报酬为每小时_____元，甲方以货币形式按时足额支付，乙方同意发薪日期由甲方按其规定执行。

2.乙方不享受任何有薪假期。

五、保险及福利

1.乙方在从事非全日制就业期间社会保险费用由乙方自行承担。

2.甲方为乙方购买人身损害商业保险。如乙方因工作原因受伤，由此产生一切费用，由保险公司按赔付标准支付。

六、双方职责

1.协议期间，甲方有权根据工作需要调整乙方的工作岗位及工作时间。

2.乙方在为甲方工作期间，应遵守国家法律法规，遵守甲方制定的规章制度，自觉维护甲方的利益。

3.乙方上岗后，如因乙方个人原因不履行本协议给甲方造成损失，甲方可以从乙方的劳动报酬中扣除。

4.乙方应按时上下班，不得擅自迟到、旷工，请假需提前一天以书面形式向甲方申请，以便甲方安排其他人员顶班。如因乙方无故旷工给甲方造成损失，甲方有权扣减乙方报酬。

5.乙方对因工作关系获悉的甲方商业秘密及内部资料应负有保密责任，不得对外透露、散播，如因乙方泄露甲方的商业秘密或内部资料给甲方造成损失，一经查获除解除本协议外，甲方可直接扣减乙方报酬并有权追索不足部分。

七、协议的变更、解除、终止和续订

1.甲、乙双方当事人可以随时通知对方终止用工。终止用工时，甲方不向乙方支付经济补偿。

2.因工作需要或特殊情况，甲方可提前终止本协议。

3. 乙方有下列行为时，甲方有权随时辞退乙方且不承担任何补偿责任。

（1）违反国家法律法规。

（2）违反甲方的规章制度或损害甲方的利益。

（3）不服从甲方工作安排或擅自离岗、离职或频繁请假。

八、其他

1. 本协议一式两份，甲乙双方各执一份，经甲乙双方签字、盖章后生效。

2. 本协议未尽事宜，由甲乙双方协商解决，协商不成的，由甲方所在地法院管辖。

甲方：（公章）　　　　　　　　乙方：（公章）

签订日期：　　年　月　日　　　签订日期：　　年　月　日